Rolf Lohbeck · Selbstvernichtung durch Zivilisation

Rolf Lohbeck

SELBSTVERNICHTUNG DURCH ZIVILISATION

REICHL VERLAG
St. GOAR

Umschlagentwurf von Heinar Schilling, Hamburg

2. erweiterte Auflage 1989
10.—12. Tsd.

Gesamtherstellung: Otto W. Zluhan, 7120 Bietigheim

ISBN 3-87667-140-X brosch.

ISBN 3-87667-150-7 Leinen

INHALT

ZWISCHENBILANZ 1966—1988

Es gibt kein Verbrechen, es gibt keine Schliche, es gibt keinen Trick, es gibt keinen Schwindel, es gibt keine Laster, das nicht am besten im Verborgenen gedeiht. Bringt diese Dinge ans Licht, beschreibt sie, greift sie an und macht sie in der Presse lächerlich, und früher oder später wird die öffentliche Meinung sie hinwegfegen. Publizität mag nicht das einzige sein, was nottut, aber ohne sie werden alle anderen Mittel versagen!

Joseph Pulitzer

Vorwort

Leider ist es kein erfreuliches Jubiläum, das zur Neuauflage dieses Buches geführt hat. Was ich damals mit ganzer Leidenschaft und innerer Überzeugung geschrieben habe, ist heute nach 22 Jahren von der Realität unseres technischen Fortschritts um ein Vielfaches übertroffen worden. Auf allen Ebenen des täglichen Lebens machen sich die negativen Auswirkungen auf unsere Umwelt und damit auf den Menschen selbst bemerkbar, haben die Folgen eine unerhörte Potenzierung erfahren.

Gleichzeitig sind Umweltzerstörung und Selbstvernichtung für alle sichtbar und fühlbar geworden. Was vor über 20 Jahren erst relativ wenigen erschrockenen Mitmenschen und einigen engagierten Wissenschaftlern und Autoren Anlaß zur Sorge schien, ist heute Allgemeinwissen geworden und in seiner Problematik allgegenwärtig.

Selbst die politischen Parteien signalisieren Erkenntnis, Besorgnis und sogar Handlungsbedarf. Besonders über letzteren Punkt kommt jedoch so recht keine Erleichterung auf, da mit der Erkenntnis die zwingend erforderlichen Taten nicht Schritt halten. Im Gegenteil wird der Abstand zwischen Realität und den Erfordernissen zu ihrer Verbesserung immer größer. Das Geschrei „Haltet den Dieb!“ wird immer lauter, aber die Selbstvernichtung kennt keinen Stillstand, und von rückläufigen Trends sind allenfalls Ansätze zu erkennen.

Nach wie vor ist die sogenannte Interessenlage, das Wirtschaftswachstum auch heute noch der Fetisch unserer Zeit und die gnadenlose Geißel der Menschheit. Sie treibt weiterhin in den Kampf um das „Goldene Kalb“, auch wenn das Gold schon längst seinen Glanz verloren hat!

Warum dann aber eine Neuauflage dieses Buches, warum die Erweiterung um eine teilweise erschreckende Zwischenbilanz, warum der Vergleich mit alten zum Teil längst überholten Zahlen?!

Die Antwort liegt in der Existenz des Menschen, die ihn immer wieder zum Überlebenskampf zwingt. Sein Lebenswille läßt ihn nicht nur um Luft und Nahrung ringen, sondern letztendlich auch um die Grundlagen für ihre Nutzung. Der physischen Nutzung geht daher zwangsläufig die geistige Mobilisierung voraus. Da es der letzteren an Durchsetzungsvermögen offensichtlich fehlt — die Stärke des Bösen siegt noch immer über die Schwäche der Guten —, muß ihre Priorität durch ständigen Kampf wiederhergestellt werden.

Darüber hinaus versucht dieses Buch dem Leser einige Hilfen zu geben, die er in dieser konzentrierten Zusammenfassung nur selten oder gar nicht findet. Im Anhang findet der Leser eine als direkte Lebenshilfe gedachte spezielle Literaturübersicht. Sie bietet zu wesentlichen im Buch aufgeführten Themen eine positive Alternative und praktische Anwendungsmöglichkeiten.

Ein ebenfalls angefügtes Personen- und Sachregister soll dem Leser den Einstieg in bestimmte Einzelheiten erleichtern.

Allgemein kann man feststellen, daß die vielen warnenden Stimmen nicht ungehört geblieben sind. Sie sind auch weiterhin die Wegbereiter für eine ökologisch ausgerichtete Industrie und ihre Produkte.

Bei der Erstauflage dieses Buches waren noch nicht einmal Ansätze in dieser Richtung zu erkennen, während es sich heute keine Partei leisten kann, die Umweltproblematik auszuklammern.

Also ist der mühselige Weg der Karawane nicht umsonst gewesen, aber er muß konsequent fortgesetzt werden.

Hierzu soll die vorliegende erweiterte Neuauflage einen Beitrag leisten.

Oktober 1988, Rolf Lohbeck

Das schlimmste Übel,
an dem die Welt leidet,
ist nicht die Stärke der Bösen,
sondern die Schwäche der Guten

Romain Rolland

Einleitung

Da das menschliche Leben dem Zusammenspiel von Ursache und Wirkung unterliegt und wir ohne Zweifel in einer ins Maßlose technisierten Umwelt leben, soll diese Arbeit vor allem eine Aufdeckung der Probleme geben, die als Auswirkung der Technik auf das Leben in seinen wesentlichen Bereichen entstanden sind.

Diese das Leben in negative, ja in den Untergang führenden Auswirkungen der Technik sollen Gegenstand der Untersuchung sein. Es wird aufgezeigt werden, daß hier die Ursachen für die allgemeine Unruhe und das große Unbehagen der Zeit zu finden sind.

Ohne den Anspruch auf Vollständigkeit erheben zu wollen, wird doch der Versuch gewagt, in einer Gesamtschau des Lebens das gegenwärtige Dasein des zivilisierten Menschen einer kritischen Analyse zu unterziehen. Den hierzu erforderlichen Ausgangspunkt bildet der Ganzheitsbezug der einzelnen Untersuchungen im Sinne einer höheren Einheit, die alle Teile und Teilvorgänge des Lebens harmonisch umschließt.

Die aufzuzeigenden Erscheinungsformen des zivilisierten Daseins sollen das Modell der heutigen Lebensordnung und seine soziale Struktur sichtbar machen. Um nun ein einigermaßen reales Bild der gegebenen Verhältnisse zeichnen zu können, beschränke ich mich vornehmlich auf die negativen Trends des gegenwärtigen Zivilisationsprozesses; denn nicht die oberflächlichen und allzu vordergründigen Erscheinungen einer optimistischen Betrachtungsweise, wie es heute von verantwortlicher Seite als sogenannter Fortschrittsoptimismus betrieben wird, sondern die effektiven Wandlungen der Natur und des Menschen geben ein echtes Bild von prägnanter Aussagekraft. Damit sollen die positiven Folgeerscheinungen der technischen Entwicklung, die zu einer Verbesserung des menschlichen Daseins geführt haben, keineswegs abgewertet werden. Nur soll die Relation zu den negativen Auswirkungen der heutigen Zivilisation richtiggestellt werden.

Trotz subjektiver Beobachtung der zu schildernden Probleme soll diese Arbeit durch eine Reihe von Fakten und die Einfügung von

Aussagen vergangener und noch lebender allgemein anerkannter Geistes- und Naturwissenschaftler eine objektive Betrachtungsweise ermöglichen. Auch wird sich diese Arbeit trotz der vorgenommenen Sachlichkeit einer zuweilen aggressiven Sprache und Überspitzung, die jedoch der Wichtigkeit des zu behandelnden Stoffes entsprechen, nicht entziehen können. Die Problematik der vorgenommenen Aufgabe verlangt zu gewissen Fragen eine eindeutige Stellungnahme, die von mir durchaus nicht verschwiegen wird.

Ich bin der Auffassung, daß die Gegenwartsprobleme des modernen Lebens eine persönliche Entscheidung verlangen, die den Kompromiß oder die häufig als Toleranz verschleierte Gleichgültigkeit nicht zur erfolgreichen Basis einer notwendigen produktiven Lösung als geeignet erscheinen lassen.

Die dem Denken des Gegenwartsmenschen häufig zugrunde liegende These „Alles ist gleich‚gültig' " führt nur allzu oft zu einer „gleichgültigen" Betrachtungsweise der Dinge, die schließlich im Zustand einer allgemeinen Interesselosigkeit endet.

Es ist daher in unserer Zeit dringender denn je, das persönliche Bekenntnis des Einzelnen zu fordern. Dieses Zusichselbstfinden, das nur in Kenntnis der vorhandenen und das Leben der gesamten Menschheit bedrohenden Schwächen der technischen Zivilisation ein wesentliches, nämlich ganzheitsbezogenes Ergebnis schafft, soll durch diese Arbeit erleichtert werden.

Gewiß ist diese Arbeit nicht die erste ihrer Art und viele Gedanken werden nicht zum ersten Mal gedacht und ausgesprochen, doch scheint es mir erforderlich, die Menschen unserer Tage stets aufs neue mit den bisher ungelösten Problemen unserer Zivilisation zu konfrontieren. Nur so kann ihre Aufmerksamkeit, ihr Interesse und schließlich ihre Stellungnahme gewonnen werden.

Schließlich wird es Hauptaufgabe sein, sich nicht nur in der Schilderung der Problematik zu ergehen, sondern den Versuch zur Lösung der aufgeführten Probleme zu unternehmen. Diese Arbeit wird also geschrieben im Bewußtsein einer dringend erforderlichen Revision — nicht Revolution! — des „technischen Fortschritts", der meiner Auffassung nach auf vielen Gebieten einen „Fortschritt vom Leben" in den Tod bedeutet, was an mehr als einer Stelle sichtbar wird.

Und doch sei bereits hier darauf hingewiesen, daß der erste Schritt zur Lösung der Probleme nicht in mehr oder weniger differenzierten Maßnahmen zur Beseitigung einzelner negativer Zivilisationserscheinungen liegen kann — so sehr diese auch den Erfolg des zweiten Schrittes bedingen — sondern vielmehr die Errichtung einer allgemeingültigen Idee, eines für die meisten Menschen verbindlichen Lebenszieles zum Inhalt haben muß. Solange diese allgemeine, für die meisten Menschen als „notwendig" (Not wendende) einsichtige Lebensgrundlage fehlt, muß jeder Versuch zur Beendigung der gegenwärtigen und noch nicht abzusehenden Krise an der Vielzahl der einzelnen, sich häufig widersprechenden Programme scheitern. Es würde nur jener Zustand erreicht werden, der dem nach Einsturz des „Turmbaus zu Babel" entstandenen gleicht.

Dieser Erkenntnis entspringt und entspricht letztlich das notwendige Lebensziel, das gleichzeitig den Weg sichtbar werden läßt, der zur Lösung der lebenswichtigen Probleme führen muß.

Sommer 1966 Rolf Lohbeck

I. TECHNIK ALS LEBENSBEHERRSCHENDES ELEMENT

„Wir leben heute im Zeitalter der technisch-industriellen Weltzivilisation." — Diese Feststellung ist durch zwei Begriffe gekennzeichnet:

Technik und *Zivilisation*

Sie bilden von der Sache her den Ausgangspunkt unserer Betrachtung.

Beide Begriffe unterliegen einer äußerst vielseitigen Wechselwirkung, wobei die Ursache die Technik bildet. So wie unser heutiges Leben mit seinen zahllosen Variationsmöglichkeiten Ausdruck einer höchsten Zivilisation ist, wäre letztere ohne die Entwicklung einer bahnbrechenden Technik nicht denkbar.

Nun ist der Begriff Technik keine Erfindung unseres Jahrhunderts, sondern hat seine Bedeutung vom Auftreten der ersten Menschen an gewonnen und über Jahrtausende hinweg zum lebensbeherrschenden Element gesteigert. War doch bereits der erste zu einer brauchbaren Form entwickelte Faustkeil ein Produkt der technischen Fähigkeiten des Menschen.

Obwohl die Entwicklung vom ersten Faustkeil bis zur heutigen interkontinentalen Rakete einen Zeitraum von vielen Jahrtausenden menschlicher Geschichte umspannt, dürfen wir nicht übersehen, daß vor ca. 150 Jahren eine Epoche technischen Erfindergeistes einsetzte, die ohne Zweifel einen entscheidenden Einschnitt im menschlichen Dasein zur Folge hatte.

Das ursprüngliche Ziel der Schaffung und Benutzung einer Erfindung entsprang dem Bedürfnis, die Umwelt mittels künstlicher Kraft zu bewältigen. Die Technik sollte eine Erleichterung bestimmter Arbeiten gewährleisten. Das neue technische Hilfsmittel war zudem in seiner Form bestimmt und in seinen Auswirkungen durchaus überschaubar.

Das Wesentliche eines technischen Hilfsmittels lag somit in seiner sinnvollen Anwendung und der Überschaubarkeit seiner Auswirkungen. Als Beispiel hierzu mag die Begründung des chinesischen Delegierten für die Aufnahme Chinas in den damaligen Völkerbund dienen, die da lautete, daß China als einziges Volk der Erde seine bereits vor zwei Jahrtausenden erfolgte Erfindung des

Pulvers lediglich zur Herstellung von Feuerwerkskörpern benutzt habe.

Welch eine Entwicklung setzte jedoch ein, als der Mensch vor ca. 150 Jahren begann, die Technik und Chemie im modernen Sinne auszuwerten?!

Jede Entdeckung und Erfindung löste eine Reihe von Kettenreaktionen aus, die in ihren Folgen zwar nicht überschaubar und bestimmt nicht gewollt, dafür aber um so verhängnisvoller waren. Man stelle sich vor, was geschehen wäre, wenn George Stephenson, der, als er 1814 die Dampflokomotive schuf, lediglich eine Verbesserung des Loses der Bergarbeiter im Sinne hatte, geahnt hätte, welch verheerende Spätfolgen seiner Erfindung nachschlichen. Schon nach wenigen Jahren war von einer Besserung der Bergarbeiterverhältnisse keine Rede mehr. Statt dessen sanken die Löhne, und die Kinderarbeit wurde üblich. Ein ärmeres Dasein als je zuvor war den Familien bestimmt.

Der französische Maler und Illustrator Gustave Doré hat diese erschütternden und menschenunwürdigen Folgen einer maßlosen Technik in seinem Illustrationswerk „Eine Pilgerreise“ scharf und eindrucksvoll dargestellt!

Die Experimentierlust hatte und hat einen derartigen Umfang erreicht – manche Autoren sprechen heute vom Zeitalter des Experimentes –, daß man von einer Potenz der unbekannten Größen sprechen kann.

Ein weiteres wesentliches Merkmal kennzeichnet die fortschreitende Technik. Wenn die Verbesserung der Umweltbedingungen der ursprüngliche Gedanke einer technischen Entwicklung war, so ist heute festzustellen, daß ein Großteil der technischen Produktionsstätten ihre Aufgaben längst in anderen Vorstellungen gefunden haben. Der Sorge ums tägliche Brot ist die Sorge um ständigen Luxus, um eine ständig aufs neue verfeinerte Lebensweise, an die Seite getreten, ja in den Vordergrund gerückt.

Waren einst die Vorstellungen vom Besitz einer Heimat, einer tatkräftigen Fürsorge zur eigenen und der Familie Ernährung sowie einer natürlichen Lebensfreude für das Leben eines Menschen von entscheidender Bedeutung, so ist an deren Stelle immer mehr der in Geld und Luxus meßbare Lebensstandard gerückt. Die Kaufkraft des Einkommens ist Sinnbild eines „befriedigenden“ Daseins geworden. Ja, die Interessen haben sich von Lebenswerten zu Geldwerten umgewandelt.

Hier erkennen wir die Parallelität zur Entwicklung der Technik. So wie diese ihren ursprünglichen Zweck weit überschritten und schließlich sogar verfehlt hat, so zwingt sie den Menschen nun selbst zur Aufgabe seines eigentlichen Lebenszweckes. Wir müssen plötzlich feststellen, daß die von uns geschaffene künstliche, ins maßlose technisierte Umwelt ein Eigenleben entwickelt hat.

Es sieht heute so aus, als wären nicht wir die Beherrscher, sondern die Beherrschten, ja die Sklaven unserer Maschinenwelt. Auch das Beispiel vom Messer, welches doch eigentlich nichts dafür kann, wenn es zum Mord mißbraucht wird, hilft hier nicht weiter.

Wir befinden uns in einem „Circulus vitiosus", den Karl Kötschau folgendermaßen beschreibt [1]:

„In der technischen Zivilisation haben wir das verwirklicht, was unserer Ratio entspricht, was keine Geheimnisse und Wunder mehr in sich birgt, wie die schöpferische Natur, was sich messen, wägen, berechnen läßt, was determiniert und voraussehbar ist. Wir sind damit aus jener Welt mehr und mehr ausgeschieden, aus der wir selbst stammen, die das Wunder des Lebens, der Seele, des Geistes, der Freiheit, der Liebe, des Göttlichen offenbart und haben die höchsten Werte und Sinngehalte hinter uns gelassen, um sie gegen jene primitiv-niederen Geld- und Geltungswerte einzutauschen, die wir heute unter dem Begriff des Lebensstandards anbeten, wir haben damit eine höhere, freilich zum Teil irrationale Welt gegen eine niedere, rationale Zivilisation, die wir zu beherrschen glauben, eingetauscht."

So wie die wissenschaftliche Forschungsarbeit — besonders eindrucksvoll die Naturwissenschaften — ihren Selbstzweck nicht mehr in der Befriedigung des reinen Wissensdurstes sehen, sondern ausschließlich unter den Aspekt der Zweckmäßigkeit und Nützlichkeit, der materiellen Auswertung gestellt haben, so haben faktisch alle in sich selbst begründeten Werte eine zum Materiellen hin gerichtete Abwertung erfahren. Ihr ehemals ideeller — irrationaler Charakter hat eine abwertende, meßbare Bedeutung erhalten.

Philipp Lersch unterscheidet zwischen einer rationalen Funktion des Denkens, in der es um die Erkenntnis von Sachverhalten geht, und einer geistig-ideellen, der es um die Sichtbarmachung von Sinngehalten geht.

Er schreibt [2]:

„Indem nun der Rationalismus die intellektuelle Funktion des Denkens zum allgemein gültigen und alleingültigen Führungsorgan

[1] Kötschau, Karl; Medizin am Scheideweg, S. 29.
[2] Lersch, Philipp; Der Mensch in der Gegenwart, S. 106.

des menschlichen Lebens macht, vollzieht er eine totale Versachlichung und eine ebenso totale Sinnentleerung der Welt."

Man denke an die Arbeit und die Kunst in ihren mannigfaltigen Erscheinungsformen. Beide fordern ein Produktivwerden des Menschen, beide tragen zu seiner Selbstverwirklichung bei.

Nicht allein die Bibel verpflichtet den Menschen zur Arbeit. Allem Leben ist naturgesetzlich das Schaffen, die Mühe, vor den Erfolg gesetzt. So wie der Mensch in seiner Arbeit Äußeres verändert, so verändert er sich durch seine Arbeit selbst — soll er durch sie in positivem Sinne geformt werden.

Wenn die handwerkliche Arbeitskraft des Mittelalters ihre Bewertung in der persönlichen Leistung, in ihrer Güte und Qualität fand, so ist an deren Stelle die Lohnmoral getreten.

Die Arbeit hat ihren Sinn der werteschaffenden Lebenserfüllung verloren, sie ist zum Verdienstzweck geworden. So ist mit dem Maschinenzeitalter der sittliche Wert als ursprünglicher Sinn und Gehalt letztlich also das Glück der Arbeit, verlorengegangen. Diese Erscheinung wird in einem späteren Kapitel noch ausführlich auf ihre psychologische Bedeutung für das menschliche Zusammenleben hin zu untersuchen sein.

Was die moderne Kunst betrifft, so offenbart sich ihr unschöpferischer Geist in jaulenden Tonkombinationen — wobei man sich fragt, ob mit Absicht oder versehentlich falsch gespielt wird —, er zeugt für das Abnorme in Bildern, auf denen uns zersägte Menschen, herausbaumelnde Augen und brennende Giraffen zugemutet werden; die Dichtung schließlich, in deren Wortverdrehungen und -verstümmelungen die Sprache kaum noch als Bildnerin der Völker angesehen werden kann; kurzum, diese Kunst kennt keine Perversitäten und Abnormitäten, die nicht als sogenannte Kunstwerke dargeboten werden. Von einer Darstellung und Weckung des Ästhetischen kann keine Rede mehr sein.

Der Verlust des Ästhetischen geht einher mit einem immensen Abbau an Anschaulichkeit, Unmittelbarkeit und unproblematischer Zugänglichkeit (nach A. Gehlen). Diese Kunst, die einer gemeinverständlichen Betrachtung nicht standhält, kulminiert letztlich in der Auflösung des Gegenständlichen. Sie ist nur noch ihrem Schöpfer verständlich und bleibt somit jeder Wertung entzogen.

Da nun diese Kunst einen Großteil des Publikums verständlicherweise nicht anspricht und weithin unbeachtet bleibt, sie andererseits jedoch sein will, was sie nicht sein kann, nämlich — *Kunst*, versucht sie ihren nicht vorhandenen Wert durch insolentes, unermüdliches Propagieren doch noch zu gewinnen.

Arnold Gehlen beschreibt dies folgendermaßen [3]:

„Weite Kreise dieser Art (des Publikums) fühlen ihr doch vorhandenes Interesse (an der Kunst) ausgesperrt und finden sich wehrlos der unermüdlichen, planmäßigen und dabei höchst reizbaren Agitation ausgeliefert, wie sie insbesondere im Dienst der abstrakten Künste betrieben wird — eine Agitation, die gerade aus dem Gefühl nicht überall anzukommen, ihre Überaktivität und Ungeduld zieht."

Zudem hat die moderne Kunst zum Teil ihren eigentlichen Sinngehalt in der Schaffung eines sich immer weiter verbreitenden Kunstgewerbes aufgegeben. Man denke an „Künstler", die mit Schießprügeln, Wurfgeschossen aller Art, ja mit Rollschuhen und Autoreifen ihre „Farbkompositionen" fabrizieren.

So produzieren eine Reihe von Malern von Anfang an auf möglichst schnellen und lohnenden Umsatz hin. Moderne Maler wie Bernard Buffett, die in zehn Jahren 2000 Bilder herstellen, oder George Mathieu, dessen „ruhmvoller" Name in allen Galerien, Museen und Kunsthallen genannt wird, und dessen Werke den Wert öffentlicher und privater Sammlungen steigern. Diesem „Künstler" kommt es nach seinen eigenen Worten vor allem auf die Schnelligkeit des Malens an, zu der auch eine bestimmte Konzentration gehöre. Seine ungegenständlich gemalten Bilder sind zum Mitnehmen gedacht. Er malt das Nötige an Ort und Stelle, so daß sein Publikum das Entstehen des superschnell und oft auch überdimensional (5 m × 8 m) gefertigten „Kunstwerkes" miterleben kann.

Wie nun das Fabrizieren solcher Elaborate auf anderen Kunstgebieten vor sich geht, lesen wir ebenfalls bei A. Gehlen, der den Dichter Gottfried Benn zitiert [4]:

„Das bedeutet zunächst, man distanziert sich von der unmittelbaren inneren und äußeren Natur, denn — ‚Farben und Klänge gibt es in der Natur, Worte nicht' — (Benn). Wie es dann also zugeht, das hat dieser bedeutende Dichter klar beschrieben: Sind ein paar Worte oder Verse herausgeschleudert, so beginnt die eigentliche künstlerische Zurichtung, man ‚legt sie in eine Art Beobachtungsapparat, ein Mikroskop, prüft sie, färbt sie, sucht nach pathologischen Stellen' — ein skeptischer und raffinierter Prozeß, dessen Resultat eine chiffrierte Erregungsladung ist, ein ‚Wellenpaket', wie die Physiker sagen."

Um abschließend die ausweglose Situation, in die sich die mo-

[3] Gehlen, Arnold; Die Seele im technischen Zeitalter, S. 27.
[4] Gehlen, Arnold; a. a. O., S. 26.

derne Kunst verirrt hat, eindeutig zu machen, soll ein kurzer Beitrag über die neueste Abart der „abstrakten Malerei“ nicht fehlen.

Der neue Stil — es bleibe dahingestellt, ob es der fünfzigste oder einundfünfzigste der letzten Jahrzehnte ist — heißt: „*Pop*-Kunst.“

Er soll die Abkürzung von populär sein und kommt „natürlich“ aus Amerika. Hier ist jedoch von einer Auflösung des Gegenständlichen keine Rede, das direkte Gegenteil ist der Fall, und zwar in einer Art, für die die Bezeichnung pervers bei weitem nicht ausreicht. Diese Pop-Kunst besteht aus „Werken“ wie Pin-up-Girls, Konservendosen, Rasierapparaten, Korsettdamen, ein Meter hohen Fleischbulletten, aufgeklebten Weckeruhren, zerbeulten Autokarosserien, Coca-Cola Flaschen, Firmen- oder Verkehrsschildern und ähnlichen Narrheiten mehr. Was diese Beschreibung in Worten nur ahnen läßt, macht vielleicht das „Kunstwerk“ des frühverstorbenen „Pop-Künstlers“ Manzoni deutlicher, der nämlich Fäkalien in Dosen verpackte und in drei Sprachen „Künstlersch . . . .“ daraufschrieb!

Die drastischen Ausdrücke möge man mir verzeihen, aber kühne Taten verlangen eine kühne Sprache.

Nun wird jeder normal denkende Mensch und auch der wahre Kunstfreund diese degoutante Art von Kunst weit von sich weisen, jedoch wird es nicht leicht sein, sich der bereits erwähnten Agitation dieser Gruppe Kunstschaffender und ihrer Manager zu entziehen. Wen wird es nicht bedenklich stimmen, daß ausgerechnet der französische Kultusminister André Malraux im Museum für moderne Kunst in Paris und bereits 14 Tage später der deutsche Künstlerbund in Berlin die *Pop-Kunst* offiziell gesellschaftsfähig machten.

Und der Erfinder dieser neuen „Kunstrichtung“, ein Robert Rauschenberg aus Texas, USA, der im übrigen dadurch bekannt wurde, daß er Kopfkissen, Steppdecke und Überzug seines Bettes mit schwarzer Farbe bemalte, dieses sogenannte Werk „Bett“ nannte und in einer Kunstgalerie ausstellte, erhielt 1964 den Großen Preis der Biennale Venedig, einen der angesehensten Preise, den die internationale Kunstkritik zu vergeben hat.

Ebenso bedenklich mag es stimmen, wenn eine Abart dieser neuen „Kunst“ u. a. bereits die Außenwand der neuen Stadtbibliothek in Krefeld/Rhld. ziert. Hier entdeckt der scharfäugige Beobachter im Material des Kunstwerkes Teile zerbrochener Waschbecken!

Der Preis von 20 000,— DM für dieses namenlose Werk (laut Zeitungsmeldung) liegt übrigens durchaus auf der Preisebene der gewöhnlichen *Pop-Kunst.*

Wir wollen abschließend und stellvertretend für diese Zeit der

Pogrome im menschlichen Kunstschaffen, die zweifellos Ausdruck des überbetont technisch eingestellten Geistes unserer Epoche darstellen, Wilhelm Worringer und P. A. Sorokin zitieren:

„Längst leben wir, was Kunst angeht, in der Wirklichkeit einer Papiergeldpraxis und tun, als ob immer noch Goldwährung bestünde." (Nach W. Worringer [5].)

Und P. A. Sorokin schreibt [6]:

„Fassen wir das Ergebnis zusammen: Die zeitgenössische Kunst ist in erster Linie ein Sammelbecken krankhafter Erscheinungen aus Kultur und Gesellschaft. Ihr Schwerpunkt liegt im Leichenschauhaus der Polizei, im Versteck des Verbrechers und in den Geschlechtsorganen, und sie vollbringt ihre Leistungen zumeist in einem Geiste, welcher dem Tiefstand der gesellschaftlichen Kloaken entspricht."

Hier offenbart sich sehr deutlich der Kausalnexus in der Umwandlung unserer äußeren Lebensbedingungen und dem Verlust lebensnotwendiger Prinzipien, an Hand derer sich die menschliche Existenz orientierte und sie somit zum Maß ihrer Handlungen machte. Es handelt sich dabei um die Ablösung und Auflösung eines bis dahin gültigen Wirklichkeitsbildes.

[5] Zitiert aus: Gehlen, Arnold; a. a. O., S. 69.
[6] Sorokin, Pitirim Alexandrowitsch; Die Krise unserer Zeit, S. 54/55.

II. DIE TECHNISCHE ZIVILISATION ALS DEKADENZ-ERSCHEINUNG DER KULTUR

A. Im Geistesleben

Wenn wir die bisher aufgedeckten Umweltveränderungen weiter verfolgen, so stoßen wir auf zwei Antipoden menschlichen Geistes:

Kultur und *Zivilisation*

Beide sind Emanationen menschlichen Lebens, d. h. menschlichen Einwirkens auf die Umwelt. Sie unterliegen einer konvergierenden Wechselwirkung und können doch nur dem Dasein ihre prägende Form geben, indem Wesentliches des einen durch das andere eliminiert wird.

Kultur wie Zivilisation haben ihre Provenienz im menschlichen Geist, im Denken. Jedoch spielt die Fragestellung für seinen Einsatz eine entscheidende Rolle. Philipp Lersch differenziert nach einer geistig-ideellen Funktion des Denkens – ihr geht es um den Sinn menschlichen Daseins, um die Weltanschauung – und einer rational-intellektuellen Denkweise, deren Ziel die Selbsterhaltung und Selbstsicherung, die Weltbeherrschung bildet.

Sosehr der Mensch im kulturellen Denken die Dinge in ihrem Wesen anerkennt, sie gestaltet, aber nicht zerstört, sowenig ist der zivilisatorisch denkende Mensch bereit, die gegebenen Dinge als begrenzt oder gar absolut anzuerkennen. Diese Einstellung hat zur Schaffung einer zweiten, technisierten Welt geführt, die sich immer verhängnisvoller von der göttlichen Urordnung entfernt.

Mußte der Mensch in früheren Zeiten sein Leben den natürlichen Gegebenheiten der Umwelt anpassen, so begegnen wir heute überall dem vom Fortschritt besessenen, planenden und irrenden Menschengeist geschaffenen Menschenwerk. Wir bewegen uns nicht mehr in der lebendigen Schöpfung, sondern in einer von Menschenhand künstlich aufgebauten Sachwelt.

Wenn Rousseau unter dem Verlust der Geistigkeit seines Jahrhunderts litt, so befinden wir uns in einer erheblich schlimmeren Lage. Wir leben in einem toten Zeitalter, in dem der schöpferische, ideelle Geist an die Peripherie des Kreises gerückt ist und somit seine Werte schaffende Energie verloren hat. Philipp Lersch schildert die Situation folgendermaßen [7]:

„Die Entwicklung der abendländischen Welt während der letzten hundert Jahre stand unter dem Zeichen eines äußeren Fortschritts, der auf den Erkenntnissen der Naturwissenschaften, den Erfindungen der Technik und ihrer Nutzbarmachung für Industrie und Wirtschaft beruhte. Gleichzeitig aber hat sich der abendländischen Menschheit in steigendem Maße das Bewußtsein bemächtigt, daß bei allem Gewinn, den die Errungenschaften der Zivilisation für die Gestaltung des äußeren Daseins brachten, das innere Leben des Menschen an Werten des Geistes und Gemütes mehr und mehr verarmte."

So ist der durch die moderne Technik zur Rastlosigkeit verurteilte Mensch von einer gesunden Entwicklung immer mehr entfernt; denn diese entspringt letztlich einem kontemplativen Verhalten in Ruhe und Beständigkeit.

„Unsere Energie, unser Streben, wird zu sehr von Dingen absorbiert, die außerhalb der Kultur liegen, von Dingen der Zivilisation und Technik." (Nach Demoll [8].)

Der Verlust des Organischen und Ersatz durch Anorganisches macht erschreckende Fortschritte.

Die direkte, individuelle Art des Erlebens ist abgelöst durch ein indirektes Erleben. Die technisierte Umwelt hat eine eigenständige Zwischenwelt zur ursprünglichen Erlebenssphäre gebildet.

„Der Ruf nach der natürlichen Ordnung ist ein Protest gegen die Unnatur unseres gesamten Lebens." (Nach Röpke [9].)

Und Eduard Spranger schreibt hierzu [10]:

„Es geht wie es Goethes Zauberlehrling erging: Mit seiner Zauberformel bändigt er geheime Mächte und zwingt sie in seinen Dienst; dann aber hat er die Formel, sie wieder abzuberufen, vergessen. Das heißt: Er selbst ist das schwache Glied in der Wirkungskette. So verwandelt sich heilsames Können in unheilvolles Erleiden."

Hier liegt die Wurzel allen Übels. Der Geist konnte und kann der überstürzten technischen Entwicklung nicht mehr folgen, er ist absorbiert worden.

[7] Lersch, Philipp; a. a. O., S. 7.
[8] Demoll, Reinhard; Bändigt den Menschen, S. 19.
[9] Röpke, Wilhelm; Maß und Mitte, S. 153.
[10] Spranger, Eduard; Leben wir in einer Kulturkrisis? Beitrag aus: Wo stehen wir heute? S. 9/10.

Diese allmähliche Verflachung des Denkens geht einher mit einer ständigen Abnahme an Ehrfurcht, die bis zur Zeit der Aufklärung ihr wesentliches Element in der Anerkennung einer für uns verbindlichen göttlichen Urordnung besaß.

Hier bestand das „Machet Euch die Erde untertan" (Genesis 1, 28) für den Menschen in erster Linie in der Anerkennung des Absoluten, der von Gott gegebenen Welt, die dem Menschen in allen ihren Erscheinungsformen eine den Dingen innewohnende Ehrfurcht abnötigte. Bis zu dem Beginn des technischen Zeitalters war die Welt, das Leben als Ganzes, ein Geschenk Gottes, eine gute Sache, die dem Menschen zum Bebauen und Bewahren anvertraut war.

Die Werte wurden in ihrem Wesen anerkannt, sie durften zur Gestaltung einer bestmöglichen Daseinsexistenz wohl verändert, jedoch nicht zerstört werden.

Die Subsumtion des Menschen gegenüber seiner ideellen Weltauffassung fand zudem im täglichen Umgang mit den Dingen eine reale Auslegung entsprechend dem Bibelwort:

„Denn alle Kreatur Gottes ist gut, und nichts ist verwerflich, das mit Danksagung empfangen wird." (Timotheus 4, 4.)

So lesen wir bei Rudolf Eucken [11]:

„Geistiges Schaffen kann nach Wahrheit nicht streben, ohne ein zeitloses Gelten, eine Überlegenheit gegen allen Wechsel und Wandel zu fordern, z. B. ein Erkennen unter der Form der Ewigkeit."

Zuvor folgert er:

„Das geistige Schaffen, wo und wie immer es sich entfaltet, kann nur gelingen, wenn es um seiner selbst willen mit ganzer Hingebung erfaßt und betrieben wird, die bloße Sozialkultur macht aus ihm ein Mittel und Werkzeug menschlicher Wohlfahrt, macht damit gleichgültig gegen seinen eigenen Gehalt und beugt es unter den seiner unwürdigen Begriff der Nützlichkeit . . ."

Es geht also in der Kultur um die Bindung an ein Absolutes, eine ewige Wahrheit, die der menschlichen Ratio und ihrer Kritik entzogen bleibt. Diese Verbindlichkeit einer Invarianz, eines Tabus, finden wir bei allen Kulturvölkern, auch und vor allem bei denen, die wir heute in zivilisatorischer Überheblichkeit als „primitive Kulturen" zu entwickeln suchen und ihnen dabei die *natürliche* Entwicklung ganzer Kulturabschnitte vorwegnehmen.

Ging es in der Kultur des Mittelalters um Gott, um die Vereinigung mit ihm als letztes Ziel menschlichen Daseins, so stoßen wir bei älteren Kulturen auf die Heiligkeit der Naturelemente, die sich

[11] Eucken, Rudolf; Der Sinn und Wert des Lebens, S. 35/36.

zumeist ebenfalls mit einer religiösen Vorstellung verknüpfte. So äußerte sich bei den Parsen die Heiligkeit des Wassers in geweihtem Trunk oder geweihter Waschung als symbolische Opferhandlung.

Herodot schrieb von den Parsen [12]:

„Sie harnen weder in den Fluß, noch speien sie hinein. Sie waschen sich nicht darin, gestatten es auch keinem andern, sondern sie haben vor den Flüssen ganz besondere Ehrfurcht und glauben, daß jeden ein Fluch trifft, der ein Gewässer schändet.“

Ein weiteres Beispiel für die Verbindlichkeit solcher Tabus mag die Unantastbarkeit des Waldes bei den Germanen bieten.

Diese verurteilten den Waldfrevler zu einem qualvollen Tod, indem sie frische Darmschlingen an einem Baum befestigen und anschließend den Verurteilten um den Baum herumtrieben, bis er zusammenbrach.

Diese Gebräuche und Lebensgewohnheiten entsprachen also einer Geisteshaltung –, oft trotz offensichtlicher Paralogien (man denke an die heilige Kuh Indiens) – deren Ursprung in einem gemeinsamen Grundprinzip und einer von allen anerkannten Wertgrundlage lag.

Im kulturellen Denken ist der Mensch Objekt und seine natürliche Entwicklung der Maßstab wirklichen Fortschritts. Die Grundwerte im ethischen und geistigen Bereich, wie Wahrhaftigkeit, Gerechtigkeit, Tapferkeit, Edelmut, Schönheit, Glückseligkeit, Liebe und Güte sind denen des wirtschaftlichen Gebietes, die der Ernährung, Bekleidung, Wohnung und des Luxus’ dienen, übergeordnet.

Das Hauptanliegen in der Kultur ist eine Höherentwicklung des Menschen im ideellen Sinne und nicht eine forcierte Entwicklung und Steigerung der materiellen Dinge – dem widerspricht nicht eine „tatkräftige Fürsorge“ im täglichen Leben.

Rufus Jones drückt dies folgendermaßen aus [13]:

„Es gibt gewisse Dinge, die wir um ihrer selbst willen schätzen und nicht, weil sie uns im Kampf ums Dasein von Nutzen sind oder den Wert von Hab und Gut vermehren – das ist es, was ich unter Ur- oder Grundzweck des Lebens verstehe.“

Diese Weltauffassung ist es auch, die die wahrhaft großen Philosophen auszeichnet. Sie treiben kein Gewerbe und suchen keinen Gewinn in der Anhäufung materieller Güter. Ihr Lebensziel und

[12] Zitiert aus: Schwab, Günther; Tanz mit dem Teufel, S. 74.
[13] Jones, Rufus; Vom Sinn und Endzweck des Lebens, S. 13.

-zweck ist die Erkenntnis der Dinge, das Erfahren der Zusammenhänge.

Diese vollendete Erkenntnis des „Seienden" meinte Sokrates auf der Suche nach Wahrheit. Schon zu seiner Zeit trat jedoch der Gegenpol in der Bewegung der Sophisten auf. Sie vertraten eine typische Geisteshaltung des zivilisatorisch denkenden Menschen. So war bereits der Sophist ein echter Geschäftsmann, der als Wanderlehrer und Händler in Sachen Wissenschaft und Rhetorik sein Wissen verkaufte. Er wollte Einfluß, Macht und Vermögen erwerben.

Im Gegensatz hierzu stand wieder Plato, der ebenso wie sein Lehrer Sokrates auf der Suche nach einer absoluten, vernünftigen Lebensordnung war, die ihre unwandelbaren Grundsätze in immer gleich bleibenden, unverrückbaren Werturteilen findet. Seine Idee vom Guten und Schönen wurzelte in der Erkenntnis, daß die Dinge, so wie sie uns gegeben sind, auch am besten sind.

Dieses Suchen nach Erkenntnis eines allgemeingültigen Gesetzes für sittliches Handeln, das Ewigkeitswert beansprucht, finden wir wieder bei Kant, der seine Einsicht im „Kategorischen Imperativ" formuliert hat.

Ich zitiere hierzu Rufus Jones [14]:

„Kant gibt dem Wortlaut dieses Imperativs die einzig mögliche Fassung: ‚Handle so, daß der deinem Willen unterliegende Grundsatz immer und überall zu einem allgemeingültigen Gesetz des Handelns gemacht werden kann', d. h., handele so, daß du stets die Beweggründe deines Handelns verallgemeinern könntest!

Da dieses Gesetz universell und sein einziger Beweggrund Ehrfurcht ist, Ehrfurcht vor dem Gesetz selbst und vor der selbstherrlichen Person, die das Gesetz erläßt, so glaubt Kant, daß es in eine neue und handgreiflichere Form übertragen werden kann:

‚Handele so, daß du die Menschheit, ob in deiner eigenen Person oder in der Person eines anderen, stets als einen Zweck und nie als ein Mittel behandelst.' Gebrauche nie eine Person wie ein bloßes Werkzeug! Dieser sittliche Wille des Menschen bildet unsere erhabenste und am meisten schöpferische Veranlagung."

Somit ist das Moralische die Grundkraft der Kultur und bildet da, wo es zur Geltung kommt, eine alles überragende und zugleich regulierende Macht.

Dies gilt wohl auch für Kant, wenn er in tiefer Ehrfurcht von dem „bestirnten Himmel über mir" und dem „moralischen Gesetz in mir" spricht.

[14] Jones, Rufus; a. a. O., S. 78.

Und eben diese Einsicht spricht auch Wilhelm Raabe aus, wenn er sagt:

„Hab' acht auf die Gassen, blick auf zu den Sternen!"

B. Im Staatsleben

Hier nun wird der Gegensatz zur Zivilisation sehr deutlich. Sämtliche verpflichtenden, richtungsweisenden und regelnden Institutionen, die in der Kultur auf „gewachsenen Ordnungen" aufbauen und in sittlichen Idealen wurzeln, sind in der Zivilisation einer zunehmenden Profanierung unterworfen und werden in ständig fortschreitendem Pragmatismus zu einer totalen Umkehrung.

Was früher ein einheitliches Sittengesetz, dem Moral und Ehrfurcht zugrunde lag, für das Zusammenleben der Menschen bedeutete, hat in unserer Zeit die tägliche Handhabung des lapidaren Sätzchens übernommen:

„Du darfst alles tun, du darfst dich nur nicht erwischen lassen!"

In der technischen Zivilisation hat sich das verwirklicht, was P. A. Sorokin so beschreibt [15]:

„Man befreite ihn (den Menschen) von dem Aberwitz der kategorischen Imperative und zog ihm damit einen unsichtbaren Panzer aus, der ihn bedingungslos schützte, mit dem er seine Würde, seine Heiligkeit und Unverletzlichkeit verteidigen konnte."

Somit hat die zivilisierte Welt *„den tiefsten Stand sittlicher Würdelosigkeit erreicht"* (nach Sorokin). Zur evidenten Verdeutlichung sehe man an einem beliebigen Tage in eine beliebige Tageszeitung ...!

Hier blicken wir im wahrsten Sinne des Wortes in einen Spiegel, der als Abbild der heutigen Zivilisation durchaus nicht weniger, eher mehr Perversitäten und Dekadenzerscheinungen wiedergibt, als die, welche Oskar Wilde seinen „Dorian Gray" im Selbstbildnis erblicken ließ.

Diese in Sensationslettern aufgemachte Kumulation von Verbrechen jeder Art, die mit Verkehrsvergehen wegen Trunkenheit am Steuer beginnen und beim Kindes- oder Greisinnenmord mit anschließender Vergewaltigung enden, oder zu beobachten sind bei Skandalaffären auf allen Gebieten, beginnend mit Bestechungsversuchen in Politik und Wirtschaft und endend mit direktem Vertragsbruch, man denke an Wahlkämpfe in der Art von Wettbe-

[15] Sorokin, Pitirim A.; a. a. O., S. 138.

werben – für den Wahlkampf anläßlich der Landtagswahlen in Baden-Württemberg, Frühjahr 1964, verlegten Wahlpropagandisten den Wirkungskreis Bundeskanzler Erhards auf das Straßenpflaster. Junge Maler waren beauftragt, das Portrait des Kanzlers auf das Straßenpflaster zu malen. Gleichzeitig veranstalteten die Wahltaktiker ein Preisausschreiben, dessen 1. Preis ein Moped war –, bei denen nicht die Leistung, sondern die Propaganda entscheidet, die zudem eine Hauptaufgabe in der Verunglimpfung des politischen Gegners oder in der Versprechung von Dingen sieht, die nach gewonnener Wahl ohne Gewissensbisse vergessen werden.

All dies bietet in seiner exzessiven Eindeutigkeit ein Bild zunehmenden moralischen Nihilismus, dessen Endzustand in einer inkommensurablen sittlichen Würdelosigkeit kulminiert.

Um eventuellen Mißverständnissen vorzubeugen, möchte ich betonen, daß die Erscheinungen, deren Ursachen ich hier nachgehe, politisch neutral sind, d. h., daß ihre Bedeutung einer überparteilichen Idee entspricht!

Vernehmen wir weiter Heinrich von Treitschke, der diesen Zustand einer dekadenten Zivilisation bereits in einer Schilderung der Lebenshaltung zur Zeit Napoleons III. (1852 bis 1870) treffend aufzeigt [16]:

„Frankreichs Zivilisation – jenes der ersten Revolution noch unbekannte Zauberwort, das jetzt die Köpfe der Franzosen berauschte – zeigte sich vornehmlich in der Propaganda der Unsittlichkeit. Schamloser noch als unter dem Bürgerkönig wurde dem Mammon geopfert; die Gier nach Gold und Genuß, die Furcht, lächerlich zu erscheinen durch irgendwelche idealistische Schwachheit, bildeten die herrschende Gesinnung in weiten Kreisen der blasierten Jugend ... Was ist entsetzlicher an diesem Schmutz, die Frechheit oder die Dummheit?“

Wir sind in der Zivilisation also nicht nur der sittlichen, allgemein anerkannten Ideale beraubt, es fehlt auch das Vorbild. Ist doch der Geist einer Epoche vor allem in der Staatsführung verkörpert, welche nicht nur Inkarnation der allgemeinen Lebenshaltung ist, sondern sie ebenfalls entscheidend beeinflußt.

Im Gegensatz zur gegenwärtigen, ausschließlich zweckpolitischen Aspekten unterworfenen Politik, in der Moral oder sittliches Handeln weitgehend ausgeschaltet sind, stehen die politischen Vorbilder großer Kulturepochen.

[16] Treitschke, Heinrich von; Historische und politische Aufsätze, 3. Band, S. 362/365.

So schrieb vor fast 50 Jahren der Philosoph Graf Hermann Keyserling über die politische Einstellung in der chinesischen Kultur [17]:

„Das Moralische als Urkraft der Welt übt seinen Einfluß unmittelbar aus, besonderen Handelns bedarf es nicht. Deshalb wird von den größten Kaisern Chinas berichtet, daß sie – nicht regiert hätten. Kongfutse sagte:

‚Erhaben war die Art, wie Schun und Yü den Erdkreis beherrschten, ohne daß sie etwas dazu taten.'

Laotse:

‚Herrscht ein ganz Großer, so weiß das
Volk nur eben, daß er da ist.
Mindere werden geliebt und gelobt,
Noch Mindere werden gefürchtet,
Noch Mindere werden mißachtet.
Vertraut man nicht genug,
So findet man kein Vertrauen.
Wie überlegt waren jene im Wählen ihrer Worte!
Die Werke wurden vollbracht, die Arbeit wurde getan,
Und die Leute im Volk dachten alle:
Wir sind selbständig.'

Moralischer Wert ist alles, wessen der wahre Herrscher zum Herrschen bedarf. Es genügt das Prestige ihrer Würde, von welcher vorausgesetzt wird, daß sie dem Wert entspricht, daß sie das Dasein der Ehrfurcht vor dem, was unter ihnen steht, garantiert."

Dieses Große und Erhabene einer Staatsführung im chinesischen Kulturbereich findet seine Parallelen in den großen Staatsmännern der abendländischen Kultur.

Denken wir hier an Perikles und Friedrich den Großen; der eine als Verteter der griechischen Demokratie, der andere als Sinnbild der absoluten Monarchie.

Es war die Überlegenheit des Geistes, das Einstehen für Sitte und Moral, welches sich vor allem in der eigenen Lebensführung zeigte, die Herrschaft des *besten* Mannes, die den Athenern zum nachzueifernden Vorbild wurde.

Die gleichen Einsichten, die der geistigen Grundhaltung des Perikles in Lebens- und Staatsführung entsprangen, waren auch Friedrich dem Großen Richtlinien seines Lebens.

[17] Keyserling, Graf Hermann; Das Reisetagebuch eines Philosophen, 2. Band; S. 494/495.

Er legte sie in seiner Schrift „Regierungsformen und Herrscherpflichten“ nieder, in der er u. a. schreibt [18]:

„Er (der Herrscher) ist nur der erste Diener des Staates, ist verpflichtet, mit Redlichkeit, mit überlegener Einsicht und vollkommener Uneigennützigkeit zu handeln, als sollte er jeden Augenblick seinen Mitbürgern Rechenschaft über seine Verwaltung ablegen .. er, dem es obliegt, über die guten Sitten, die Hüterinnen der Gesetze, zu wachen und die Volkserziehung zu vervollkommnen, nicht aber sie durch schlechte Beispiele zu verderben. Die Reinhaltung der guten Sitten ist eines der wichtigsten Ziele. Dazu kann der Herrscher viel beitragen, wenn er solche, die sich tüchtig erweisen, auszeichnet und belohnt, während er denen, die in ihrer Verkommenheit über ihren schlechten Lebenswandel nicht mehr erröten, seine Verachtung kundgibt. Der Fürst soll jede ehrlose Handlung vornehmlich mißbilligen und dem Unverbesserlichen jede Auszeichnung verweigern. Noch ein bedeutsamer Punkt darf nicht außer acht gelassen werden; seine Vernachlässigung brächte den guten Sitten einen nicht wiedergutzumachenden Schaden. Das geschieht nämlich, wenn der Fürst Personen allzusehr auszeichnet, die kein Verdienst haben, aber große Reichtümer besitzen.

So übel angebrachte Ehrenbezeigungen bestärken die Allgemeinheit in dem volkstümlichen Vorurteil, reich sein genügt, um angesehen zu sein. Eigennutz und Begehrlichkeit sprengen dann die Fessel, die sie noch hielt. Jeder will Reichtümer anhäufen. Sie zu erwerben, werden die rechtswidrigsten Mittel angewandt. Die Korruption greift um sich, schlägt Wurzeln und wird allgemein. Die Talente, die sittenreinen Leute werden mißachtet, und die Welt ehrt nur die Bastarde des Midas, die mit ihrem reichlichen Geldausgeben, ihrem Prunk sie blenden. Um zu verhindern, daß die nationale Sittlichkeit so scheußlich entarte, muß der Fürst ohne Unterlaß bedacht sein, nur das persönliche Verdienst auszuzeichnen und dem üppigen Reichtum ohne Sitte und Tugend nur Verachtung zu zeigen.“

Wenn wir diese Ausführungen genau betrachten, müssen wir feststellen, daß sie nicht nur von der politischen Geisteshaltung, der staatlichen Führung im Bereich einer Kulturepoche zeugen, sondern in ihren negativen Beschreibungen die wesentlichen Merkmale einer heutigen, zivilisatorischen Staatsführung aufzeigen.

Es liegt mir fern zu behaupten, diese negativen Erscheinungen entsprächen ausschließlich dem Zeitabschnitt einer Zivilisation. Daß

[18] Friedrich der Große; Ausgewählte Werke Friedrichs des Großen, Band 2, S. 35/36.

aber diese Veränderungen ins Negative und Nihilistische so allgemein und absolut auftreten, ist in keiner Kulturepoche zu beobachten.

Die geschichtlichen Beispiele hat Oswald Spengler ausführlich beschrieben. Er betrachtet *„die reine Zivilisation als einen historischen Prozeß, der aus dem stufenweisen Abbau anorganisch gewordener, erstorbener Formen besteht."* (Nach O. Spengler.)

Dieser Übergang von der Kultur zur Zivilisation vollzog sich nach O. Spengler einmal in der Antike im 4. Jh. v. Chr. und ein zweites Mal im 19. Jh.

Er charakterisiert dies so [19]:

„Zivilisation sind die äußersten und künstlichsten Zustände, deren eine höhere Art Menschen fähig ist. Sie sind ein Abschluß; sie folgen dem Werden als das Gewordene, dem Leben als der Tod, der Entwicklung als die Starrheit, . . . griechische Seele und römischer Intellekt — das ist es.

So unterscheiden sich Kultur und Zivilisation."

So entspricht der Begriff der Gesetze bei allen Kulturvölkern der von den *„Göttern sanktionierten Sitte"* (nach C. M. Bowra).

Für sie sind die Gesetze die Verkörperung uralter Traditionen, die durch Gebrauch und Sitte eine festgeprägte Form erhielten.

Nur so ist es zu verstehen, daß Perikles erklärt [20]:

„In öffentlichen Angelegenheiten verwehrt uns tiefer Respekt vor den Gesetzen, sie zu übertreten" . . . und sein Gegner, König Archidamos von Sparta, konnte feststellen, „sein Volk sei allzu streng in der Selbstbeherrschung erzogen, um gegen die Gesetze verstoßen zu können."

Sind diese in Jahrhunderten gewachsenen Ordnungen nicht mehr vorhanden, entsteht jener Zustand, den der nach Homer älteste griechische Dichter Hesiod so beschreibt [21]:

„Aufruhr bricht los, wenn die Gerechtigkeit davongeschleppt wird und wenn bestochene Giermäuler sich ihrer bemächtigen und bösen Sinnes Urteil sprechen."

Die Grundwerte als Basis des vereinfachten, geschriebenen Gesetzes, die ja das Fundament des Staates und der Gesellschaftsordnung bilden, waren allen Bürgern eines Kulturstaates aus Erfahrung und Tradition bekannt. Die Ziehung einer positiven Parallele zur heutigen Zeit muß hier mißlingen; denn die künstliche

[19] Spengler, Oswald; Der Untergang des Abendlandes; 1. Band, S. 44.
[20] Zitiert aus: Bowra, Cecil Maurice; Griechenland, in Kindlers Kulturgeschichte, S. 129.
[21] Bowra, Cecil Maurice; a. a. O.; S. 130.

Sachwelt, in der wir leben, bedingte eine ebenso künstliche Gesetzesgebung, in deren Paragraphen, Geboten und Verboten, Ordnungen und Verordnungen der zivilisierte Mensch wie ein Insekt im Netz einer Spinne zappelt oder sich allenthalben wie ein Raubtier hinter Gitterstäben in ewig gleichen Bahnen bewegt.

Auch hier gibt uns der Bericht Graf Hermann Keyserlings ein verdeutlichendes Beispiel, wenn er die chinesische Kultur mit der westlichen Zivilisation vergleicht. Er schreibt [22]:

„Unsere politische Kultur ist äußerlich bedingt; sie ist das Ergebnis eines Systems, das den einzelnen zum Gut-Handeln zwingt, ist unabhängig von der Seele entstanden, besteht unabhängig von der Seele weiter fort. Die des Chinesen beruht auf Ausbildung des Innerlichen. Und wenn man bedenkt, daß das große chinesische Reich schon Jahrtausende entlang kaum schlechter regiert worden ist als das moderne Europa, und dieses ohne die Vermittlung eines Mechanismus, der die Menschen automatisch in Ordnung hielte, einzig dank der moralischen Qualifiziertheit seiner Bürger . . .; unser moralisches Höherstehen, auf das wir uns so viel zugute tun, bedeutet bisher wenig mehr als das Funktionieren im Rahmen eines klüger erdachten Systems; weil dem so ist, rebellieren wir neuerdings sogar gegen das Moralische überhaupt. Welche extremen Erscheinungen des westlichen Gesellschaftslebens haben ihren tiefsten Grund nicht darin, daß das Äußere nicht im Inneren wurzelt?"

Es ist daher ein Merkmal des Zivilisationsmenschen, daß ihm die Idee, die Weltanschauung fehlt. Nur eine solche ist in der Lage, dem Menschen eine Bindung zu geben, die sich nicht auf momentane Zweckmäßigkeiten beschränkt, sondern ihre Kraft aus der inneren Verwurzelung bezieht.

C. In den Wissenschaften

Ich habe an Hand einiger historischer Persönlichkeiten bereits aufgezeigt, welche Bedeutung u. a. die sittlichen Ideale, die Gesinnung und das Gemüt sowie Sitte und Gebräuche der Tradition für das kulturelle Leben des Menschen besitzen.

Sie alle bieten Aufschluß und geben eine lebendige Aussage über den Wert einer Bindung, die einen geistigen Ursprung besitzt und sich somit nicht auf Vitalkräfte beschränkt.

[22] Keyserling, Graf Hermann; a. a. O., S. 465/466.

Die Werte erhaltende und fördernde Energie der Kultur beruht in erster Linie auf der geistigen Tragkraft einer inneren Bindung. Sie erst kann den Menschen in der Einheit von Gesinnung und Handeln zu einem „sittlichen Ich" prägen.

Wir finden bei Dostojewski im Traum des „Raskolnikow" in der sibirischen Gefangenschaft ein erschütterndes Beispiel für die chaotischen Zustände, die dem Verlust solcher werteschaffender Bindungen folgen.

Die Wissenschaften, vornehmlich die Naturwissenschaften, zeigen diese Verlusttendenzen seit Beginn des technischen Zeitalters. Entsprangen sie der geistigen Neugier, dem Wissen-Wollen, und waren sie auf Ethik und Moral gestützt — Goethe formulierte: *„Das Erforschliche erforschen und sich vor dem Unerforschlichen ehrfürchtig verneigen"* —, so ist vielen heutigen Wissenschaftlern die innere Verantwortung verlorengegangen. Ehrfurcht und Gewissen sind Zweck- und Nützlichkeitserwägungen gewichen. Der amerikanische Atomforscher und Mitbegründer der Atombombe, Edward Teller, spricht dies offen aus, wenn er die These vertritt, daß den Erfinder die Folgen seiner Erfindungen nicht anfechte.

In den Worten dieses stellvertretend aufgeführten Wissenschaftlers zeigt sich eine sittliche Verantwortungslosigkeit, die nur von den „Erfolgen" solcher Wissenschaftler übertroffen wird.

Diese Wissenschaft ist Ausdruck einer Hybris, die sich letztlich das Ziel gesteckt hat, durch eine totale Beherrschung der Natur den Thron Gottes zu besteigen.

Sie hat uns durch die Spaltung des Atoms in die Lage einer totalen Selbstvernichtung versetzt, die uns die apokalyptischen Vorstellungen eines Johannes von Patmos als Erlösung erscheinen läßt.

Der zivilisierte Mensch unserer Tage und mit ihm die gesamte Menschheit ist von einer ständigen, einem Alpdruck gleichenden Lebensangst befallen, die er, könnte er sie nur wieder loswerden, wohl mit Freuden gegen den Verlust einer angewandten, noch so viele Fortschritte versprechenden Kernphysik eintauschen würde. Ich möchte annehmen, daß diese nicht eliminierbare, dauernde Lebensangst ein zu hoher Preis für die wenigen wirklichen Fortschritte — ich meine die neugewonnenen geistigen Erkenntnisse, die uns die moderne Naturwissenschaft gebracht hat — ist!

Diese amoralische, ja schon ins Perverse ausartende fehlgeleitete Wissenschaft, die unter dem Mantel des Fortschritts agitiert, scheut auf der Suche nach immer neuen und größeren Verdienstmöglichkeiten vor keinem Eingriff und keiner Verletzung göttlicher Ordnungen zurück.

Robert Jungk [23] berichtet u. a. von zwei besonders degoutanten wissenschaftlich entwickelten Anwendungen aus dem Bereich der Tierausbeutung.

So werden den Sauen ihre Ferkel weggenommen, damit die Muttertiere dreimal, statt nur zweimal jährlich werfen können. Die Brut wird dann mit synthetischer Milch aus einem künstlichen Euter aufgezogen, und zur Vollendung dieses Betruges erklingt vom Tonband das Grunzen einer nährenden Sau. Das andere Mal handelt es sich um den künstlichen „Samenakt" beim Bullen. Dieser wird an einer Kette, die über eine Schiene läuft, in einen halbdunklen Gang geführt, an dessen Ende ein fellbespanntes Drahtgestell, eine „künstliche Kuh" ohne Kopf, aber mit einem künstlichen weiblichen Geschlechtsorgan ausgerüstet, steht. Dieses Gestell bespringt nun der Bulle und „erledigt den Zeugungsakt."

Schließlich werden nicht nur mit Hilfe von Hormonspritzen Hähne in Hühner verwandelt (Hühnerfleisch hat einen höheren Marktpreis), es wird auch versucht, den Menschen in einer Retorte zu erzeugen. Man erinnere sich an den verbrecherischen Versuch des italienischen Professors Daniele Petrucci, dem es gelang, in einer Retorte menschliche Leibesfrucht bis zum zweiten Monat heranreifen zu lassen. Zu diesem Zeitpunkt hat der Embryo bereits die Anlagen aller lebenswichtigen Organe wie Kopf, Herz, Leber, Wirbelsäule, Genitalien, Gliedmaßen, Augen und Ohren. Aus diesen menschlichen Embryos schnitt Petrucci Teile heraus, um sie in lebende Tiere zu verpflanzen. So operierte er aus einem Retortenbaby das Herz und übertrug es einem Fohlen. Durch diese „wissenschaftlichen" Experimente soll die Basis geschaffen werden, eines Tages alle wichtigen Körperteile des Menschen auszutauschen.

Schon hat die Wissenschaft ein neues Fachgebiet geschaffen: Die sogenannte „Ersatzteilmedizin", und an mehreren amerikanischen Universitäten sind in letzter Zeit Abteilungen für „biologisch-medizinische Technologie" entstanden. Einer der führenden Wissenschaftler auf diesem Gebiete ist Dr. Willem Kolff von der Cleveland Universität in Ohio, der nicht nur künstliche Gliedmaßen herstellt, sondern innere Organe durch künstliche ersetzen will. 1965 gelang es ihm, ein Kalb, dessen eigenes Herz chirurgisch entfernt und durch ein Plastikherz ersetzt worden war, noch volle 31 Stunden am Leben zu erhalten.

Der Sinn solcher widernatürlichen Tierexperimente, die ja erst die Vorstufe für ähnliche Versuche am Menschen darstellen, liegt

[23] Jungk, Robert; Die Zukunft hat schon begonnen, S. 161, 167.

in dem neuerdings als erreichbar erscheinenden Streben der Menschen nach Unsterblichkeit. Denn nicht nur einzelne Teile des menschlichen Körpers, sondern der gesamte Mensch, d. h., sämtliche Teile seines Organismus sollen in Zukunft auswechselbar werden. Schon hat der englische Biologe J. B. S. Haldane in einem 1965 gehaltenen Rundfunkvortrag bedauert, daß es der Wissenschaft noch nicht möglich sei, einen lebenden Menschen auf den Beinen eines verstorbenen weiterlaufen zu lassen.

Welche Folgen ein endgültiges und bei dem heutigen Stand der technischen Wissenschaft durchaus absehbares Gelingen künstlicher Lebensverlängerung in dieser massierten Form für das menschliche Zusammenleben mit sich bringt, beschreibt ein Bericht der Westdeutschen Illustrierten „Stern" in dem es u. a. heißt („Stern", Nr. 46/65):

„Es hat keinen Sinn, vor den Konsequenzen die Augen zu verschließen. Um es deutlich auszusprechen: Um genug Ersatzorgane zu haben, werden wir gezwungen sein, Leichen so auszuschlachten, wie wir das heute mit alten Autos tun. Das wird in den ersten Jahren natürlich oft nur gegen den Willen der Angehörigen möglich sein. Es müssen daher Gesetze erlassen werden, die gewährleisten, daß die berechtigten Interessen beider Parteien Berücksichtigung finden. Wir werden Zeit brauchen, um unsere moralischen Wertmaßstäbe den neuen Gegebenheiten anzupassen. Wir werden erst lernen müssen, daß es so etwas wie Beihilfe zum Totschlag ist, wenn man mit einem Menschen, der an einem Hirntumor gestorben ist, auch sein gesundes Herz begräbt, obwohl dieses einen anderen Menschen am Leben erhalten könnte."

Es ist nicht zu übersehen, daß hier bereits in massiver Form Ansätze zur moralischen Umerziehung der Menschen vorhanden sind. Wie weit dieser von den verantwortlichen Wissenschaftlern selbst erwartete psychologische Widerstand abgebaut werden muß, soll aus weiteren Fakten über die geplante und bereits durchgeführte künstliche Lebenserzeugung hervorgehen.

Auf einem britischen Ärztekongreß in Glasgow im Sommer 1964 teilte Professor Petrucci mit, daß er bereits 27 Kinder in der Retorte gezeugt habe. Zu der reifen Eizelle der Frau hatte er im Reagenzglas den Samen des Ehemannes hinzugefügt. Erst nachdem der solchermaßen künstlich erzeugte Embryo acht Tage lang in einer künstlichen Gebärmutter herangereift war, wurde er in den Mutterleib übertragen. Der Preis für ein solches Retortenbaby liegt nach Angaben Petruccis heute noch bei DM 50 000,–.

Zugleich versicherte der italienische Professor mit Begeisterung, daß die künstliche Aufzucht von Menschen außerhalb des weiblichen Körpers durchaus nicht auf das Anfangsstadium beschränkt sei oder bleiben würde. Bereits für die nächste Zukunft kündigte einer seiner Freunde die Geburt eines „echten Reagenzglasmenschen“ an, der nicht nur seine Zeugung und die ersten acht Tage, sondern volle neun Monate und nicht zuletzt seine Geburt in einer Plexiglaswanne erleben werde.

Doch ist Professor Petrucci nicht der einzige Wissenschaftler, der durch solche und ähnliche Forschungsarbeit die Menschen beglücken bzw. verbessern will. So gelang es ebenfalls dem amerikanischen Professor Dr. Landrum B. Shettles, weibliche Eizellen in der Retorte zu befruchten.

In Japan waren es Dr. Motoyuki Hayashi und sein Forscherteam, die bereits im Jahre 1961 der Welt ähnliche Forschungsergebnisse mitteilten. Und der sowjetische Professor Pjotr Anochin erklärte 1961 im russischen Fernsehen, er habe einen künstlich hergestellten menschlichen Embryo bis zu einem Gewicht von 500 Gramm am Leben erhalten, was etwa einem Vier- bis Fünfmonatsbaby entspricht. Gleichzeitig teilte der russische Wissenschaftler mit, daß er in der Lage sei, die Erbanlagen seiner Embryos willkürlich zu ändern.

Diese manipulierbare Veränderung der menschlichen Gene, den Erbträgern in den Keimzellen des menschlichen Organismus, streben auch eine Reihe amerikanischer Wissenschaftler an. Ihr Ziel ist der „genormte Mensch mit Zweckbestimmung“.

Der erst kürzlich verstorbene amerikanische Biologe J. B. S. Haldane nannte ein sensationelles Beispiel. Da bei der Schwerelosigkeit des Weltraumfluges die Beine und Beckenform des normalen Menschen hinderlich sind, sollen die Mütter künftiger Astronauten ein noch zu entwickelndes Medikament einnehmen, durch dessen Wirkung Kinder ohne Beine geboren würden. Das Ziel solcher wissenschaftlichen Unmenschlichkeit ist die sogenannte „Robbengliedrigkeit“.

Ein anderer amerikanischer Wissenschaftler, der Biochemiker Dr. J. Bonner vom Technologischen Institut der Universität von Kalifornien, forscht nach einem Verfahren zur Heranzüchtung eines größeren Gehirnes mit besserem Denkverfahren. Denn nach den Zukunftsplänen amerikanischer Wissenschaftler soll letztlich nur noch das Gehirn der zukünftigen Raumfahrer „menschlich“ bleiben. Der Körper mit Gliedern, Augen, Ohren usw. soll künstlich sein, und von dem Seh- und Bewegungszentrum des menschlichen Gehirns gelenkt werden.

Auch glaubt Dr. Bonner, daß es bereits in der nächsten Generation möglich sein wird, durch Unfall oder Krankheit verlorengegangene Körperteile einfach wieder nachwachsen zu lassen. Er prophezeit, *„daß bereits sein Sohn vier Hände haben könnte"*.

Spätestens hier erinnert man sich schaudernd der Gruselfilme á la „Frankenstein" etc., die in den fünfziger Jahren unseres Jahrhunderts die Menschen schockierten.

Und doch geht es in diesem Bericht nicht um die Beschwörung von „Gespenstern aus der Schreckenskammer der Wissenschaft". Es mag auch dahingestellt sein, wie weit sich solche heute noch utopisch klingenden Zukunftspläne zur Verwandlung des Menschen tatsächlich realisieren lassen. Doch allein die Tatsache, daß solche Pläne existieren, daß sich Wissenschaftler, sogar Nobelpreisträger, mit diesen und noch wahnwitzigeren Zukunftsbildern, wie wir noch sehen werden, ernsthaft und voller Eifer beschäftigen, ist mehr als schockierend!

Welche Fortschritte nun die Tendenz der wissenschaftlichen künstlichen Lebenserzeugung bereits angenommen hat, erfahren wir in erschütternder Weise bei Reinhard Demoll, der folgendes berichtet [24]:

„Im ungarischen Unterrichtsministerium konnte man erfahren, wie die wissenschaftliche Menschenzucht gedacht ist. Die Referentin Martha Ligitt erklärte in ihrer programmatischen Rede:

‚Der Sowjetstaat wird in Zukunft nicht mehr alles der Natur überlassen. Er wird auch im weiblichen Schoß Ordnung schaffen. Wir erstreben die wissenschaftliche Menschenzucht mit auserlesenen männlichen Exemplaren. Die natürliche Fortpflanzung ist eine nicht mehr zu verantwortende Materialverschwendung. Auch die Frauen werden sich mit dieser neuen Ordnung der Dinge abfinden, ja, es wird ihnen manche peinliche Überraschung erspart bleiben. Sie werden ausschließlich mit ärztlich-wissenschaftlich garantiertem Samen befruchtet werden. Jede Ampulle wird alle nötigen Kennzeichen des Vaters tragen: Blutmerkmale, geographische Lage seiner Heimat, Körpergröße, Temperament, Haarfarbe — kurz alles, was ein Mensch wissen muß.‘

Bald darauf versuchte man die künstliche Besamung beim Menschen; zunächst bei Frauen, deren Männer zwar lebensfähigen Samen lieferten, aber aus irgendwelchem Grunde unfähig waren, eine normale Begattung auszuführen."

Man glaube nun nicht, daß diese Art der künstlichen Lebenserzeugung lediglich dem Prinzip der kommunistischen Diktatur

[24] Demoll, Reinhard; a. a. O., S. 279/280.

entspräche, das Gegenteil ist der Fall. Im „fortschrittlichsten Land" dieser Erde, in den USA, ist das, was im Osten propagiert wurde, zur makabren Wirklichkeit geworden. Wir lesen weiter bei Reinhard Demoll [25]:

„In den USA ist die Kinderlosigkeit von Ehen zu 60 Prozent auf physisches Unvermögen der Männer zurückzuführen. Die Frau kauft sich den Samen an der ‚Samenbörse' und brüstet sich mit ihrer Unnatur, in der sie glaubt, Vorurteilslosigkeit sehen zu dürfen. (Nicht nur die Frauen impotenter Ehemänner, vor allem frigide Frauen sind Kunden dieser Samenbörsen.) Heute rechnet man, daß bereits 100 000 solcher Reagenzglasmenschen unseren Planeten bevölkern. Durchschnittlich muß zwölfmal Samen eingespritzt werden, um eine Empfängnis zu erzielen. Nur 15 Prozent der Befruchtungen gelingen. Bei 10 bis 15 Prozent aller bisher Erzeugten stammt der Samen vom Ehemann.

Die künstliche Besamung vermehrt die genotypisch frigiden Frauen, sie führt zur stärksten Vermehrung der weniger wertvollen Männer, sie führt somit zu einer Herabminderung der Qualität der Erbmasse des Volkes. Sie stellt eine perverse, anwidernde Verstümmelung des Schöpfungsaktes dar, eine Absage an die seelischen Qualitäten des Partners und somit auch des erhofften Kindes, ein Bekenntnis zum grobschlächtigen Materialismus. Das Abstoßende liegt weniger in dem Gedanken, daß der Mensch wie ein Rassehund im Einzelzwinger behandelt wird, sondern darin, daß ein Teil der Menschheit bereit ist, selbst beim Zeugungsakt die Natur zu überhören und durch eine vom Intellekt ersonnene Farce zu verdrängen.

Heute geht man schon daran, die neue Rechtslage, die durch dic künstliche Befruchtungsmöglichkeit gegeben ist, zu paragraphieren. Und zwar:

a) das Recht der Frau;
b) das Recht des Ehegatten;
c) das Recht des Samenspenders; und
d) ? — nichts mehr."

Welche Fragen und Probleme hier bereits für zahlreiche Menschen in vielen Ländern der Erde entstehen — allein in den USA werden jährlich etwa 10 000 durch künstliche Befruchtung gezeugte Kinder geboren —, soll das Urteil eines New Yorker Gerichtes deutlich machen. Hier war 1965 bei einem Scheidungsurteil einer Frau das einzige Kind zugesprochen worden. Mit der Begründung, sie

[25] Demoll, Reinhard; a. a. O., S. 280/281.

habe das Kind auf Grund einer künstlichen Befruchtung mit dem Samen eines anonymen Spenders – der Samenspender bleibt allgemein anonym – empfangen, ihr geschiedener Mann sei also nicht der richtige Vater, wollte sie dem Mann auch noch das Recht zum Besuch des Kindes absprechen lassen. Nun wurde zwar von einem New Yorker Gericht der hiergegen erhobene Widerspruch des Mannes, er habe das Kind immer wie sein eigenes behandelt, anerkannt, doch zog die Frau um in den Bundesstaat Oklahoma und erhielt von den dortigen Richtern das Urteil, daß ihr geschiedener Mann mit dem Kindesvater nicht identisch sei und somit auch keinen juristischen Anspruch auf Besuch des Kindes habe.

Nicht zuletzt erhoffen sich eine Reihe prominenter Wissenschaftler von der systematischen Menschenzucht, wie sie den politischen Führern des „Dritten Reiches" noch vor zwanzig Jahren als verabscheuungswürdiges Verbrechen zur Last gelegt wurde, das Heil kommender Generationen.

Was Charles Darwin vor über 100 Jahren in seiner „Selektionstheorie" als Prinzip der natürlichen Auslese durch den „Kampf ums Dasein" erkannt und niedergeschrieben hatte, scheint in unseren Tagen seine Bestätigung zu finden. Daß die moderne Medizin diesen „Kampf ums Dasein" ungeheuer erleichtert hat, ja geradezu zum unnatürlichen Prinzip gegen die „natürliche Auslese" erhoben hat, stellt uns heute vor die Frage des Fortbestehens einer zum größeren Teil erbbiologisch gesunden oder völlig degenerierten Menschheit.

Denn, wurden die Träger schädlicher Erbanlagen in früheren Jahrhunderten durch einen frühzeitigen Tod an der Zeugung einer erbkranken Nachkommenschaft gehindert, so ist heute festzustellen, daß ausgerechnet die Träger minderwertigen Erbgutes die meisten Kinder in die Welt setzen. Die Gefahr eines erbbiologischen Niedergangs der Menschheit ist also durchaus nicht das Schreckgespenst einiger ängstlich besorgter Mediziner.

Und doch wird in diesem Zusammenhang von einigen Größen der medizinischen Wissenschaft ein Zukunftsbild künftigen menschlichen Zusammenlebens entworfen und bereits tatkräftig propagiert, vor dem die Folgen der bisher erwähnten Gefährdung der Menschheit verblassen. Zu diesen Männern gehören die amerikanischen Nobelpreisträger H. J. Muller, F. H. C. Crick, Joshua Lederberg und die englischen Biologen Sir Julian Huxley und J. B. S. Haldane. Diese Wissenschaftler wollen zwei Fliegen mit einer Klappe schlagen. Einmal fordern sie weniger Kinder, um der gefürchteten „Bevölkerungsexplosion" entgegenzuwirken, zum anderen hoffen sie durch die künstliche Paarung eines „Wahlvaters" mit einer

„Idealmutter" den geplanten Mustermenschen zu gewinnen. So ist für diese Männer die künstliche Befruchtung der Frau mit dem Samen eines ausgewählten Samenspenders längst keine Notlösung für Ausnahmefälle mehr. Sie haben vielmehr diesen perversen und alle natürlichen Empfindungen ausschließenden Zeugungsakt zur allgemeingültigen Forderung erhoben, die durch gesetzliche Maßnahmen durchgesetzt werden soll, um die Menschheit vor dem drohenden „Gen-Tod" zu retten.

„Gene" sind die eigentlichen Träger der Erbanlagen, aus denen sich die Merkmale des körperlichen und geistigen Erscheinungsbildes des Menschen prägen.

Wie nun dies Zukunftsbild einer verbesserten bzw. „aufgeforsteten" Menschheit aussehen soll, führt uns folgender Bericht vor Augen (zitiert aus: „Stern", Nr. 49/65):

„Das jungverheiratete Paar wird von der Hochzeitsreise zurückkommen und unter dem Berg von Post, zwischen Möbelprospekten, Rechnungen und verspäteten Glückwünschen auch einen gewichtigen blauen Umschlag mit amtlichem Stempel vorfinden. Wenn die Frau den Umschlag entdeckt, wird sie ein bißchen rot werden. Der Mann wird ihn mit einer gewissen Feierlichkeit auf den Wohnzimmertisch legen. Nach dem Abendessen wird sich das Ehepaar gemeinsam an das Studium des Inhalts machen. Beide wissen, was er enthält: ein Samenangebot des für ihren Bezirk zuständigen staatlichen Gesundheitsamtes. Es ist der Katalog, der allen Eheleuten angeboten wird, die den Wunsch nach einem Kind angemeldet haben. Und nun werden die Eheleute darangehen, sich auf Grund der ausführlich geschilderten Erbeigenschaften des angebotenen Samens ein Kind nach Wunsch auszusuchen.

Ohne die Mitwirkung der staatlichen Gesundheitsbehörde werden sie gar nicht imstande sein, ein Kind zu bekommen. Auf Beschluß der Regierung werden mehreren Grundnahrungsmitteln, darunter Mehl und Salz, hormonale Empfängnisverhütungsmittel beigemischt sein, die alle Frauen unfruchtbar machen. Das die Wirkung aufhebende Gegenmittel wird erst unmittelbar vor der künstlichen Befruchtung mit einer der staatlich zugelassenen Samenarten vom Arzt gespritzt werden. Aus dem Angebot wird allen Ehepaaren die Auswahl freistehen. Intelligenzgrad, spezielle Begabungen, sportliche Höchstleistungen, Charakter- und Temperamentveranlagung des jeweiligen Spenders werden in dem Katalog ebenso mitgeteilt werden wie Körpergröße oder die Farbe von Haaren und Augen."

Um die bisher übliche Anonymität des Samenspenders aufheben

zu können und um hierdurch evtl. entstehende psychologische oder juristische Probleme von vornherein ausschalten zu können, soll nach dem Plan des amerikanischen Wissenschaftler H. J. Muller grundsätzlich nur der Samen von bereits toten Spendern zur Verfügung gestellt werden.

Denn nach einer von Dr. H. Shermann in Little Rock (USA) entwickelten Methode ist es möglich, menschliches Sperma auf unbegrenzte Zeit zu konservieren, wenn es, mit Glyzerin vermischt, durch flüssigen Stickstoff auf 196 Grad unter Null gehalten wird.

Schon wurden 1964 in Philadelphia die ersten Kinder geboren, die mit jahrelang aufbewahrtem Samen von bereits toten Vätern gezeugt wurden. Und die amerikanische Regierung diskutiert Pläne, nach denen der Samen von Soldaten und eines großen Teils der männlichen Zivilbevölkerung in Sperma-Bänken angelegt werden soll, um wertvolles Erbgut über einen möglichen Atomkrieg hinüberzuretten.

Die Argumente der für diese Pläne verantwortlichen Wissenschaftler tragen ein übriges dazu bei, diese sogenannte Wissenschaft und ihre Helfershelfer als Ausgeburt eines satanischen Intellekts, die auch den letzten Rest von Achtung vor der Würde des Individuums verloren hat und nur noch die Materie im Menschen sieht, zu dokumentieren.

So sagt der amerikanische Nobelpreisträger Hermann J. Muller, einer der führenden Biologen der Welt (zitiert aus: „Revue", 13. 2. 1965):

„Mehrere Spermabanken sind schon heute tätig. Es wird nicht mehr lange dauern, bis sich überall Ehepaare entschließen, ihre schlechten Erbmassen zum Vorteil zu wenden, nämlich ihren Kindern die bestmögliche Erbmasse mitzugeben durch künstliche Befruchtung mit dem Samen eines erbgesunden Mannes. Diese Eltern wären Menschen, die stolzer auf das sind, was sie mit ihren Hirnen und Händen schaffen, als mit ihren Lenden. Menschen, die das Wohlergehen ihrer Kinder höher stellen als ihr eigenes und nicht mit der eigenen schlechten Erbmasse belasten."

Und an anderer Stelle entblödet er sich nicht, folgendes Argument anzuführen (zitiert aus: „Stern", Nr. 49/65):

„Welche Frau wäre nicht stolz darauf, in ihrem Schoß ein Kind von Beethoven oder Albert Einstein zu wissen?"

Was Muller noch unter dem Aspekt der „Freiwilligkeit" zur Rettung der biologischen Zukunft der Menschheit propagiert, sieht der amerikanische Nobelpreisträger F. H. C. Crick letztlich als radikale, von den Regierungen gelenkte Aktionen vor. Er schrieb bereits 1962 (zitiert aus „Stern", Nr. 49/65):

„Vom rein humanitären Standpunkt aus sehe ich nicht ein, warum Menschen einen Anspruch darauf haben sollten, eigene Kinder zu haben. Vom Standpunkt des Gemeinwohls aus gesehen wäre eine Lizenz, die Kinder nur dann zuläßt, wenn die zu erwartenden Erbeigenschaften positiv sind, mindestens genauso erwünscht wie die Einrichtung des Führerscheins."

Diese durchaus nicht vereinzelt dastehenden Beispiele aus der Wissenschaft sind in ihrer Aussagekraft wohl eindeutig. Wir erfahren spätestens hier, daß ein Großteil der Wissenschaften zu Handlangerdiensten von Laboratorien und Fabriken degradiert ist.

So lesen wir bei Reinhard Demoll [26]:

„Das Buch des Universums ist in mathematischen Lettern geschrieben" —, sagte Galilei, und Kepler erklärte: „— wahres Erkennen ist nur dort, wo Quanta erkannt wurden —." Kann man sich wundern, daß die Quantität und die Zahl im Denken der Menschen schließlich einen so magischen Glanz erhielten, daß sie die Qualität, daß sie Gott zu entthronen vermochten?

Der Gott in der Zahl. Der Gott im Reagenzglas. So lautete das Brevier. Der materialistische Rationalismus ließ nur das Vordergründige gelten und lehnte es ab, dahinter noch etwas zu suchen und anzunehmen. Kurz, man nahm das Bewegte für das Bewegende."

Diese Beurteilung der heutigen Wissenschaft entspricht dem, was auch C. F. von Weizsäcker ausführt [27]:

„Die heutige Wissenschaft als Wissenschaft weiß, was sie nicht weiß. Das naturwissenschaftliche Wissen umfaßt nicht ein Wissen vom Menschen, das ausreichen würde, um die Verantwortung für den Weltkreis zu tragen."

So hat beispielsweise die Wissenschaft keine Ahnung, wie es zustande kommt, daß das Herz ein ganzes Menschenalter lang in unserer Brust pocht. Wohl kennt man das Reizleitungssystem und die Adenosintriphosphorsäure (ATP), das eigentliche Wesen des Lebens bleibt jedoch völlig verborgen. Hier muß sich auch der Wissenschaftler dem Göttlichen, dem Unerforschlichen beugen. Und will er nicht völlig im Dunkeln leben, so muß er versuchen, das Teilwissen in Ganzheitsbezüge umzusetzen, d. h., er muß sich mit den ewigen Wahrheiten auseinandersetzen.

[26] Demoll, Reinhard; a. a. O., S. 296.
[27] Weizsäcker, Carl Friedrich von; Atomenergie und Atomzeitalter, S. 55/54.

Da sich die moderne Naturwissenschaft jedoch keinen irrationalen, ethisch-moralischen, ewigkeitsbezogenen Wertvorstellungen verpflichtet fühlt, ja dieselben als Produkte der „Furcht vor dem absoluten Gebrauch des Verstandes", des „Widerstandes gegen den Fortschritt" oder auch als „Orakel geschwätziger Pfaffen" interpretiert, ist ein Teil der heutigen Wissenschaftler eifrig dabei, durch wahnwitzige und verbrecherische Versuche an Mensch und Tier die Frage nach dem Sitz des „Ichs", der Persönlichkeit im menschlichen Körper zu ergründen.

Dieses Motiv lag denn auch einem Experiment zu Grunde, bei dem im April 1965 von Dr. Robert J. White, Chefarzt der Neurochirurgischen Abteilung des Universitätskrankenhauses in Cleveland und seinen Assistenten Dr. Maurice S. Albin und Dr. Javier Verdura aus dem Kopf eines Affen das Gehirn chirurgisch entfernt und anschließend völlig isoliert durch Anschluß an eine Herz-Lungen-Maschine am Leben und in völliger Funktion erhalten wurde. Es bleibt abzuwarten, wann ein ähnlicher Versuch mit einem menschlichen Gehirn durchgeführt wird.

Wie weit solche Experimente mit den Schöpfungen Gottes bereits den Menschen erreicht haben, macht eine Operation amerikanischer Chirurgen aus dem Jahre 1961 deutlich. Sie führten eine sogenannte „Hemicorporektomie", eine „Halbkörperentfernung" aus, bei der einem von Blasen- und Mastdarmkrebs befallenen Menschen die gesamte untere Körperhälfte, etwa vom Nabelbereich an, amputiert wurde. Da dieser Restteil eines Menschen noch einige Wochen am Leben erhalten werden konnte, war für die Wissenschaftler immerhin erwiesen, daß die „Persönlichkeit eines Menschen" offensichtlich nicht an einen vollständigen Körper gebunden ist!

Es mag eine gewisse Hoffnung auf Festigung ethischer Grundsätze und eines moralischen Empfindens sein, wenn nicht zuletzt die Deutsche Gesellschaft für Chirurgie durch ihren damaligen Präsidenten, Professor Dr. Ernst Derra, heftigen Einspruch gegen „derartige Extreme einer verstümmelnden Chirurgie" erhob.

Offensichtlich war es den deutschen Medizinern ähnlich ergangen wie dem forschungsbegierigen Jüngling in Schillers Gedicht „Das verschleierte Bild zu Seis", in dem es zum Schluß nach Lüftung des das letzte Geheimnis deckenden Schleiers heißt:

„. . .
Was er allda gesehen und erfahren,
Hat seine Zunge nie bekannt. Auf ewig
War seines Lebens Heiterkeit dahin,

Ihn riß ein tiefer Gram zum frühen Grabe.
‚Weh dem', dies war sein warnungsvolles Wort,
Wenn ungestüme Frager in ihn drangen,
‚Weh dem, der zu der Wahrheit geht durch Schuld,
Sie wird ihm nimmermehr erfreulich sein.' "

Wie wenig der heutige Wissenschaftler die in der göttlichen Ordnung erkennbaren ewigen Wahrheiten, deren eine ohne Zweifel die von Gott gesetzten Schranken seines Erkenntnisstrebens und von den Menschen in sittlich-moralische Tabus gekleidete Grenzen darstellen, auch für sein Tun als verbindlich erachtet, mag aus den vorausgegangenen Beispielen deutlich geworden sein.

Man kann feststellen, daß die Wissenschaft im weitesten Sinne nicht mehr dem Leben dient, es nicht mehr durch einen echten Fortschritt fördert, sondern in einer Verkehrung der moralischen und ethischen Werte zerstört. Die erhabene Weisheit eines Albert Schweitzer macht die negative Umkehrung sichtbar, wenn er über Ethik folgendes schreibt [28]:

„In Wirklichkeit aber handelt es sich darum (bei der Ethik), wie er (der Mensch) sich zur Welt und allem Leben, das in seinen Bereich tritt, verhält. Ethisch ist er nur, wenn ihm das Leben als solches, das der Pflanze und des Tieres wie das des Menschen, heilig ist und er sich dem Leben, das in Not ist, helfend hingibt."

So läßt denn der in den vergangenen Jahrzehnten beschrittene Weg der modernen technisch-medizinischen Wissenschaft und das hieraus resultierende Mißverhältnis Wissenschaft — Sittengesetz die Gefahr einer „wissenschaftlichen Diktatur" bedrohlich naherücken. Was frühere Diktaturen durch Agitation, Suggestion, Überredung oder auch Terror erreichten, würde in der wissenschaftlichen Diktatur der Zukunft, die natürlich auch dem Willen eines Diktators entspräche, unter Anwendung wissenschaftlicher Mittel durchgeführt werden. Aldous Huxley sagt hierzu (zitiert aus: „Bild der Wissenschaft", Nr. 2/1964):

„Ich glaube, daß wissenschaftliche Diktaturen sich verschiedener wissenschaftlicher Mittel bedienen werden, durch die man den Menschen manipulieren kann. Wir wissen heute wesentlich mehr über die Funktion des Nervensystems als früher. Früher wußte man intuitiv und aus Erfahrung, wie man Menschen wohl am besten manipuliert — heute aber weiß man auf Grund wissenschaft-

[28] Schweitzer, Albert; Von der Ehrfurcht vor dem Leben, Beitrag aus: Deutscher Geist, S. 15.

licher Untersuchungen, wie man Menschen am besten dazu bringt, ihre Versklavung zu lieben. Ich fürchte, daß mit den wissenschaftlichen Diktaturen der Zukunft die Entwicklung mehr und mehr in diese Richtung treibt, das heißt, es wird eine Gesellschaft entstehen, in der die Bedingungen wirklich unmenschlich sind, in der aber die Seelen der Massen so manipuliert werden, daß die Menschen diese Bedingungen nicht nur akzeptieren, sondern sie geradezu lieben — Bedingungen, die sie eigentlich ablehnen und hassen sollten; aber durch Seelenmanipulation werden sie schließlich dazu gebracht, sie zu lieben."

Diese Entwicklung wird in erster Linie durch Versuche zur elektrischen Kontrolle des Gehirns forciert. Wie weit diese Versuche bereits fortgeschritten sind, soll auch hier am Beispiel einiger sensationeller Tierexperimente beweisbar werden.

Prof. Hebb von der McGill-Universität in Montreal in Kanada hält in einem Käfig die „glücklichsten Ratten" der Welt. Er hat haarfeine Drähte in den Gehirnteil der Ratten eingeführt, in dem sich das „Glücksempfinden" der Ratten abspielt. Diese Drähte sind verbunden mit einer elektrischen Stromquelle, von der wiederum ein zweiter Stromleiter zu einem kleinen Hebel neben dem Futternapf im Käfig der Tiere führt. Tritt zufällig eine Ratte auf den bewußten Hebel, so wird der Kontakt im angeschlossenen Stromkreis verbunden und ein Strom von 0,8 Volt fließt für einige Sekunden durch das sogenannte Glückszentrum des Tieres.

In den Versuchen des Prof. Hebb zeigte es sich, daß die in diesem Käfig befindlichen Ratten, sobald sie die Wirkung des Hebels entdeckt hatten, im gleichen Moment jegliches Interesse an einer anderen Tätigkeit verloren. Bis zu 15 000mal in zwölf Stunden drückt eine Ratte diesen Hebel, um in den Genuß eines höchsten Wohlbefindens zu gelangen. Während dieser Zeit wird die Tätigkeit des Hebeldrückens nur durch Erschöpfungspausen unterbrochen, nicht einmal das Nahrungsbedürfnis kann befriedigt werden, so daß das Tier schließlich bei bestem Wohlbefinden verhungert.

Es ist heute durchaus möglich und nur ein kleiner Schritt, um auch den Menschen durch elektrische Hirnreizung in einen „Dauerzustand des Glücks" zu versetzen!

Einen weiteren Versuch in dieser Richtung unternahm 1963 Dr. José del Gado, Professor für Neurophysiologie an der berühmten Yale-Universität in den USA. Er hatte in den Schädel eines spanischen Kampfstieres feine Elektroden eingesetzt, die ebenfalls mit einer Stromquelle verbunden waren, die Professor del Gado als kleinen Kurzwellensender in den Händen hielt. Durch

Knopfdruck regte er nun die Angriffslust des Tieres an, indem er einen elektrischen Stromstoß in die entsprechende Hirnpartie des Stieres schickte, und bremste ebenfalls durch einen Knopfdruck den anstürmenden Stier ab, der dann jegliche Angriffslust verlor und gleichgültig zurücktrottete. Der Stier war im wahrsten Sinne des Wortes in einen lebendigen Roboter aus Fleisch und Blut verwandelt worden.

Die wohl am weitesten reichenden Versuche aus dem Bereich dieser grauenerregenden Tierexperimente unternahm jedoch ein deutscher Wissenschaftler, der inzwischen verstorbene Professor Erich von Holst vom deutschen Max-Planck-Institut. Er hatte in Seewiesen in Bayern Versuche mit „ferngesteuerten Hühnern" angestellt, die in ihrem Gehirn ebenfalls feine Drähte trugen und unter deren Flügel ein kleiner Empfänger befestigt war. Vor dem Arbeitszimmer des Wissenschaftlers befand sich ein Hühnerhof, in dessen Mitte eine Dipolantenne aufgestellt war, während sich auf dem Schreibtisch des Professors eine Apparatur befand, mit deren Hilfe er durch entsprechenden Knopfdruck das Verhalten der Hühner beliebig beeinflussen konnte. So konnte er bestimmen, ob sie ruhig und zufrieden nach Futter scharrten, oder in panischer Angst auseinanderstoben; ob sie von Streitgelüsten oder Liebesgefühlen befallen wurden oder sich auch zur Verteidigung gegen einen imaginären Raubvogel zusammenrotteten, dessen Existenz ihnen lediglich ein in ihrem Gehirn erzeugter elektrischer Impuls zur Wirklichkeit werden ließ. Dabei gediehen die Hühner prächtig, legten Eier und führten ein ansonsten völlig normales Hühnerdasein.

Der in diesem Zusammenhang zwangsläufig auftauchende Gedanke an einen solchermaßen „ferngesteuerten Menschen" läßt uns schaudern, und doch ist diese Möglichkeit durch die von den verantwortlichen Wissenschaftlern entwickelten und bereitgestellten Forschungsergebnisse jederzeit gegeben. Wenn auch gegenwärtig noch eine kleine Operation, nämlich das Einsetzen der Elektroden in den entsprechenden Gehirnteil, die Voraussetzung für ähnliche Experimente mit menschlichen Versuchsobjekten ist, so soll auch dieses letzte Hindernis auf dem Wege zur absoluten Manipulierung des Menschen überwunden werden. Die Bestrebungen der auf diesem Gebiet tätigen Wissenschaftler gehen letztlich dahin, bestimmte Hirnpartien durch Ultrakurzwellen so zu erfassen, daß sie in jeder Weise beeinflußt werden können.

Welcher Entwicklung die Menschheit beim Erreichen dieses letzten Zieles entgegengeht, erscheint einfach unvorstellbar. Gewiß kann diese Entwicklung für Geisteskranke und Triebverbrecher segensreich sein, doch welchen Folgen hat sich die Mehrheit der gesunden Menschen zu unterwerfen?!

Es liegt auf der Hand, daß solche von der Wissenschaft erarbeiteten Ergebnisse und die sich daraus ergebenden Möglichkeiten eine ungeheure Gefahr für die gesamte Menschheit bilden. Die Versuchung zum Mißbrauch, zur Errichtung einer „wissenschaftlichen Diktatur" durch vollkommene Beherrschung des Menschen liegt dann im Bereich eines jeden direkt Beteiligten. Und das Grauenvollste ist dabei der Gedanke, daß jeder in einer solchen Situation zufrieden, ja sogar glücklich wäre und letztlich sein Sklaventum lieben müßte, da seine Gefühle durch die Kontrolle eines Diktators bestimmt würden. Ein Blick auf das Schicksal der „glücklichen Ratten von Montreal" läßt hieran wohl keinen Zweifel aufkommen!

Eine weitere Verfallserscheinung der modernen Wissenschaft, die in einem ursächlichen Zusammenhang zu den bisherigen Ausführungen dieses Kapitels steht, zeigt sich in ihrer Nivellierung und Spezialisierung.

Der Massenbesuch der Hochschulen, die doch ursprünglich Stätte eines fruchtbaren Forschens waren, zwingt die Wissenschaften, sich dem Durchschnitt der Masse anzupassen; — sind doch z. B. Bestrebungen im Gange, das Lehr- und Prüfungsniveau in Westdeutschland zugunsten der Studenten aus den Entwicklungsländern zu senken.

Das Studium wird nicht unter dem Aspekt der Forschung, sondern unter dem des praktisch verwertbaren Ergebnisses angetreten. Hinzu kommt ein vorgeschriebener Studienplan, so daß aus der ursprünglichen Freiheit der Wissenschaften eine Beschränkung auf Erfahren von Fakten in einer bestimmten Fachrichtung geblieben ist. Daß schließlich das gesamte Studium in eine reine Examenspaukerei ausartet, ist ein trauriger, aber leider überall festzustellender „Erfolg" der heutigen Auffassung von Wissenschaft.

Ist es heute schon selten, daß dem Erwerb des Wissens auch der nächste Schritt zur Einsicht und Erkenntnis folgt, so entspricht dem der Verzicht auf die Erreichung der letzten und höchsten Stufe einer Erkenntnis, nämlich der Weisheit.

Denn seit Beginn des technischen Zeitalters und verstärkt in den letzten Jahrzehnten beschäftigt sich der Wissenschaftler ausschließlich mit einem Teilgebiet, er wird zum Fachmann, zum Spezialisten.

Was nützt jedoch der Aspekt eines bestimmten und genau durchforschten Spezialgebietes, wenn ihm die Zusammenhänge, die Auswirkungen auf das Ganze verborgen bleiben. Wir werden in späteren Kapiteln sehen, welche verhängnisvolle Wirkungen eine Technik verursacht hat, die ihr Entstehen einer Wissenschaft verdankt, die aufgeteilt in Spezialgebiete und zusammenhanglos dem Insgesamt des Lebens gegenübersteht.

Sicher bildet die enorme Zunahme des Wissens auf allen Gebieten und die daraus resultierende Überflutung an Literatur eine wesentliche Ursache für die zunehmende Spezialisierung. So erschienen allein im Jahre 1960 in der Welt ca. 100 000 Forschungsberichte, 60 000 wissenschaftliche Bücher und zwischen 50 000 bis 100 000 Fachzeitschriften in über 60 Sprachen. Sie enthielten etwa zwei Millionen Artikel wissenschaftlichen oder technischen Inhalts, ungefähr dreimal mehr als zu Beginn des Zweiten Weltkrieges. Angesichts dieser Informationslawine ist die Forderung nach Auswahl in Hinblick auf Ganzheit und Wichtigkeit um so dringlicher zu stellen.

Wenn der Wissenschaftler der alten Universität jederzeit in der Lage sein mußte, über alle bekannten Dinge am Himmel und auf Erden Auskunft erteilen zu können — man denke an den „magister artium", der Mathematik, Astronomie, Physik und Metaphysik, Logik und Rhetorik, Ethik und Politik lehren konnte —, so wäre dieses in unserer Zeit ein aussichtsloses Unternehmen, dessen Erfolg bzw. Mißerfolg der folgende Vers interpretiert:

Viele Dinge wußt' er freilich,
aber alle wußt' er schlecht!

Die Antwort hierauf gibt uns der Philosoph Friedrich Paulsen. Er schrieb bereits zu Beginn unseres Jahrhunderts [29]:

„Der Begriff der Einheit der Wissenschaft ist demnach nicht eine willkürliche Erfindung, sondern ein notwendiger Gedanke; der Einheit des Kosmos entspricht die ideelle Einheit eines allumfassenden Erkenntnissystems. Die Begriffe der Wissenschaften sind Begriffe nicht von empirisch gegebenen Dingen, sondern Begriffe von Aufgaben. Und die Gültigkeit dieser Begriffe beruht darauf, daß die Aufgabe richtig bezeichnet ist, ihre Lösung mag nun soweit fortgeschritten sein als sie will; ja, wenn sie noch gar nicht begonnen wäre, behielte der Begriff seine Gültigkeit."

Dies besagt in bezug auf die heutige Lage der Wissenschaften und die Unmöglichkeit ihrer auch nur einigermaßen vollständigen Aneignung, daß die Einheit der Wissenschaften, ihr Ganzheitsbezug einer Idee entspricht, deren reale Verwirklichung nicht mehr möglich ist, die aber trotzdem der Ausgangspunkt und das Ziel einer wissenschaftlichen Arbeit sein muß. Nur in der Ausrichtung jeglicher

[29] Paulsen, Friedrich; Einleitung in die Philosophie, S. 35.

wissenschaftlicher Tätigkeit auf diese Idee des ganzheitsbezogenen Denkens und Forschens, scheint letztlich die Möglichkeit zu bestehen, auch die drohenden Gefahren abzuwenden, die uns, wie in den vorhergehenden Berichten wohl deutlich wurde, aus den Ergebnissen der modernen wissenschaftlichen Forschung erwachsen sind und noch erwachsen werden.

D. Im Sport

Sind wir von dem Gedanken der Notwendigkeit einer inneren Bindung ausgegangen und haben die verhängnisvollen Auswirkungen dieses Verlustes am Beispiel einer Reihe von Zeiterscheinungen verfolgt, so gehört in diese negative Kategorie ohne Zweifel der moderne Sport.

Welche Bedeutung die körperliche Bewegung für die Menschwerdung besitzt, finden wir bereits in der Erziehungsidee der Griechen.

Für sie war schon im 6. Jh. v. Chr. die Gymnastik in Verbindung mit der Musik die Basis einer jeglichen Erziehungsarbeit. So war in der alten „Peideia" die Gymnastik ein wesentlicher Faktor in dem Bemühen um eine Veredelung des Körpers und der Seele. Ja, die körperliche Beweglichkeit war Voraussetzung für die geistige Aktivität.

„Beides, Sprecher der Reden und Täter der Taten zu sein", war das Ideal, das von Cicero später auf diese Formel gebracht wurde [30].

Die innere Beteiligung, das sittliche Moment waren das Wesen dieser Gymnastik. Sie waren verkörpert in dem Gedanken der Olympischen Spiele, die zwar ebenso wie heute ein Wettbewerb waren, jedoch auf der Achtung vor dem andern, dem Mitstreiter, gründeten. Nur die innere Bindung an diese Idee vermochte es, für die Dauer der Olympischen Spiele selbst den Krieg zu unterbrechen.

Im Zeichen des heutigen Massensports ist das direkte Gegenteil der Fall. Der Sportplatz ist zur Arena geworden, in der die Sportler gleichermaßen wie die Zuschauer in einer fanatischen Rekordlust das Ganze zu einer Zirkusvorstellung von Gladiatoren werden lassen. *„Die Akteure sind keine Sportsleute mehr, sondern Artisten, die um Zehntelsekunden wie um die Gunst der Massen oder um Stargagen und Filmengagements buhlen."* (Nach Günther Schwab [31].)

[30] Zitiert aus: Blättner, Fritz; Geschichte der Pädagogik, S. 12.
[31] Schwab, Günther; a. a. O., S. 236.

Der sogenannte Profi-Sportsmann wird von sogenannten Sport-Managern zum Sklaven des Mammons gemacht und degradiert sich auf diese Weise zum Handelsobjekt der sensationshungrigen Massen und einiger geldgieriger Krämerseelen.

Die olympische Idee schließlich wird zum politischen Machtkampf (man denke an die vorolympischen Ausscheidungskämpfe zur Bildung einer gesamtdeutschen Mannschaft oder an den politischen Erpressungsversuch, der 1964 die Südafrikanische Union zum Verzicht auf die Teilnahme an den Olympischen Spielen zwang) und zur nationalen Hysterie mißbraucht. Statt zur Völkerverständigung oder überhaupt zur Verbesserung des Menschen in sittlicher Hinsicht beizutragen, wird sie zur Ursache von Menschenvernichtung.

So wurde das olympische Fußballausscheidungsspiel zwischen Argentinien und Peru in Lima am 24. Mai 1964 zur blutigsten Tragödie der internationalen Sportgeschichte. Fast 350 Tote und über 1000 Verletzte waren die schreckliche Bilanz einer „sportlichen" Massenhysterie. Die Tatsache des anschließend verhängten gemäßigten Kriegsrechtes seitens der Regierung in Lima bedarf wohl keiner Erörterung, um die absolute Umkehrung der olympischen Idee in eine inkommensurable Negierung aufzuzeigen.

Diese sich ins Nihilistische auflösende Tendenz einer ursprünglichen Idee des Sports können wir zudem jedes Wochenende auf den westlichen Sportplätzen finden. Lesen wir doch zu Beginn einer Woche oft genug Zeitungsüberschriften wie: Am Fußballplatz war die Hölle los — Vereinsanhänger stürmten den Platz — Schiedsrichter rannte um sein Leben — Selbst Frauen beteiligten sich an den Tumulten — etc., etc.! Wir erkennen hier die Analogie zu jenen Entartungen des Sports, vor denen Plato bereits in den „Gesetzen" warnt [32]:

„*Wer nur Gymnastik treibt, erreicht nicht Gerechtigkeit, sondern Wildheit und Härte, er wirkt durch rohe Gewalt und Wildheit wie ein wildes Tier, ohne Rhythmus und ohne Anmut lebt er dahin.*"

Auch hier ist es der Verlust der inneren Bindung, der eine für das menschliche Zusammenleben einst so wertvolle Idee zu einem materiellen Geschäftsprinzip sowie einem unnatürlichen Bedürfnis nach sensationellem Nervenkitzel abwertete.

Ein weiteres Hauptübel der Zivilisation liegt also in der Desavouierung sämtlicher organisch gewachsener Werte. Sie sind in einer totalen Umkehrung zu lebensfeindlichen Unwerten geworden. Das

[32] Zitiert aus: Blättner, Fritz; a. a. O., S. 25/26.

autistische Denken, das einhergeht mit den ausschließlich rationalistischen Spekulationen in Nützlichkeits- und Zweckmäßigkeitsüberlegungen kulminiert letztlich in einer Apotheose der Technik.

So lesen wir bei Heinrich von Treitschke, der den Beginn dieser neuen Zeit in den ersten Jahrzehnten des 19. Jhs. beschreibt und immerhin noch an eine positive Wandlung der ersten negativen Zivilisationserscheinungen zur wahren Kultur hin glaubte [33]:

„Man sprach von den Fortschritten der Technik und der Erleichterung des Verkehrs, als ob sie selber die Kultur ausmachten, während sie doch nur die Mittel darbieten zur Förderung der Kultur; denn die unbestechliche Nachwelt wird dereinst nicht fragen, wie schnell wir uns Briefe senden konnten, sie wird fragen, ob wir uns große menschliche Gedanken mitzuteilen wußten; sie wird auch nicht aufhören, neben dem Maßstab der Nützlichkeit auch den Maßstab des Schönen und Guten an die vielgestaltige Geschichte anzulegen und darum gewiß nicht das törichte Urteil fällen, daß eine helleuchtende, aber geschmacklose moderne Gaskrone ein edleres Menschenwerk sei als eine schlecht brennende aber schöne pompejanische Lampe.“

Leider hat sich der Optimismus Treitschkes nicht bestätigt. Waren für ihn bereits die Anfangserscheinungen ein Grund zur Besorgnis, so erscheint dem verantwortungsvollen und kulturell denkenden Menschen unserer Tage eine erschreckende Gegenwart und trostlose Zukunft, die ihn entweder zur Resignation oder zum energischen Widerstand gegen diesen stetigen Verfall einer Kultur bewegen muß!

[33] Treitschke, Heinrich von; Deutsche Geschichte im 19. Jahrhundert, S. 418.

Keine Hygiene, keine Wohlfahrtspflege kann uns geben, was die Natur uns bietet.
Schwächen wir sie, so schwächen wir uns, morden wir sie, so begehen wir Selbstmord.

Hermann Löns

III. DIE NEGATIVEN AUSWIRKUNGEN DER TECHNIK IN DER NATUR

Habe ich bisher versucht, an Hand einer Reihe negativer Erscheinungsformen die zerstörende und vernichtende Wirkung des gegenwärtigen Zivilisationsprozesses aufzuzeigen, so muß zudem konstatiert werden, daß die fortschreitende Technik zu einer immer verhängnisvolleren Entfremdung des Menschen von seiner physischen Umwelt geführt hat.

Der Mensch ist uneins geworden mit der Natur, er hat sie durch die Schaffung einer künstlich technischen Natur immer weiter aus seinem direkten Lebensbereich verdrängt. Die unmittelbare Beziehung des Menschen zu seiner physischen Umwelt ist auf weite Sicht unterbrochen. Dies hat dazu geführt, daß der Mensch sich nicht mehr als Teil seiner Umwelt betrachtet. Zugleich hat er seine Abhängigkeit von ihr verworfen. Dies hat zu einer Ausbeutung, ja Vergewaltigung der Natur ohne Maß und Ziel geführt.

Hat der Mensch ein Anrecht auf „tatkräftige Fürsorge" zu seiner eigenen und der Familie Ernährung, so heißt das nicht, daß er ohne Rücksicht auf die Ertragsfähigkeiten und Ausgleichsmöglichkeiten der Natur seinen Lebensstandard in Gestalt eines lebenszerstörenden Luxus bis ins Unermeßliche steigern darf.

Es ist doch wohl leicht einzusehen, welch frevelhafter Übermut die Tatsache bezeugt, daß ein Drittel der Menschheit einen Überfluß an nicht lebensnotwendigen Dingen produziert, während zwei Drittel der Erdbevölkerung einem ständig drohenden Hungertod ausgeliefert sind.

Diese Diskrepanz mag noch deutlicher werden durch die Tatsache, daß in jeder westdeutschen Stadt von etwa 60 000 Einwohnern an jedem Tag durchschnittlich zwei Tonnen Brot weggeworfen werden! Allein von den 60 000 Pfund Brot, die unsere Schulkinder täglich wegwerfen, könnten an die 3000 Familien ein ganzes Jahr leben. Insgesamt sind es Lebensmittel im Wert von 1,5 Milliarden DM, die von den Hausfrauen der Bundesrepublik jährlich in den Müll geworfen werden. Das sind zwei Prozent der Ausgaben unseres Volkes für Nahrungs- und Genußmittel im Jahr und mehr als die gesamten Ausgaben des Bundeslandes Schleswig-Holstein für 1964 in Höhe von 1,3 Milliarden Mark!

Von den 60 Millionen jährlich sterbenden Menschen sind 35 Millionen Hungertote; so verhungern hunderttausend Menschen täglich, und von sieben Menschen auf der Erde wird nur einer satt. Etwa 30 % der Erdbevölkerung verzehren 80 % der Güter dieser Erde und 70 % müssen sich mit dem Rest von 20 % der Güter begnügen!

Um so unvorstellbarer erscheint daher die Tatsache, daß dieses eine Drittel einer zivilisierten Menschheit dabei ist, mit allen Mitteln der zu Gebote stehenden Technik den noch vorhandenen Lebensraum in der krankhaften Sucht nach immer größerem Luxus und einem nie zu befriedigenden materiellen Streben völlig zu zerstören.

Daß diese Desavouierung einer begrenzten Naturausnutzung ohne Zweifel zum Untergang führen muß, geht aus dem Untergang einiger süd- und mittelamerikanischer Kulturen hervor. So hatten u. a. die „Mayas“ durch Abholzen der Berge ihr altes Reich in Guatemala der Bodenerosion und Austrocknung preisgegeben; sie mußten es schon tausend Jahre vor der Eroberung Mittelamerikas durch die Spanier aufgeben.

Wenn die Produktivität der Natur ein ständig zunehmendes Verlustkonto aufzeigt, so kann dies wohl kaum durch die vermehrte Ausgabe von bedruckten Scheinen — Geld genannt — wieder ausgeglichen werden. Dies schafft einen Scheinreichtum, der nicht auf wirklich vorhandenen Möglichkeiten der Natur basiert.

Wenn die Industrie dem Zwang der ökonomischen Gesetze unterliegt, so ist es geradezu selbstmörderisch, auch die Natur solchen für künstliche Strukturen bestimmten Gesetzen zu unterwerfen. Es ist lebenszerstörend, die Natur zum dauernden Zinsen zu zwingen, ohne ihre eigenen biologischen Gesetzmäßigkeiten zu beachten oder diese in Anwendung eines Geschäftsprinzips zweitrangig zu behandeln.

Wir werden im folgenden sehen, daß die materiellen Gewinne sehr vordergründiger Art sind, während doch die tatsächlichen, allerdings nicht so leicht überschaubaren Folgen der ins Maßlose gesteigerten technischen Naturausbeutung ein lebensvernichtendes Verlustgeschäft darstellen.

A. Luft

Voraussetzung für gesundes Leben ist eine gesunde Luft. Jeder erwachsene Mensch macht in der Minute durchschnittlich 16 Atemzüge und atmet dabei 4 bis 7 Liter Luft ein. Wenn man berücksichtigt, daß wir im Schlaf etwa ein Drittel weniger Atemzüge machen, so kommen wir im Jahr auf 9 125 000 Atemzüge, wobei 4,79 Millionen Liter Luft durch unsere Lungen gepumpt werden. Wenn gesunde Luft Gesundheit bedeutet, so bringt vergiftete Luft Krankheit und Tod.

Trotz dieses Wissens zerstört der Mensch durch bedenkenlose Anwendung seiner Technik in immer steigendem Maße die gesunde Luft. Millionen Tonnen Ruß, Asche, Staub, Schwefeldioxyd sowie chemische Giftgase regnen täglich in den industriellen Ballungsgebieten der Welt auf die Menschen herab. Schon die schmutzig-gelben Dunstschleier über unseren Städten sprechen eine beredte Sprache.

Über zwei Millionen Tonnen Staub regnen jährlich auf die Bundesrepublik. Auf Berlin senken sich täglich mehr als 2000 Tonnen Ruß und Asche, über 170 000 Tonnen auf die Bundesrepublik, davon allein zwei Drittel auf das Rheinisch-Westfälische Industriegebiet. Das Sprüchlein, „man brauche sich im Ruhrgebiet nur die Nase zu schneuzen und schon habe man ein Brikett im Taschentuch", spricht wohl für sich.

Folgenschwerer ist jedoch das Ergebnis medizinischer Untersuchungen, in dem es heißt, daß in den Industriegebieten an der Ruhr und am Oberrhein eine bis zu 100 Prozent über dem jeweiligen Landesdurchschnitt liegende Häufung der Kinderrachitis festgestellt wurde.

Aus rund 16 Millionen Haushaltungen in der Bundesrepublik jagen etwa 20 Millionen Öfen, Herde oder Heizungen alljährlich fünf Millionen Tonnen Schwefeldioxyd in die Luft, an denen wir ohne die rettenden Winde längst erstickt wären.

So beträgt der Anteil der Haushaltungen an der Luftverschmutzung mit 22 Prozent fast die Hälfte des Industrieanteils.

Die Industriezentren Englands geben jährlich durch die Verbrennung von Kohle und ihren Derivaten 16 Millionen Tonnen Staub an die Luft ab. Bereits im Jahre 1912 wurde festgestellt, daß jeder Kubikkilometer Luftraum über London 271 Tonnen Ruß enthält, die man auf 25 Lastwagen mit ca. zehn Tonnen hätte verladen können.

Zusätzlich jagen die Schlote von Manchester Tag für Tag zehn

Millionen Kubikmeter Kohlensäure in die Atmosphäre. Auf diese Weise würde bei keiner Abnahme der Industrialisierung die Atemluft in hundert Jahren doppelt soviel Kohlensäure enthalten wie heute.

Dies kann katastrophale Folgen haben. Die Kohlensäure hält die Erdwärme zurück und läßt die Sonnenstrahlen durch.

Dadurch ist die Vermehrung der Kohlensäure in der Luft mit die Ursache für eine stärkere Verdunstung und somit Erwärmung des Klimas. So hat der namhafte sowjetische Wissenschaftler Prof. Michail Budyko berechnet, daß die Erde ungefähr den dreitausendsten Teil ihrer Wärme nicht von der Sonne, sondern im weitesten Sinne des Wortes von der Technik erhält. Wenn nun die Menge der von der Technik erzeugten Wärme pro Jahr um zehn Prozent zunimmt, dann kann die Erde in hundert Jahren ebensoviel technische Wärme erhalten, wie sie heute Sonnenwärme erhält!

So kamen die Mitarbeiter des Geophysikalischen Hauptobservatoriums der Sowjetunion nach langjährigen Beobachtungen zu dem Ergebnis, daß die jahresdurchschnittliche Lufttemperatur der Erde in den letzten Jahrzehnten um 0,5—1,0 Grad Celsius gestiegen ist, in manchen Gegenden sogar um weit mehr.

Dies führt zwangsläufig zu einer Milderung des Klimas, damit zum Auftauen der Gletscher und des Polareises, welches schließlich ein Ansteigen des Meeresspiegels bewirkt und damit zur Überflutung der Kontinente führt.

So haben beispielsweise die Gletscher in Graubünden in der Zeit von 1895 bis 1940 gute 25 Prozent ihrer Mächtigkeit verloren. Die Pasterze, der große Gletscher im Großglocknergebiet, hat seit 1856 rund ein Drittel ihrer Gesamtmasse durch Abschmelzung eingebüßt. Der jährliche Rückgang des Roseggletschers im Berninagebiet betrug von 1946 bis 1949 25 Meter, der des Tschiervagletschers in den Jahren 1951 bis 1954 18 Meter. Die gleichen Rückgangserscheinungen werden beobachtet beim Rhonegletscher, dem Grindelwaldgletscher, dem Aletschgletscher, dem Glärnisgletscher und anderen mehr. Wenn das bisherige Tempo des Abschmelzens anhält, gibt es in 200 bis 250 Jahren in den Alpen keine Gletscher mehr (nach C. von Regel). Nicht zuletzt schwindet die Eisdecke der Pole heute pro Jahr um 60 Zentimeter.

Hierdurch steigt bereits das Niveau der Meere alljährlich um 0,5 bis 1,5 Millimeter. Die Gefahr einer Überflutung der Kontinente als Teilfolge einer übermäßigen Anreicherung der Luft mit Kohlensäure ist also durchaus keine Utopie.

Schließlich wird das Schwinden der Gletscher unabsehbare wasserwirtschaftliche Folgen mit sich bringen und die Wasserführung der großen Ströme derart beeinflussen — der Anteil des Gletscherwassers beträgt für die Wasserführung des Rheins im Hochsommer 25 Prozent und bei der Donau unterhalb Passaus gar 50 Prozent —, daß sie im Sommer den ausgetrockneten Flußbetten der mediterranen Flüsse in nichts nachstehen werden.

Selbstverständlich liegen die USA in keiner Weise zurück mit ihrem Anteil an der Luftverschmutzung. So schleudern die Schornsteine des amerikanischen Stahlzentrums Pittsburgh alljährlich über sieben Millionen Tonnen Kohlenstaub in die Luft.

Hier finden wir in den Statistiken, daß bereits um 1930, als die Stadt rund 700 000 Einwohner zählte, die Luftverschmutzung einen jährlichen Betrag von 750 000 Dollar für allgemeine Reinigungsarbeiten, für vermehrte Reinigung der Körper- und Bettwäsche eineinhalb Millionen Dollar und schließlich für zusätzliche Vorhangsäuberung 360 000 Dollar erforderte. Heute entstehen in den Vereinigten Staaten durch Luftverunreinigung an der Vegetation, am Tierbestand und in bezug auf Land-, Wasser- und Luftverkehr jährliche Schäden von ca. sieben Milliarden Dollar!

Eine der schlimmsten Ursachen für die katastrophale Luftverpestung bildet mit einem Anteil von 33 Prozent in Westdeutschland das Automobil. Da die Verbrennungsmotoren das im Vergaser erzeugte Gemisch nicht restlos zu Kohlendioxyd und Wasserstoff verbrennen können, dienen sieben von hundert Liter Benzin der Luftverpestung.

Wie gefährlich und lebensvernichtend gerade die Auspuffnebel der Motorfahrzeuge sind, geht eindeutig aus folgenden Tatsachen hervor. Durchschnittlich enthalten die Motorabgase 7 bis 15 % Kohlenmonoxyd. Einen Meter hinter einem Kraftfahrzeug mit laufenden Motor mißt man noch 0,06 % bis 0,1 %, zehn Meter dahinter noch bis zu 0,02 % Kohlenoxydgas. Immerhin treten bereits bei 0,01 % gesundheitliche Schäden auf!

Das Gefährliche dieses Gases liegt nun darin, daß es den Blutfarbstoff Hämoglobin etwa 200mal stärker bindet als Sauerstoff. Die Blutzellen können somit keinen Sauerstoff mehr an die lebenswichtigen Organe abgeben. Es entstehen die bekannten, heute bereits epidemisch auftretenden Kreislaufstörungen — Herz- und Kreislaufstörungen stehen unter den Krankheiten an erster Stelle —, und der Organismus erstickt von innen her.

Ein CO-Gehalt von 0,18 % bis 0,26 % bringt in 30 Minuten den Tod. An betriebsreichen Verkehrskreuzungen enthalten die Atemluftschichten bis 0,038 % CO. Nach vorgenommenen Messungen weisen Verkehrspolizisten oftmals bereits die Hälfte der tödlichen Gasmenge im Blut auf. Ähnliches gilt für Taxifahrer. So ist in Paris heute jeder zehnte Bürger von einer Kohlenmonoxydvergiftung bedroht!

Auch die giftigen Bleiverbindungen, die fast jedes Benzin als Zusatz von Tetra-Ethyl-Blei enthält, vergiften ständig unsere Luft. So hat beispielsweise der Bleigehalt im Straßenstaub von New York in den letzten Jahren um 150 % zugenommen. Bleidämpfe sind u. a. Ursachen für Schrumpfniere und lebensgefährliche Blutdruckerhöhung.

Hier liegt die Basis einer zusätzlichen Gefährdung der menschlichen Gesundheit, da die bleihaltigen Ausdünstungen der Auspuffgase den biologischen Wert von Futter- und Nahrungspflanzen der an Autostraßen angrenzenden Feldschläge zerstört. Prof. Dr. W. Schuphan von der Bundesanstalt für Qualitätsforschung pflanzlicher Erzeugnisse in Geisenheim berichtete im November 1964, daß Gras, welches sonst frei von Bleiverbindungen ist, nördlich und südlich einer Autofernstraße in Amerika in einer Entfernung von 152 Metern pro Kilometer mehr als 50 Milligramm Blei enthielt. Die Straße hatte eine tägliche Verkehrsfrequenz von 8000 Fahrzeugen. An einer vielbefahrenen Kreuzung derselben Autostraße wurden bereits 3000 mg Blei gemessen. Die 16 verschiedenen Gemüsearten eines Hausgartens im Staate New York, der etwa 15 Meter von einer Straße entfernt war, enthielten durchschnittlich Bleigehalte von 115 mg pro Kilogramm.

Hinzu kommt noch ein ebenfalls in den Treibstoffen enthaltener krebserzeugender Ringkohlenwasserstoff, 3,4-Benzpyren. Getreideproben (Weizen, Roggen, Gerste und Hafer), die im Auftrag des Bundesministeriums für Ernährung, Landwirtschaft und Forsten in der Bundesrepublik entnommen und untersucht wurden, wiesen aus industrienahen Gebieten und in der Nähe stark befahrener Autostraßen im Durchschnitt einen um fast 300 Prozent höheren Gehalt an diesen krebserzeugenden 3,4-Benzpyren auf, als Proben aus industrie- und autobahnfernen Gebieten.

Genaue Messungen in Los Angeles und London haben ergeben, daß der Mensch in diesen Städten im Laufe von dreißig Jahren $^{75}/_{1000}$ Gramm Benzpyren einatmet. Diese Menge genügt zur Entstehung von Krebs. Um nun der ständig zunehmenden Luftverschmutzung zu begegnen, erwägen beispielsweise die Behörden von Los Angeles die Rationierung von Benzin. Der Direktor des Kontrollamtes für Luftverschmutzung, Griswold, erklärte 1964, die Knappheit an atmungsfreier Luft sei bereits so alarmierend, daß möglicherweise nicht nur Los Angeles, sondern der ganze Staat Kalifornien den Treibstoffverkauf einschränken müsse!

Man kann feststellen, daß die Erkrankungen an Lungenkrebs parallel zur Verkehrsdichte stehen. Bereits 1958 liefen in den USA 69 Millionen Kraftfahrzeuge, davon 6 Millionen in New York; in der Bundesrepublik waren es 5 300 000, etwa fünfmal soviel wie 1939. 1964 war bereits jeder fünfte Westdeutsche im Besitz eines Kraftfahrzeuges. Nach einer Statistik des Kraftfahrzeugbundesamtes in Flensburg betrug der Bestand an Kraftfahrzeugen in der Bundesrepublik am 1. Juli 1964 12,6 Millionen motorisierte Fahrzeuge, während sich auf den Straßen der USA 83,74 Millionen Kraftfahrzeuge drängten. Waren es im Jahre 1962 noch 145,7 Millionen Kraftfahrzeuge in den fünf Erdteilen unseres Planeten, so betrug ihre Zahl im folgenden Jahr bereits 157,75 Millionen. Reihte man sämtliche Fahrzeuge aneinander, so ergäbe sich eine Schlange, die zehnmal den Erdball umspannen würde. Man bedenke, daß jedes Auto im Jahresdurchschnitt 2000 Kubikmeter giftige Abgase in die Luft entläßt!

So haben die Erkrankungen an Lungenkrebs in den letzten fünfzig Jahren um das Dreißigfache zugenommen. Von 1936 bis 1956 nahmen die Krebserkrankungen insgesamt um 27 %, die Erkrankungen an Lungenkrebs jedoch um 210 % zu. Vor ca. dreißig Jahren waren alle Krebserkrankten zu 4 % an Lungenkrebs gestorben, heute sind es weit über 30 %. Allein 40 000 Lungenkrebsopfer gab es 1962 in den USA, rund zehnmal so viel wie 25 Jahre zuvor. In der Bundesrepublik waren es in den letzten zehn Jahren 81 895 im Alter von 40 bis 70 Jahren (nach regierungsamtlichem Bulletin). Ohne Zweifel spielt auch der „blaue Dunst“ der Zigaretten als Ursache für das enorme Ansteigen des Lungenkrebses eine entscheidende Rolle (allein in den USA wurden 1963 über 500 Milliarden Zigaretten geraucht, etwa jeder Amerikaner über 15 Jahre rund 4000 Stück), jedoch bleibt die Luftverpestung das Hauptübel für die Zerstörung gesunden Lebens.

Die Stellungnahme der Amerikanischen Organistengilde zum Problem der Luftverschmutzung gibt hierzu eine aufschlußreiche Erklärung ab. Diese Vereinigung amerikanischer Organisten beklagt, daß die Ledermembranen für die Ventile der elektropneumatischen Orgelpfeifen in den großen Industriestädten nur noch fünf Jahre halten, während sie früher zwanzig bis dreißig Jahre lang ihre Aufgabe erfüllten. Heute fressen die chemischen Bestandteile der Luft große Löcher hinein und verursachen unangenehme Pfeifgeräusche. Man geht deshalb dazu über, die großen pneumatischen Orgeln durch kleinere mechanische, in denen mehr Holz als Leder verarbeitet wird, zu ersetzen. Diesen Vorgang kommentierte der Präsident der Organistengilde, Alec Wyton, so (zitiert aus: „Das Beste aus Reader's Digest, Nr. 12/1965):

„Auf jede Kirchenorgel in New York kommen gewöhnlich dreißig Choristen, die tief einatmen, um Gott für die kühle Winterluft, die schöne Sommersonne zu danken und dabei unzählige Tonnen fettiger, rußiger Luft in ihr Inneres saugen."

Die Zusammenhänge werden sichtbarer durch die Tatsache, daß auf der 4000 Kilometer von Chile entfernten und von der Zivilisation noch verschont gebliebenen Osterinsel im Pazifik Krebskrankheiten völlig unbekannt sind.

Auch die Tierwelt wird durch die Industrieabgase enorm geschädigt, wie das Beispiel der sogenannten Hüttenrauchkrankheit der Rinder und des Wildes zeigt. Diese Krankheit wird durch Aufnahme von Fluor, Blei, Arsen, Mangan, Eisen und schwefliger Säure mit Futter und Atemluft verursacht.

Selbst der Waldbestand wird durch die Luftverpestung zerstört. Es sind u. a. in Sachsen 200 Quadratkilometer, in Nordrhein-Westfalen 500 Quadratkilometer und allein im Ruhrgebiet 40 000 ha Wald durch Rauchsäuren geschädigt, wodurch der Forstwirtschaft ein jährlicher Schaden von über 20 Millionen DM entsteht.

So ist durch die ständige Verunreinigung der Luft über größeren Industriestädten der Sauerstoffgehalt um $^1/_2$ bis 1 Prozent gesunken. Und nach neuesten Forschungen reagiert bereits auf die geringste Sauerstoffveränderung das Gewebe des Zentralnervensystems äußerst negativ.

Mit welch verheerenden Folgen die verpestete Luft zurückschlagen kann, zeigen einige Katastrophenmeldungen der letzten Jahre. Eine der Ursachen für verstärkte Nebelbildung liegt in der Verstaubung der Luft, in der durch Myriaden von Staubpartikeln die natürlichen thermischen Bewegungen der Luft in Unordnung gebracht werden. Diese Turbulenz reicht über Großstädten bis in relativ große Höhen. Kommt nun eine sogenannte Inversionslage hinzu, bei der eine Sperrschicht, wie z. B. der Nebel, den vertikalen Luftaustausch verhindert, so gibt es ein Massensterben an Mensch und Tier.

So entstanden die Katastrophen am 4. Dezember 1930 im Maastal bei Lüttich, bei der 63 Menschen den Erstickungstod fanden, in Donora im nordamerikanischen Staat Pennsylvania, wo im Oktober 1948 während eines mehrere Tage anhaltenden „tödlichen Nebels" 22 Menschen den Erstickungstod fanden, oder bei dem Massensterben im Dezember 1952 in London, wo innerhalb von vier Tagen 5000 Menschen ihr Leben der verpesteten Luft wegen lassen mußten!

Schließlich ist die Dunstglocke über den Städten nicht allein für aktiv-giftige Schädigungen verantwortlich. Es wird nicht nur das für die menschliche Gesundheit so wichtige blauviolette oder ultraviolette Licht (beides trägt zur Erhöhung der Lebenskraft bei, wirkt als antirachitischer Faktor und wirkt beruhigend auf das Nervensystem) zum größten Teil bereits in der städtischen Geosphäre absorbiert; auch die Strahlengifte der Atombombenversuche sowie der sogenannten friedlichen Kernforschung in den Reaktoren umkreisen und durchziehen unseren Luftgürtel mit allen ihren lebenszerstörenden Auswirkungen.

Günther Schwab schreibt hierzu [34]:

„Die Bombe löscht den Unterschied zwischen Vorbereitung und Anwendung, Probe und Ernstfall aus. Es gibt keine nuklearen Experimente. Jedes Experiment ist bereits eine Anwendung. Oder sind die infolge der Versuche Erkrankten und Gestorbenen etwa experimentell erkrankt und gestorben?“

Durch jede H-Bomben-Explosion wurden Milliarden Tonnen radioaktiven Staubs in die Stratosphäre geschleudert. Die durchschnittlich nur 1/1000 Millimeter großen Staubpartikel umkreisen jahrelang die Erde und vereinigen sich zu radioaktiven Feldern. So warnte bereits in den fünfziger Jahren Prof. Lionel Glasner, der Leiter des Strato-physikalischen Instituts Wood-Mounton, das an der nordamerikanisch-kanadischen Grenze liegt, vor den negativen Auswirkungen der radioaktiven Felder [35]:

„Sie eilen, von Erdbeschleunigung, Erddrehung, Mondabdrift und Schwerkraftmagnetismus beeinflußt, unruhig in der Stratosphäre von einem Kontinent zum andern und wirken sich überall, wo sie gerade sind, als böser Geist des Wetters aus. Bei den gemachten Erfahrungen mit den vorhandenen radioaktiven Feldern genügt die doppelte bis dreifache Zahl der bisherigen (1954) Wasserstoff- und Atombombenversuche, um das Weltwetter im Sommer wie im Winter zu einem wahren Hexenkessel werden zu lassen.“

Diese Feststellungen lassen sich noch ergänzen durch die Untersuchungen des Wissenschaftlers Dr. Byers, der auf einer internationalen Konferenz der Geophysiker in Toronto, Kanada, im Herbst 1957 folgendes ausführte [36]:

[34] Schwab, Günther; a. a. O., S. 365.
[35] Zitiert aus: Fervers, Hans; Der allmächtige Mensch, S. 52.
[36] Zitiert aus: Schwab, Günther; a. a. O., S. 374.

„Das Gleichgewicht der Atmosphäre ist sehr empfindlich. Die Fortsetzung der Atomversuche wird das Klima der Erde verändern. Allein die Versuchsstationen schleudern jeden Tag viele Pfund Radium in die Atmosphäre! Dadurch wird die ganze Atmosphäre ionisiert, und dies beeinflußt zwangsläufig die Wetterbildung. Es genügt die doppelte Anzahl der Wasser- und Atombombenversuche von 1954, um das Weltwetter im Sommer wie im Winter zu einem wahren Hexenkessel werden zu lassen. Die Leitfähigkeit der Luft hat sich seit Beginn der Kernwaffenversuche um das Sechsfache verstärkt. Damit ist das elektrische Gleichgewicht der Erdatmosphäre gestört. Das führt zu einer Verstärkung der Gewittertätigkeit, Vermehrung der Stürme und Naturkatastrophen!"

Seit Beginn der Versuche sind in einem Zeitraum von zwölf Jahren etwa 170 A- und H-Bomben-Versuche angestellt worden. Zwar sind diese Versuche der Großmächte Amerika, Sowjetunion und Großbritannien heute eingestellt (bis auf unterirdische Versuche und die der kommenden Atommächte wie Frankreich und China), jedoch ist das Gefährliche daran weniger die sofort freiwerdende Explosionsenergie, sondern die für unsere Begriffe ewige Lebensdauer der radioaktiven Substanzen. Allein das radioaktive Jod 129 behält ca. 200 000 000 Jahre seine Wirksamkeit. Hinzu kommt, daß erst im Laufe der nächsten Jahrzehnte die hochgeschleuderten radioaktiven Staubmassen wieder zur Erde kommen. Dies bedeutet für unsere wie auch für die kommenden Generationen an Stelle einer Verringerung eine ständige Vermehrung an radioaktivem Gehalt der Luft.

So hat der Physiker Prof. Paul Hartek bei der Untersuchung der Lufthülle über Hamburg im Jahre 1950 festgestellt, daß die Lufthülle der gesamten Erde höchstens zwei Gramm Tritium enthält. Tritium ist ein Isotop des Wasserstoffs und gehört zu den Grundelementen der Wasserstoffbombe.

Nach den Wasserstoffbombenexperimenten im November 1952 im Pazifik stellte der amerikanische Atomforscher Prof. Williard F. Libby in einer kurz darauf folgenden Luftuntersuchung fest, daß sich der Tritiumgehalt der Erdhülle mindestens verdreifacht hat.

Nun wandelt sich das Tritium nach ca. 12½ Jahren zur Hälfte in radioaktive Energie um; d. h., daß bereits eine geringfügige Änderung des Tritiumgehalts der Atmosphäre weitgehende Lebenszerstörungen zur Folge hat.

Es ist geradezu grotesk, wenn führende Politiker feststellen, daß der radioaktive Anteil der Milch „noch" immer steige und schließlich beruhigend versichern, daß auch weiterhin, z. B. in Nordrhein-Westfalen, monatliche Proben von 37 Molkereien und 23 Trockenmilchwerken auf ihren Strahlengehalt untersucht werden sollen. Zudem hoffe man optimistisch auf ein Verfahren, welches die Milch von ihren radioaktiven Substanzen befreie!

Statt die Ursachen, deren lebensvernichtende Auswirkungen hinreichend bekannt sind, will man auch hier nur die Folgen bekämpfen.

So ist in der Milch der Bundesrepublik Deutschland seit Sommer 1962 der Anteil der radioaktiven Stoffe Cäsium 137 und Strontium 90 auf das Doppelte gestiegen. Nach Mitteilung des Bundesministeriums für Wissenschaft und Forschung wurden Ende 1963 in Milchproben aus zehn Molkereien des Bundesgebietes für Strontium 90 ein Mittelwert von etwa 40 Picocurie pro Kilogramm und für Cäsium 137 ein Mittelwert von 150 Picocurie pro Kilogramm festgestellt. Nach Richtlinien der Internationalen Kommission für Strahlenschutz soll die Milch für Kleinkinder im Jahresdurchschnitt an Strontium 90 nicht mehr als 100 pc/kg und an Cäsium 137 nicht mehr als 1000 pc/kg enthalten – Picocurie ist der billionste Teil einer Curie, der Aktivität von 1 Gramm Radium. Nach den Feststellungen Minister Weyers hat der Gehalt an langlebigem Strontium 90 in der Milch heute etwa 48 % des als gefahrlos zugelassenen Jahreswerts erreicht.

Angesichts der Tatsache, daß bereits die geringfügigste radioaktive Strahlung in der Summierung ihres Auftretens erhebliche Lebensschädigungen verursacht, stellt man sich unwillkürlich die Frage, ob man es hier mit einer bewußten Volksverdummung oder mit einer allerdings nicht zu verzeihenden Unwissenheit zu tun hat.

Schon gibt es in Skandinavien eine Reihe von Landwirten, die ihre Milch wegen der radioaktiven Verseuchung in den Abfall schütten müssen!

So erklärte der japanische Wissenschaftler Prof. Tadayoshi Doke bereits am 29. April 1957 in Tokio, daß die Maximaldosis von radioaktivem Strontium 90, die in der Welt geduldet werden darf, schon überschritten wurde!

Weitere Fakten hören wir von Dr. Shields Warren, dem Vorsitzenden der Pathologischen Kommission der Medizinischen Harvard-Schule, er sagte [37]:

„Jede Strahlenmenge, auch die kleinste, ist schädlich für die Fortpflanzungsorgane aller Lebewesen. Es kommt nicht auf die Einzeldosis an, sondern auf die Summenwirkung. Und jede Strahlungs-

[37] Zitiert aus: Schwab, Günther; a. a. O., S. 379/380.

menge verkürzt das Leben, auch das Leben der Nachkommen. Schon müssen etwa eine Million Menschen sich damit abfinden, daß die Atomgelehrten ihr Leben um fünf bis zehn Jahre beschnitten haben. Alle Strahlen stören das chemische Gleichgewicht der Zellen. Auch bei ganz geringer Einwirkung ergeben sich langwierige Spätfolgen. Die Schleimhautgewebe des Magens und des Darmes, der Bronchien und Lungen werden angegriffen, das Binde- und Muskelgewebe, die Knochen-, Fett- und Nervenzellen werden geschädigt.

In den letzten zehn Jahren hat der Mensch die Menge der starken radioaktiven Strahlung in der Welt in ungeheurem Maß und willkürlich vermehrt. Die Wissenschaftler erklären dazu, daß dies völlig belanglos und unschädlich sei. In Wahrheit wissen die Menschen gar nichts. Strahlung ist etwas ganz Heimtückisches."

Obwohl hier offenbar wird, daß die eigentliche Gefahr der Atomspaltung in der nicht sofort erkennbaren Dauerschädigung des Organismus liegt, werden von verantwortlicher Seite ausschließlich die vordergründigen Aspekte einer Lebensvernichtung durch die Atombombe beachtet.

Daß auch diese vordergründige Auslegung der ungeheuren Gefahren eine direkte Verdummung der Massen zum Ziele hat, ist wohl seit der Geburtsstunde jener legendären Aktentasche, die, im Ernstfall über den Kopf gehalten, ihren Träger weitgehend vor den Unbequemlichkeiten eines Atomkrieges zu schützen vermag, dem noch Denkfähigen klar geworden. Diese Empfehlung stammte vom Innenministerium der Bundesrepublik.

Ähnliche Vorstellungen über Schutzmöglichkeiten, die entweder Anstiftung zum Selbstmord oder Ausdruck einer Geistesverwirrung darstellen, gab ein *Wissenschaftler* im Februar 1957 in der Ingenieurschule am Berliner Tor von sich. Er sagte [38]:

„*Beim Aufblitzen des Feuerballes sofort Deckung suchen, am besten in einem Erdloch, notfalls aber auch hinter einem Baumstamm, einer Mauer oder einer Bodenwelle! So ist man gleichermaßen gegen die mörderische Druckwelle und gegen die Hitzestrahlung geschützt.*"

Auch wenn man heute darangeht, die „Aktentasche" mit stabileren Bunkerwänden zu vertauschen (siehe Bunkertest Dortmund Juni 1964), so ändert das nichts an der Tatsache und bietet erst recht keinen Schutz vor den ständig steigenden, nicht kontrollierbaren radioaktiven Strahlungen, deren dauernde Zunahme auch der Wissenschaftler Prof. Dr. Carl Friedrich Freiherr von Weizsäcker nicht in Abrede stellt.

[38] Zitiert aus: Schwab, Günther; a. a. O., S. 396.

So sagte der zweifache amerikanische Nobelpreisträger Dr. Linus Pauling[39]:

„Die Strahlung einer einzigen H-Bomben-Explosion kann sprunghafte Veränderung der Erbanlagen hervorrufen, die erst nach Generationen sichtbar werden. Bei 25 Prozent der Kinder von strahlungsgeschädigten Frauen sind Anzeichen körperlicher und geistiger Fehlentwicklung feststellbar. An dem verheerenden Einfluß direkter Strahleneinwirkung auf das Kind im Mutterleib kann heute nicht mehr gezweifelt werden. Aber nicht nur eine einmalige starke Strahlendosis kann Veränderungen in der Erbmasse herbeiführen, auch geringfügige Strahlungen reichen aus, wenn sie längere Zeit hindurch anhalten. Für ein Volk ist der Erbschaden gleich groß, ob man 100 Personen einer Dosis von zehn Röntgen oder 10 000 Personen einer Strahlung von 0,1 Röntgen aussetzt.

In der jetzigen Generation sind rund 300 000 Menschen bereits an Leukämie infolge der Atomversuche erkrankt oder gestorben. In den nächsten zehn Generationen sind etwa 20 Millionen Kinder mit körperlichen und geistigen Gebrechen aus demselben Anlaß zu erwarten. Jede neue Strahlenmenge führt Schäden an der Gesundheit der ganzen Menschheit herbei. Die Gelehrten wissen es und schweigen.“

Ja, die Wissenschaft nimmt diese Gefahren in Kauf und befindet sich somit in der makabren Situation, das Leben, anstatt es zu erhalten und zu fördern, auf weite Sicht negativ zu verändern oder sogar völlig zu vernichten. Dies gilt nicht nur für die strategischen Atomexperimente, sondern erst recht für die friedliche Atomforschung.

Zur Zeit sind auf unserem Planeten 73 Atomkraftwerke in Betrieb bzw. im Bau. Jeder dieser Reaktoren entläßt geringe Mengen radioaktiver Substanzen in die Luft, die über Jahrtausende das Leben auf der Erde negativ beeinflussen werden. – So hat reines Radium eine Halbwertzeit von 1580 Jahren.

Die gleichen lebenszerstörenden Auswirkungen stellt das bisher ungelöste Problem der Beseitigung des Atomabfalls dar. Weder Stahlwände noch Betonmauern halten der enormen Hitze der strahlenden Stoffe auf die Dauer stand. Ihre Beförderung in den Weltraum mittels Raketen dürfte ebenfalls aussichtslos sein. Abgesehen von den Gefahren für die Lufthülle der Erde kostet der Transport von 1 kg Atomabfall in den Weltraum 20 000 DM. Wurde bisher mit der Weltproduktion von etwa 50 kg Atomabfall täglich gerech-

[39] Zitiert aus: Schwab, Günther; a. a. O., S. 380/381.

net, über 18 Tonnen im Jahr, so rechnet man bald mit mindestens 150 kg täglich.

Es ist daher anzunehmen, daß allein die sogenannte friedliche Atomforschung auf dem besten Wege ist, die Menschheit einer allmählichen Selbstvernichtung entgegenzuführen.

Dies ist wohl erkannt, wird jedoch von einer Reihe von Atomwissenschaftlern in Kauf genommen, da sie die Ansicht vertreten, daß der wissenschaftliche Fortschritt diese Opfer in Anspruch nehmen könne. So vertrat das Mitglied der amerikanischen Atomenergiekommission in Washington, Professor Leigh, folgende Auffassung [40]:

„Die genetischen Schäden durch Radioaktivität nach Atombombenversuchen halten sich in durchaus erträglichen Grenzen. Da die Vereinigten Staaten auf die Erhaltung einer erstklassigen militärischen Rüstung angewiesen sind, müssen die Versuche fortgesetzt werden. Bedenklich, wenn auch nicht ausgesprochen gefährlich, würde die Situation erst dann, wenn noch weitere Nationen mit Kernwaffenversuchen begännen. Bei einer Fortsetzung der Versuche im gleichen Umfang wie in den letzten fünf Jahren wird die Zahl der von Geburt an geschädigten Kinder jährlich nur um 160 bis 800 ansteigen, doch ist diese Schätzung wahrscheinlich zu hoch. Die Zahl der Leukämiekranken wird in den USA durch die Radioaktivität nur um etwa 36 jährlich erhöht werden.

Und selbst wenn, wie einige Gelehrte behaupten, in den nächsten dreißig Jahren 100 000 an Knochenkrebs und Leukämie infolge unserer Atomversuche sterben sollten, so wäre dies gar nichts gegenüber den Verlusten, die durch den Straßenverkehr oder durch einen mittleren Krieg entstehen. Zudem bin ich der Ansicht, daß die Menschheit bereit sein muß, für den wissenschaftlichen Fortschritt Opfer zu bringen und unter Umständen auch eine Zunahme der körperlichen und geistigen Mißgeburten in Kauf zu nehmen!“

Hier zeigt sich deutlich, in welche Sackgasse die moderne Wissenschaft geraten ist. Nur um des sogenannten Fortschritts willen, der letztlich einen Fortschritt vom Leben hinweg bedeutet, wird gewissenlos und ohne Rücksicht auf Verluste weiter experimentiert. Unsinnig wird das Argument, daß zur Erhaltung und Sicherung des Lebens zugleich das Leben zerstört werden müsse. Und schließlich zynisch ist die Entschuldigung, daß durch andere ohnehin lebensvernichtende Auswirkungen der Technik die zusätzliche Zerstörung des Lebens nur noch gering ins Gewicht falle!

[40] Zitiert aus: Schwab, Günther; a. a. O., S. 385.

Es wird dann gänzlich unbegreiflich, daß es Wissenschaftler gibt, die behaupten, daß die Strahleneinwirkung der radioaktiven Niederschläge die Menschheit in einer günstigen Erbänderung zu einer Art Genies verbessere.

B. Wasser

Ist die Existenz von Leben auf der Erde an das Vorhandensein der Luft gebunden, so gilt diese Voraussetzung gleichermaßen für das Wasser. Der gesunde Wasserkreislauf ist das Bindeglied zum Leben. Wasser ist also etwas Organisches, d. h., es ist wie der Blutkreislauf des menschlichen Körpers an bestimmte, invariable Bahnen gebunden. Was für den Kreislauf des Blutes die Arterien und Venen, die bluterzeugenden und -speichernden Organe bedeuten, sind für den Kreislauf des Wassers die Flußläufe, die Seen und der Grundwasserspiegel, kurzum die gesamte natürliche Landschaft. So wie bei einer Veränderung des Blutkreislaufes der Organismus erkrankt und umgekehrt, so erkrankt bei einem Eingriff in die Landschaft der Kreislauf des Wassers und umgekehrt.

Ist nun für den gesunden Blutkreislauf ein gesundes Herz die entscheidende Voraussetzung, so übernimmt beim Wasserkreislauf der Wald diese Funktion. Das Blätterdach des Waldes hält 27 Prozent der Niederschläge fest, um sie allmählich an den Boden oder wieder zur Verdunstung abzugeben. Der Waldboden ist ein guter Wasserfilter und speichert mit seinem Wurzelgeflecht bis zu 1 m Tiefe 2000 Tonnen Wasser pro Hektar.

Wird nun dieser große Lebensregulator vernichtet, so wird die gesamte Landschaft mitvernichtet und mit ihr der lebensnotwendige Wasserkreislauf. Durch Entwaldung entsteht eine Kettenreaktion, die mit dem Versiegen der Quelle beginnt und mit der totalen Bodenerosion endet. Der solchermaßen zu blankem Gestein oder Wüste abgewertete Boden ist dann nicht mehr in der Lage, das Wasser aufzusaugen und zu speichern. Die Folgen zeigen sich im schnell sinkenden Grundwasserspiegel. Auf der anderen Seite bildet der nicht mehr wasserspeicherfähige Boden bei plötzlichen starken Regenfällen die Basis für katastrophale Hochwasser.

Nicht ohne Grund waren in der Antike die Wälder heilig. Und nicht nur die Germanen hatten strengste Strafen für den Waldfrevler. Auf Madagaskar wurde beispielsweise übermäßiges Abholzen mit der Enthauptung des Waldfrevlers auf dem Stumpf eines der von ihm gefällten Bäume bestraft. Auch die Pygmäen sind strengste

Schützer ihres Waldes; sie bezeichnen heute noch die waldvernichtenden Randbewohner ihres Gebietes als „Baumfresser".

Heute dagegen gilt ein Geschäftemacher, der rücksichtslos die Wälder ausbeutet, als angesehener Mitbürger. Gewiß ist das Schwinden der Wälder die Folge einer fast 2000jährigen Entwicklung, daß jedoch aus den katastrophalen Folgen nichts gelernt wurde, ist durchaus ein Verdienst der heutigen Technik mit ihrem gehobenen Lebensstandard.

So verbraucht heute jeder Mensch im Laufe seines Lebens ca. 300 mittlere Bäume. Der immerfort steigende Verbrauch an Papier ist eine der Hauptursachen für den ständig steigenden Holzbedarf.

Heute werden über eine Milliarde Festmeter Holz zu Papier verarbeitet, das sind zwei Fünftel des Jahres-Weltbedarfs an Holz. Die Gesamtproduktion an Zeitungsexemplaren in der Welt beträgt täglich etwa 218 Millionen Stück. Allein eine einzige Nummer der New York Sunday Times frißt 62 Hektar Wald. Gleichzeitig wird der größte Teil des aus den abgeholzten Wäldern verarbeiteten Papiers für Reklametexte und -bilder verwandt!

Wie die Profitgier einzelner durch die Abholzung der Wälder zur Katastrophe für die Allgemeinheit wird, beschreibt Günther Schwab an einigen Beispielen. Nach seinem Bericht schlossen die beiden Gemeinden Fügen und Fügenberg — zwei Dörfer im Finsingtal, einem Seitental des Zillertals in Tirol — im Jahre 1938 einen langfristigen Nutzungsvertrag mit dem Holzhändler Kaltenbucher. Zwanzig Jahre hindurch trieb dieser dann Raubbau mit einer jährlichen Überschlägerung an Holz von 20 bis 50 Prozent.

Die von den Kahlschlägen abgeholzten Berghänge konnten die Schmelzwasser nicht mehr einsickern lassen, und aus dem einstmals so stillen Finsingbach wurde ein brüllender, tobender Höllenstrom. Nach einem sintflutartigen Regen staute sich das Wasser hinter vorgeschobenen Geröllmassen und überrannte schließlich, durch keinen Bannwald mehr geschützt, das Dorf Finsing.

Die Felder wurden meterhoch mit Schutt und Schlamm bedeckt. Der geschändete Wald hatte zurückgeschlagen. Dies geschah im Jahre 1943. Schon im Juli 1946 folgte eine neue Katastrophe, und von da an verging kein Jahr, in dem sie ausblieben. Sie zeugten immer schlimmere Folgen, und im Winter wurden die Hochwasser von den Lawinen abgelöst.

Die Unsinnigkeit dieser rücksichtslosen Naturausbeutung wird offenbar, wenn der durch die Allgemeinheit zu tragende materielle Schaden weitaus höher liegt als der Gewinn eines einzelnen Geschäftemachers.

So wurden im Finsingtal von 1928 bis 1955 etwa 150 000 Festmeter Holz im Werte von 18 Millionen Schilling geschlagen oder durch Lawinen vernichtet. Der fragwürdige Versuch aber, die Schäden wieder gutzumachen, kostet seit 1947 rund 35 Millionen Schilling. Hinzu kämen noch die Schäden an Kulturland, Häusern, Straßen, Brücken usw., die mindestens 150 Millionen Schilling kosten würden. Dabei steht dieses Beispiel nur für viele andere.

In der Antike waren 70 % des Peloponnes mit Waldfläche bedeckt, heute noch 5 %. Der Boden Spaniens ist nur noch zu 8 % bewaldet, dabei bildeten gerade die Wälder Spaniens Reichtum.

Die nordamerikanischen Wälder haben sich seit dem Sezessionskrieg von 4,2 auf 1,9 Milliarden Quadratkilometer ihres Bestandes verringert. Die ehemals 40 % betragende Waldfläche der USA ist heute auf 7 % der Gesamtfläche reduziert, und die Aufforstung erreicht nur 50 % des jährlichen Kahlschlags. Hierdurch hat nur noch die Hälfte des Landes ausreichende Regenfälle.

China besitzt nur noch 5 % Wald, obwohl mindestens 30 % nötig wären, um der Bodenerosion Einhalt zu gebieten.

Ähnliche Waldverluste finden sich in Süd- und Mittelamerika wie auch in weiten Gebieten Afrikas. Überall sind auch die Folgen die gleichen. Die Grundwasserspiegel sind gesunken, das Regenwasser fließt ohne einzusickern ab, und der Boden bleibt trocken.

So ist der Nil durch die Entforstung seiner Quellgebiete bedroht. Der Undursee im südlichen Libyen ist heute infolge der Entforstung der Stromgebiete, die ihn speisen, von März bis Juni völlig trokken, obwohl er noch 1913 ganzjährig Wasser hatte. Auch der Wasserstand des Uganda-Sees fällt beständig. Der Wasserstand des großen Viktoria-Nyanza-Sees in Ostafrika sank zwischen 1932 und 1945 um dreieinhalb Meter, der des Navaskasees bei Nairobi seit 1917 um zehn Meter. Der Nakarosee trocknete ganz aus, der früher drei Meter tiefe Elementeitasee hat jetzt nur ein Meter Tiefe, und auf dem Kogasee mußte der Bootsverkehr eingestellt werden.

Eine Karte aus dem Jahre 1540 läßt erkennen, daß damals die Südgrenze der Sahara 400 Kilometer weiter nördlich lag als heute, und im Zentrum der Sahara, im Ahaggar-Gebirge, finden sich alte Steinzeichnungen von Rindern und Krokodilen.

In Südafrika versiegen durch das Absinken des Grundwasserspiegels der Waal und der Oranje-Fluß zeitweise völlig.

Diese direkten Auswirkungen einer rücksichtslosen Abholzung, die sich im Sinken des Grundwasserspiegels zeigen, findet man besonders auffällig in den USA. Dort hat sich der Grundwasserspiegel der Stadt Baltimore seit 1916 um rund 45 Meter gesenkt.

In Küstengebieten, wie in New Orleans oder im Santa-Clara-Tal bei Sacramento, entströmte bereits Meerwasser aus den Wasserleitungen, da sich der Grundwasserspiegel unter den Meeresspiegel gesenkt hatte!

Oder man denke an die geradezu groteske Situation der Stadt Mexiko-City, die, um den durch die Abholzung der Wälder entstandenen Wassermangel wieder auszugleichen, gezwungen war, den unter der Stadt gelegenen Schlammsee anzuzapfen. Durch den Entzug des Wassers schrumpfte der Schlamm zusammen. Dadurch begann die Talsohle mit der darauf stehenden Stadt zu sinken — in den letzten Jahrzehnten um über vier Meter —, so daß die ständig steigende Gefahr einer Katastrophe besteht, die den Untergang dieser modernen Großstadt zur Folge haben kann.

Trotz der fleißig propagierten Wiederaufforstung, die durch den zum Teil erfolgten Anbau von Monokulturen ebenfalls zerstörerische Auswirkungen in vielerlei Gestalt in der Natur zur Folge hat, ist ein ständiger Rückgang der Waldbestände in allen Teilen der Welt zu beobachten; denn auch hier gilt das Geschäftsprinzip, das ohne Rücksicht auf die biologischen Gesetze der Natur angewandt wird.

Der natürliche Zuwachs an Waldbeständen wird überall vom Abschlag übertroffen. In Österreich beträgt der Jahreszuwachs an Bäumen 8,5 Millionen Festmeter, wogegen elf Millionen geschlagen werden. Das entspricht einer Überschlägerung von 85 Millionen Festmetern in den letzten dreißig Jahren. Die Schweiz schlug fünf Jahressätze zuviel; Polen überschlägerte seit 1945 um 23 Millionen Festmeter. In Mitteldeutschland war in den Jahren nach 1953 der Einschlag doppelt so hoch wie der Zuwachs.

Obwohl diese Zahlenangaben aus dem Jahre 1958 stammen, ist es seitdem nicht besser geworden. So kann es nicht verwundern, wenn man heute in den Zeitungen liest, daß die Forstproduktion im Gemeinsamen Markt von Jahr zu Jahr weniger in der Lage ist, den Holzbedarf der EWG-Länder zu decken. Nach einem Bericht der EWG-Kommission erreichte die Eigenproduktion der Gemeinschaft 1960 rund 88 Millionen Kubikmeter Nutzholz, während der Einfuhrbedarf 1961 bereits 47 Millionen Kubikmeter betrug. Zugleich wurde betont, daß das Holzdefizit der EWG von Jahr zu Jahr beträchtlich zunehme.

Der Holzzuwachs in den Wäldern unserer Erde beträgt jährlich $1^1/_2$ Milliarden Festmeter; dagegen beträgt der Jahresverbrauch $2^1/_2$ Milliarden Festmeter. Es entsteht also insgesamt ein jährliches Defizit von einer Milliarde Festmeter Holz.

Trifft nun die profitgierige Wirtschaft und der Bedarf einer nie zu befriedigenden Technik die Hauptschuld an der Vernichtung des Waldes, so gehen doch wieder von der Technik wie von der Wirtschaft weitere Ursachen zur Waldzerstörung aus.

So erzwingt die immer neue Forderungen erhebende Wirtschaft den Anbau von Monokulturen, die die natürliche Holzartenmischung der Wälder als biologische Eigenart völlig mißachtet. Das natürliche Wachsenlassen eines Baumes ist heute unnütze Zeit- und Materialverschwendung, die der eifrig propagierten Erhöhung des Lebensstandards widerspricht.

Bestand der europäische Wald im Mittelalter aus etwa zwei Drittel Laub- und einem Drittel Nadelholz, so ist das Laubholz heute auf ein Fünftel der gesamten Waldfläche zurückgegangen; denn Fichte und Kiefer sind die „rentabelsten" Holzarten. So hat der Mensch an Stelle des natürlichen und gesunden Waldes seine „leblosen Balkenfabriken und Stangenäcker" (nach Schwab) errichtet. Diese einseitig beforsteten Flächen sind Brutplätze der zerstörenden Insekten; denn besonders die Fichte und die Kiefer sind ihnen widerstandslos ausgeliefert.

In Bayern wurden von 1946 bis 1948 durch den achtzähnigen Fichtenborkenkäfer drei Millionen Festmeter Fichtenholz zerstört, was einer vernichteten Waldfläche von 10 000 Hektar entspricht. 1954 wurden 1000 Hektar des Ebersberger Forstes von der Nonne heimgesucht, so daß man pro Baum etwa 10 000 Raupen feststellte. Dieses bedeutende Waldgebiet war bereits in den Jahren 1888 bis 1891 einer ähnlichen Katastrophe anheimgefallen. Damals wurden ebenfalls durch den Nonnenfraß 2800 Hektar völlig kahl gefressen. 7600 Mann waren mit dem Fällen der Bäume beschäftigt. Es mußte eine Waldbahn gebaut werden, um 1 064 688 Festmeter Nutzholz und 370 434 Festmeter Brennholz abzutransportieren. Wirbelstürme, die sich bei den Kahlschlagflächen verheerend auswirkten, vernichteten weitere 577 Hektar.

So trägt also die den Forderungen der Wirtschaft entsprechende naturwidrige Aufforstung ebenfalls zur Vernichtung des Waldes bei.

Was die Technik betrifft, hat man beispielsweise in Amerika festgestellt, daß die ausgestrahlten Ultrakurzwellen der UKW-Sender ganze Schneisen in die Wälder gefressen haben.

Auch führen Industrieausdehnung und Verkehr zur Reduzierung der Waldgebiete. Hierdurch sind die Wälder Hessens stark bedroht, wie das Abholzen der Waldgebiete im Süden der Stadt Frankfurt zeigt. Sah sich doch die staatliche Forstverwaltung im Oktober

1964 gezwungen, das einst umfangreiche Forstamt Kelterbach aufzulösen, was wiederum die Verantwortlichen für die Trinkwasserversorgung mit Sorgen erfüllt.

Ein frappierendes Beispiel für die Mißachtung naturgesetzlicher Notwendigkeiten bietet auch hier der Ebersberger Forst. Was die beiden durch natürliche Waldzerstörer verursachten Katastrophen nicht vollenden konnten, scheint nun groteskerweise dem rigorosen Einsatz technischer Mittel vorbehalten zu sein. Schon hat die bayerische Regierung, an der Spitze der bayerische Ministerpräsident Goppel, die Abholzung des Ebersberger Forstes beschlossen, um hier ein Atomzentrum aufzubauen!

Eine weitere bedeutende Ursache liegt wohl in der gedankenlosen Anwendung technischer Hilfsmittel. So kann man aus einem Baum eine Million Streichhölzer fabrizieren, ein einziges dieser Hölzchen genügt jedoch, um Millionen von Bäumen zu vernichten.

So brannte in Minnesota im Oktober 1918 eine Waldfläche von der Größe des Landes Württemberg ab. In Alaska verbrannten während der letzten fünfzig Jahre alljährlich etwa 500 000 Hektar Waldfläche. 9,2 Millionen Hektar Wald mit einem Sachschaden von 55 Millionen Dollar waren es 1947 in den USA, die verbrannten. Die durchschnittlichen Jahresverluste der USA durch Waldbrände liegen bei 100 Millionen Dollar. Die Türkei verlor 1954 an die 14 000 Hektar Waldfläche durch Feuer, in Spanien waren es 7000 Hektar. In Deutschland werden jährlich 4000 Hektar Wald mit 250 000 Festmetern Holz durch Feuer vernichtet.

Ist die Entwaldung unserer Erde ein Hauptgrund für die ständige Verringerung der vorhandenen Wasservorräte, so bildet die Vergewaltigung der Flußläufe in Gestalt von sogenannten Flußkorrektionen einen zweiten, entscheidenden Faktor für das fortschreitende Sinken der Grundwasserspiegel.

So wie der Wasserkreislauf ein untrennbares Ganzes ist, so stellt auch der Fluß von der Quelle bis zur Mündung eine Ganzheit dar. Wird nur ein Teil seines ursprünglichen Verlaufes willkürlich geändert, so treffen die zerstörenden Folgen das gesamte Flußsystem und die es umgebende Landschaft.

Wird die Strömungsgeschwindigkeit eines Flusses verringert, so wird zugleich die Schleppkraft des Wassers verringert. Das anfallende Geröll bleibt liegen, füllt das Flußbett und erfordert eine künstliche Erhöhung der Flußufer.

So fließen beispielsweise der Po bei Ferrara 11 Meter, der Hwang-Ho 7 Meter und die Etsch 13 Meter über dem sie umgebenden Land. Der Mississippi ist von 3000 Kilometer langen Dämmen mit einer durchschnittlichen Höhe von 7 Meter eingefaßt. Entsteht nun durch übermäßigen Regen ein Dammbruch, so sind Katastrophen die Folgen. So fanden bei einer Überflutung des Hwang-Ho im Jahre 1887 über eine Million Menschen den Tod. Im Herbst 1951 starben Tausende bei einer Überschwemmung des Pos in Italien, in den USA, als der Missouri-Mississippi über seine Dämme trat und die Evakuierung von 34 Städten erforderte. Und selbst in Mexiko, wo das Beispiel der Stadt Mexiko-City einen chronischen Wassermangel offenbart, gab es als Folge eines sintflutartigen Regens im Juni 1964 Überschwemmungen, bei denen etwa dreißig Menschen ums Leben kamen.

In den Wüstengebieten Afrikas äußert sich die durch Waldzerstörung entstandene Nicht-Wasserspeicherfähigkeit des Bodens in der paradoxen Tatsache, daß trotz andauernden Wassermangels mehr Menschen ertrinken als verdursten.

Im Jahre 1954 war Mitteleuropa der Schauplatz einer furchtbaren Hochwasserkatastrophe, bei der ganze Dörfer Bayerns bis an die Kirchturmspitzen überflutet waren.

Was jedoch diese direkten Auswirkungen einer Entwaldung und Vergewaltigung der Flußläufe an Zerstörung offenbaren, geschieht auf längere Sicht und weniger sofort erkennbar durch die Flußregulierungen in Form von Begradigungen und Kanalisierungen. Durch diese Maßnahmen wird die Strömungsgeschwindigkeit des Flusses erhöht, und er gräbt sich immer tiefer in das Flußbett ein. Hat er schließlich den Grundwasserspiegel erreicht, so saugt er das Grundwasser bis teilweise kilometerweit ins Land hinein aus dem Boden, der schließlich aus Wassermangel zur Bebauung unbrauchbar wird. Was in einem Teilbereich des Flußlaufes durch Korrektion gewonnen wird, muß an anderen Stellen mit Hochwasserkatastrophen oder Bodenerosion bezahlt werden. Es ist zudem Tatsache, daß abgesehen von der unbezahlbaren Naturvernichtung die finanziellen Einbußen höher liegen als der momentane Gewinn.

In der Zeit von 1815 bis 1874 wurde der Rhein zwischen Basel und Mainz nach den Plänen des Wasserbaumeisters Tulla durch Begradigung um ca. 100 Kilometer gekürzt. Alle Seitenarme und Altwässer wurden abgeschnitten und die Strömungsgeschwindigkeit um 30 Prozent beschleunigt. Die Hochwasser hörten auf, und die Absaugung der Grundwasser begann. Seit der Rheinkorrektion sinkt der Rheinspiegel alljährlich um vier Zentimeter und mit ihm die gesamte Rheinebene. Bei Ruhrort hat sich der Strom von 1900 bis 1954 um zwei Meter eingetieft.

Vor ihrer Begradigung vertieften sich die mitteleuropäischen

Flüsse alle zehn Jahre um ca. zwei Millimeter, heute beträgt die Vertiefung mehrere Meter.

So ist bei Köln der Grundwasserspiegel um acht Meter abgesunken. Bei Basel ist eine Senkung des Grundwassers um drei Meter zu verzeichnen, bei Neuenburg um vier Meter noch in einer Entfernung von drei Kilometer vom Strom. Durch diese Grundwassersenkung wurden 10 000 Hektar Land in Südbaden der Versteppung preisgegeben. Im Elsaß sind 80 000 Hektar Kulturland geschädigt, ihre landwirtschaftlichen Produkte auf ein Viertel reduziert. Über die solchermaßen angerichteten Schäden berichtet Günther Schwab, indem er sich auf Angaben des badischen Landwirtschaftsministeriums bezieht. Hiernach entstanden durch die Rheinregulierung für ein kleines Teilgebiet folgende Schäden:

In der Landwirtschaft in den letzten 15 Jahren 47 Millionen DM, seit der Rheinkorrektion 258 Millionen DM; in der Forstwirtschaft 45 Millionen DM, in der Fischerei 15 Millionen DM, was nur für einen Teil von Südbaden insgesamt 318 Millionen DM ausmacht. Ähnliche Schäden wurden im Elsaß, in der Pfalz und in Hessen verursacht. In anderen Gebieten ist der Pegel des Grundwassers noch weitaus erheblicher gesunken, wie z. B. im Oderbruch um zehn Meter oder in Sachsen-Anhalt, wo bis 1954 eine stellenweise Senkung von früher 1½ Meter auf 80 Meter Tiefe festgestellt wurde.

Die Donau wurde vor achtzig Jahren durch Regulierung um 76 Kilometer gekürzt. Durch die Erhöhung der Wassergeschwindigkeit beträgt ihre Vertiefung jährlich 1,5 Zentimeter. Bei Wien sank das Grundwasser um acht Meter, im Traungebiet um sechs Meter. Eine sich ständig ausbreitende Versteppung der Randgebiete ist die Folge. Der regulierte Lech grub sich bei Lechhausen um sechs Meter ein, und die Flußebene versteppte. Die Wertach, ein Nebenfluß des Lechs, hat sich seit ihrer Regulation um 1900 stellenweise bis zehn Meter eingetieft.

Der neun Meter tiefe Nord-Ostsee-Kanal saugt aus den höher gelegenen Gebieten bis auf acht Kilometer Entfernung das Grundwasser ab. Stellenweise beträgt die Absenkung bis zu 20 Meter. Ähnlich negative Wirkungen gehen vom Mittellandkanal aus.

Aus der Vielzahl dieser Beispiele geht eindeutig hervor, daß die Quellen eines gesunden Wasserkreislaufes stark angeschlagen sind und das bei einer ohnehin auf 50 Prozent gefallenen Entzugnahme unseres Wassers aus Grundwasserbeständen.

Wir befinden uns zudem in der Situation, daß auf der einen Seite der Wasservorrat stark verringert ist, zum anderen aber der Wasserverbrauch ins Ungeheure gestiegen ist. Was den Menschen früherer Zeiten ein göttliches Geschenk war, ist für den zivilisierten Menschen eine lapidare Selbstverständlichkeit.

Seit der Jahrhundertwende hat der Wasserverbrauch auf der Erde um mehr als das Achtzigfache, in manchen Gegenden der USA sogar um das Hundertfache zugenommen. Lag der tägliche Wasserverbrauch in früheren Zeiten bei 25 bis 30 Liter pro Kopf, so verbraucht der heutige Stadtmensch täglich 300 bis 400 Liter Wasser. Während die Kopfquote des Verbrauchers in München im Jahre 1930 noch bei 200 Liter täglich lag, ist sie heute auf 350 Liter — an heißen Tagen bis zu 450 Liter — gestiegen. Ein immenser Anstieg ist in Industriegebieten zu verzeichnen. So verbraucht z. B. der Bewohner des Ruhrgebietes täglich etwa 700 Liter Wasser. Dies alles ist jedoch noch minimal gegenüber dem Verbrauch der Industrie. Die Erzeugung einer Tonne Kunstfaser benötigt 750 000 Liter Wasser. Die Weltproduktion an Kunstfaser betrug 1958 15 Millionen Tonnen. Die Produktion einer Tonne gebleichter Zellulose erfordert 800 000 Liter, je einer Tonne Kunstseide 750 000 Liter, Zellwolle 550 000 Liter, synthetisches Benzin 90 000 Liter, Stahl 20 000 Liter, Koks 17 000 Liter, Kohle 5000 Liter, Eisenerz 4500 Liter, Zement 3500 Liter. Die Herstellung von 1 kg Papier erfordert 3000 Liter Wasser, was ungefähr den Inhalt von zwanzig Badewannen ausmacht. Die Erzeugung von 1 l Bier beansprucht 5 l Wasser. Allein jeder Belgier trinkt jährlich 165 l Bier.

Im Ruhrgebiet entfallen auf die Industrie vier Fünftel des gesamten Wasserverbrauchs.

In diese Aufstellung gehört auch der erhöhte Wasserverbrauch durch gesteigerte Ernten. So benötigt 1 kg Pflanzentrockenmasse zu seiner Erzeugung 250 bis 1200 Liter Wasser, die aufgenommen und wieder verdunstet werden. 1 Tonne Zuckerrübentrockensubstanz verbraucht 580 000 Liter Wasser, 1 Tonne Grünfutter 1 100 000 Liter Wasser. Und ein Kornfeld von 1 ha Größe verbraucht, um 20 dz Korn und 40 dz Stroh hervorzubringen, rund 1,2 Millionen Liter Wasser. Das ist ein Wasserstrom von 1 m Höhe und Breite und 12 km Länge, den das verhältnismäßig kleine Feld in einer Wachstumsperiode in sich aufnimmt. Da nun der Grundwasserspiegel ständig sinkt, liegt es auf der Hand, daß eine vermehrte Ernteerzeugung in Zukunft am Wassermangel scheitern muß. So hat in Schleswig-Holstein der Wassermangel bereits zur Reduzierung von ehemals 2 bis 3 Heuernten im Jahr auf nur noch eine jährlich geführt.

Hat nun der Mensch die Quantität des Wasserverbrauchs ins Unermeßliche gesteigert, so hat er zugleich die Qualität seines Wassers ständig vermindert; denn der erhöhte Wasserverbrauch erhöht zugleich die Menge des verbrauchten und somit verschmutzten Wassers. Hierzu schreibt Günther Schwab [41]:

„Mit Selbstverständlichkeit und Überheblichkeit macht man das Wasser zum bequemen und kostenlosen Schuttabladeplatz, zur Jauchegrube für Dreck und Unrat. Die Flüsse sind zu Kloaken geworden, und das Wasser kann ohne vorherige chemische Behandlung nicht mehr getrunken werden. Und aus Zehntausenden von Fabriken und Betrieben rinnt Tag und Nacht giftige Jauche in die Flüsse: aus den Spinnereien, Molkereien, Flachsrösten, Kupferhütten, Verzinkereien, Erzwäschereien, Zink- und Bleigruben, Sodawerken, Glashütten, Härtereien, Chromereien, Färbereien, Brauereien, Brennereien, Schlachthäusern, Fischverwertungsbetrieben, Eisenwerken und Zechen; aus Pappe-, Hefe-, Kraut-, Kunstseide-, Zucker-, Stärke-, Leder-, Sperrholz-, Zellstoff-, Textil-, Farben-, Buna-, Bakelit-, Plastik-, Leim-, Zellwolle-, Pektin-, Kartoffelflocken-, Papier-, Porzellan-, Brikett-, Seifen-, Holzfaser-Kunstdüngerfabriken; aus den Steinkohlen- und Teerölindustrien, Gaswerken und Kokereien, den Petroleumraffinerien, den Metall- und chemischen Industrien.

Wenn ich sagte ‚Jauche', so meine ich: organische Gift- und Hemmstoffe, konzentrierte Fäkal- und Jauchestoffe, Aldehyde, Zyanide, Rhodanide, Blei-, Arsenik-, Chrom- und Kupferverbindungen, Karbolsäuren, Alkalien, Azetylen, Verbindungen aus dem Phenolkomplex, Teerderivate, anorganische Metallgifte, Salze, Farbstoffe, Fette, Öle, Braun- und Steinkohlenschlamm und tausend andere Mischungen verschiedenster Abfallstoffe. Alle Flüsse der Welt sind verdreckt, der Colorado so gut wie die Seine, der Rhein, die Oder, die Elbe, der Po, der Ebro.

Nicht mehr befruchtend durchrinnen sie das Land wie einst, sondern vergiftend."

In der Bundesrepublik versickern jährlich mehr als 2500 Kubikmeter Öl und vernichten das Grundwasser.

Wieweit diese Verschmutzung der Ströme und Gewässer reicht, macht Hans Fervers [42] an folgendem Beispiel deutlich. Er berichtet, daß sich der Philosoph Arthur Schopenhauer 1831 deshalb in Frankfurt am Main niederließ, weil er diesen Fluß für den saubersten Deutschlands hielt. Als nun im Herbst 1952 Taucher des Sprengboots St. Marie zur Durchführung ihrer Arbeiten den ersten

[41] Schwab, Günther; a. a. O., S. 75.
[42] Fervers, Hans; a. a. O., S. 209.

Tauchversuch unternahmen, mußten sie es bei diesem Versuch bewenden lassen. Trotz stärkster Scheinwerfer erwies sich das Mainwasser als völlig undurchsichtig, das Flußbett war hoffnungslos verschlammt, so ist der Main zu dem schmutzigsten Fluß Deutschlands geworden. Man stellte fest, daß viele der oberhalb Frankfurt liegenden Fabriken und Ortschaften ihre täglich in die Hunderttausende Liter gehenden Abwässer ohne jede Vorfilterung in den Fluß ableiteten.

Zeitweise führt er täglich etwa 325 Tonnen schädliche Bakterien (Naßgewicht) dem Rhein zu, die teilweise noch nicht nach 35 Kilometer, nach der Einmündung des Mains in den Rhein, vollständig abgebaut sind. Um so bedenklicher erscheint daher die Tatsache, daß angesichts der immer größer werdenden Wassernot die Bewohner der Mainmetropole darauf vorbereitet wurden, in Zukunft auch die biologisch toten Wasser des Mains als direkte Trinkwasserquelle benutzen zu müssen. Bisher wurde das Flußwasser lediglich nach einer chemischen Reinigung in den Stadtwald geleitet, wo es dann versickerte und das Grundwasser ergänzte.

Ist die ehemals „schöne blaue" Donau zu einer unappetitlichen Soße geworden, so gilt das in dem gleichen Umfang für die Traun, die steirische Mur, die bei Leoben täglich 250 Tonnen Unrat mit sich führt, oder die Mürz mit täglich 800 bis 1500 Tonnen Phenol. Überhaupt werden in Österreich nur drei Prozent der Abwässer vorgefiltert. Die meisten werden direkt in die Flüsse geleitet.

Desgleichen sind Weser, Rhein, Ruhr, Wupper und die Saar zu fast völlig toten Industrieabwässern geworden. Drei Viertel der Wassermenge der Saar sind Abwässer (Säuren, Fette, Öle, Phenole und Kohlenschlamm bilden wesentliche Anteile)! So liefert eine mittlere Brauerei täglich 6000 Kubikmeter Abwässer, eine Käsefabrik produziert ebensoviel Unrat wie eine 15 000 Einwohner zählende Stadt. Eine Pappefabrik liefert soviel Jauche wie eine 30 000er Stadt, und der Abfall eines großen Farbenkonzerns ist größer als der einer Dreimillionenstadt.

Ein besonders prägnantes Beispiel für das Unerträgliche einer Flußvergiftung durch Abwässer bietet der Rhein. Der Züricher Direktor der Eidgenössischen Anstalt für Wasserversorgung, Abwässerreinigung und Gewässerschutz, Prof. Dr. Otto Jaag, teilte im Juni 1964 mit, daß der Rhein bis auf die Höhe der holländischen Grenze in seiner „fließenden Welle" 210 Kilogramm Chlor pro Sekunde mit sich führe. Das entspräche einer täglichen Kochsalzführung von über 40 000 Tonnen. Durch die Versalzung des Rheinwassers, vor allem mit Abwässern aus dem Kali-Bergbau, aus Sodafabriken und den Gruben des Kohlenbergbaus, erhöhe sich der Chloridgehalt im Rhein vom Bodensee bis zur deutsch-holländischen Grenze ständig, streckenweise sogar sprunghaft. In den Niederlanden werde bereits die Wasserversorgung erschwert und an landwirtschaftlichen Kulturen treten recht namhafte Schäden auf.

So hat die holländische Regierung bis 1958 bei den Vereinten Nationen gegen Deutschland einen Schadenersatzanspruch von 800 Millionen DM erhoben! Im allgemeinen werden die volkswirtschaftlichen Schäden mit 20 Millionen und die der Verjauchung an sich, deren Ursache die Verseuchung des Rheinwassers ist, mit mehreren 100 Millionen DM jährlich beziffert.

Der Fischbestand des Rheins ist fast völlig vernichtet. Wurden bis 1910 noch jährlich 175 000 Lachse gefangen, so ist diese Anzahl heute auf 3000 gesunken, von denen zudem noch 80 Prozent phenolverseucht und ungenießbar sind. Das gleiche gilt für den Rheinaal und Rheinsalm.

In der Themse oberhalb von Tilbury gibt es zwar seit 1963 wieder Weißfische und Breitlinge, doch haben die Anfänge einer neuerstandenen Flußfauna den Staat bisher 39 Millionen Pfund gekostet, wozu bis 1970 noch zehn Millionen Pfund hinzukommen sollen. Trotzdem wird der Lachs hier nicht wieder heimisch werden, denn die bisherigen und zukünftigen Maßnahmen beseitigen nur die gröbste Verschmutzung durch Industrieanlagen und Abwässer, von denen sich täglich 18 Millionen Hektoliter in jenen Abschnitt ergießen, der oberhalb der Gezeitenmündung beginnt.

Beim Tyne in Northumberland ist es ähnlich. Er nimmt außer Industrieabwässern das Schmutzwasser von 850 000 Menschen auf. 400 000 Tonnen feste Abfallstoffe werden jährlich herausgefischt. Noch bis 1935 wimmelte der Tyne von Lachsen, und 1927 wurden 212 000 Kilogramm im Fluß gefangen im Wert von mehr als drei Millionen Pfund. Heute gibt es hier nicht einen Lachs mehr, und die Lachsverarbeitungsindustrie besteht nicht mehr. Auch die in der unteren Elbe gefangenen Fische sind wegen ihres Phenolgeschmackes ungenießbar. Im Jahre 1956 registrierte man in der Bundesrepublik 120 Fischsterben, von denen 103 ihre unmittelbare Ursache in der Wasserverseuchung durch industrielle und städtische Abwässer fanden.

Da die anorganischen Gifte im Wasser der Flüsse nicht abgebaut werden, behalten sie noch nach vielen Kilometern vom eigentlichen Ort der Verunreinigung entfernt ihre lebenszerstörende Wirkung. So kam es, daß noch 95 Kilometer unterhalb eines großen Kunstseidenwerkes am Shenandoah-Fluß in den USA die Fische an Zinkvergiftung starben, da durch die Abwässer dieser Fabrik Zinkstoffe in den Fluß geraten waren.

Ein ähnlicher Vorfall geschah im Mai 1964 in der Bundesrepublik, als aus einem metallverarbeitenden Betrieb in Pfaffenhofen eine große Menge giftiger Zyan-Verbindungen durch die Kanalisation in die Ilm gelangt waren. Es setzte ein Fischsterben größten Ausmaßes ein, das auf einer Länge von 25 Kilometer zwischen Pfaffenhofen und Geisenfeld den gesamten Fischbestand vernichtete. Augenzeugen sprachen von einem Leichenfeld, auf dem zentnerweise tote Forellen, Äschen, Barben, Hechte, Karpfen und Aale trieben!

Was für die anorganischen Giftstoffe gilt, trifft ebenfalls auf eine Reihe von menschlichen Hormonen (Schilddrüsenhormon, Insulin etc.) zu, die ihre Wirkung behalten, nachdem sie Magen, Darm und Leber passiert haben.

So darf sich der Trinkwasserkonsument von Rheinwasser nicht wundern, wenn er außer den 400 000 Keimen, die 1 Liter Rheinwasser bei Düsseldorf enthält, zugleich Hormone eines andern Menschen aufnimmt. Überhaupt sind es im Rhein-Ruhr-Gebiet über 90 Prozent der Bevölkerung, die Wasser trinken, das bereits fünf- bis siebenmal einen menschlichen Körper passiert hat!

Hierzu haben im Oktober 1964 namhafte Politiker ihre Besorgnisse laut werden lassen. In einer vom nordrhein-westfälischen Landtagsvizepräsidenten Dobbert und anderen sozialdemokratischen Abgeordneten getroffenen Feststellung heißt es, daß die Verschmutzung des Wassers in Nordrhein-Westfalen einen gesundheitsgefährdenden Grad erreicht habe. Dieser Zustand erfordere von der Landesregierung unverzügliche Maßnahmen zur Verhinderung weiterer Flußverschmutzung.

Nicht nur die Flüsse, ebenso die großen Gewässer werden durch die Abwässer in steigendem Maße gefährdet. So mußte beispielsweise das Baden in der Bleilochsperre verboten werden, da durch das Aufwühlen des Wassers aus 1 bis 2 m Tiefe Schwefelwasserstoff frei wurde, der durch industrielle Abwässer hineingeraten war und nun zur Betäubung und Vergiftung der Badenden führte.

Größte Gefahren drohen dem Bodensee. Hier haben sich auf dem Dreck der Abwässer lebensbedrohende Algenäcker gebildet. Heute sind es 5-m-Uferstreifen, die auf diese Art verkrautet sind, man rechnet in Kürze mit 25 m, wenn nichts gegen die laufende Verseuchung des Sees durch die Abwässer getan wird. Hierzu sagte im Sommer 1964 der St. Gallener Professor Georg Thürer, der See gleiche einer vollen Badewanne, in die man 1½ Eimer Jauche geschüttet habe.

Was die Flüsse und Gewässer der Erde so lebensbedrohend gefährdet, macht vor den Meeren nicht halt. Die Schiffe entleeren ihre Brennstofftanks zu dicht an der Küste, so daß die Verschmutzung des Meereswassers in zunehmendem Maße die Gesundheit, den Fischfang und den Tourismus beeinträchtigen. So ist z. B. die Verschmutzung an der Südspitze Englands und am Eingang des Bristol-Kanals so stark, daß das Baden unmöglich geworden ist.

Bereits 1953 waren es mehr als 400 000 Tonnen Öl und ölhaltiger Schlamm, die von den Schiffen ins Meer abgegeben wurden. Bereits 1954 trafen sich in London 32 Nationen, um diesen Gefahrenherd für die Weltmeere zu erörtern. Statt jegliches Ablassen von Öl ins Meer zu verbieten, traf man lediglich die Abmachung, das Ablassen des Öls nur in bestimmten Gebieten der Ozeane zuzulassen. Dieser Abmachung sind zudem nur zehn Staaten beigetreten. Außerdem bleibt es fraglich, ob sich auch die Meeresströmungen an diese Abmachung halten!

Eine Kommission des britischen Transportministeriums sagte zu diesem Thema [43]:

„Das Übel rührt von der falschen, aber weitverbreiteten Meinung her, daß ein Teil der menschlichen Gemeinschaft berechtigt ist, aus Bequemlichkeit oder wirtschaftlichem Vorteil weitreichende Notstände zu verursachen, die Welt um sich herum zu verwüsten und die Anmut, die Lieblichkeit seiner nachbarlichen Umgebung zu zerstören.“

Wie äußern sich nun die Folgen dieses menschlichen Tuns, das die Erhaltung und Förderung einer fragwürdigen Technik beansprucht?!

Das Anschneiden der Grundwasserströme und die hierdurch erfolgte Beschleunigung ihres natürlichen Umlaufes bzw. Abfließens in einen Fluß, was zu einem beträchtlichen Absinken der Grundwasserspiegel geführt hat, trägt mit zur Veränderung des Klimas bei. Denn weniger die Verringerung der Niederschläge als vielmehr die Verdunstung des Wassers durch die Pflanzen, die sie zur Benutzung des Grundwassers zwingt, trägt letztlich zur Austrocknung und Versteppung des Bodens bei; denn nur ein für die Wurzeln der Pflanzen erreichbares Grundwasser kann eine wertvolle Vegetation bedingen.

Der Nil gibt im Jahresdurchschnitt nur 2,7 Prozent seines Wassers ans Mittelmeer ab, dagegen verliert er 97,3 Prozent durch Verdunstung. Dieses Verhältnis gilt auch für die Pflanzenwelt. So ver-

[43] Zitiert aus: Demoll, Reinhard; a. a. O., S. 69/70.

liert ein Hektar Fichten- oder Buchenwald im Sommer bei seiner Assimilation jeden Tag durchschnittlich 50 000 Liter Wasser durch Verdunstung, bei einer feuchten Wiese sind es 130 000 bis 150 000 Liter pro Hektar. Da nun der Anteil des dränierten Geländes nur einen Bruchteil dessen beträgt, wird also das Klima durch die Vegetation des durch Vergewaltigung der Flußläufe versteppten Landes negativ beeinflußt; denn die Vegetation des Bodens trägt wesentlich zur Wolkenbildung, die schließlich wieder zur Regenquelle wird, bei.

Da bereits am Beispiel der vermehrten Ionisierung der Lufthülle durch die Atomspaltung eine negative Veränderung des Wetters aufgezeigt wurde, läßt sich durchaus begründen — wie es eine Reihe namhafter Wissenschaftler bereits getan haben —, daß diese hinzutretende Klima-, also auch Wetteränderung, als Mitursache der in den letzten Jahren immer häufiger auftretenden Naturkatastrophen zu gelten hat.

Man denke an die furchtbaren Erdbeben in Nordafrika (Agadir), in Persien (Teheran), in Alaska oder auch an die heute regelmäßig auftretenden Wirbelstürme in Gebieten, wo sie einst völlig unbekannt waren.

So sind beispielsweise im Juli 1964 in Südafrika rund 10 000 Farmen im Reservatsgebiet der Transkei von einem mehrwöchigen Kälteeinbruch und schweren Schneestürmen heimgesucht worden. Eine bis zu vier Meter hohe Schneedecke lag auf den Viehweiden, unter denen Zehntausende von Rindern und Schafen umkamen. Das gleiche Geschehen wiederholte sich im Herbst 1965. Diese ungewöhnlichen Winterverhältnisse, die sogar Westafrika erfaßten, waren dort noch nie aufgetreten! Selbst der Katastrophenwinter von 1902 bot keine Vergleichsmöglichkeiten.

Was nun die Auswirkungen der Zerstörung des gesamten Wasserkreislaufs betrifft, so gibt die in den letzten Jahren ständig fortschreitende Bedrohung des Lebens durch die Wassernot eine deutliche Antwort der vergewaltigten Natur.

Man denke an den Dürreherbst des Jahres 1953, wo in ganz Europa beträchtlicher Wassermangel herrschte. Über 400 Gemeinden waren es in Niedersachsen, die Küstengebiete Oldenburgs, die Lüneburger Heide und Süd-Hannover, die einer totalen Wassernot ausgeliefert waren. Die Harztalsperren waren damals die einzigen Reserven Norddeutschlands. In Friesland mußte das Wasser über 30 Kilometer Entfernung transportiert werden, was es schließlich so teuer wie Magermilch werden ließ. Es gab Wassermangel in Salzburg, in den Wiener Randgemeinden, selbst die Donauschiffahrt lag still.

Die gleichen Folgen einer allesbeherrschenden Wassernot wiederholten sich in den Jahren 1957, 1959, 1960 und hatten auch 1964 noch kein Ende gefunden – im Gegenteil!

Bereits in den ersten Monaten des Jahres 1964 zeichneten sich die Vorboten einer kommenden Wassernot ab. So waren im Monat April (nach der Schneeschmelze!) sämtliche Talsperren des Bundesgebietes – außer den 14 fast gefüllten Ruhrtalsperren – bei weitem nicht gefüllt.

Die Okertalsperre war bei einem Fassungsvermögen von rund 47 Millionen Kubikmetern nur mit 21 Millionen Kubikmeter gefüllt, die Eckertalsperre bei einem Fassungsvermögen von 12,5 Millionen Kubikmetern nur mit 3,5 Millionen, der Edersee nur mit 71 Millionen bei einem Fassungsvermögen von 202,4 Millionen Kubikmetern, die einzige Trinkwassersperre in Rheinland-Pfalz (Riveris bei Trier) nur zu 55 Prozent, die Schwarzenbachtalsperre, die das gesamte Rheintal sowie Teile Württembergs versorgt, nur zu 50 Prozent und die Breitenbach-Talsperre, das einzige 2,6 Millionen Kubikmeter fassende Wasserreservoir des Siegerlandes, war ebenfalls nur zur Hälfte gefüllt.

Diese Tatsachen wurden bekräftigt durch die Warnungen der westdeutschen Wasserwerkdirektoren, die bereits im April des Jahres 1964 ausdrückten, daß für die heiße Jahreszeit eine normale Wasserversorgung nicht gewährleistet sei!

So sagte z. B. der Direktor des Wasserwerkes Wuppertal, Schmidt, im Mai 1964, daß die Bevölkerung betreffs Wasserversorgung bereits heute von der Hand in den Mund lebe. Das Wasserwerk müsse täglich 50 000 Kubikmeter Wasser liefern, so daß die Behälter mehrmals täglich leerliefen. Direktor Schmidt rechnet ferner schon in wenigen Jahren mit einem dauernden Notstand, wenn nicht bald durchgreifende Maßnahmen zur Erschließung weiterer Wasserquellen für die Stadt unternommen würden. Man bedenke, daß Wuppertal als Hauptstadt des Bergischen Landes zu den niederschlagreichsten Gebieten Deutschlands zählt. Trotzdem werden auch weiterhin die Wuppertaler ohne Rücksicht auf die drohenden Gefahren täglich ca. 216 Liter pro Kopf verbrauchen, was etwa einer gefüllten Badewanne entspricht.

Man rechnet hier sogar bis zum Jahre 2000 mit einer Verdreifachung auf etwa 140 000 Kubikmeter täglichen Wasserverbrauchs. Und das, wo die Wuppertaler Talsperren seit 1960 nicht mehr voll geworden sind und bis Mai 1964 erst zur Hälfte gefüllt waren.

Mit welch unverantwortlichem Leichtsinn und kurzsichtiger Kalkulation hier das Wasser weiterhin verplanscht wird, liegt auf der

Hand. So darf es nicht mehr verwundern, wenn bereits beim ersten Ansteigen der Temperaturen im Mai und Juni in vielen Gebieten Deutschlands der erste spürbare Wassermangel in Erscheinung trat.

In Frankfurt am Main versiegten bereits am 14. Mai 1964 zum großen Teil die Wasserhähne der über dem Erdgeschoß liegenden Wohnungen, da die Wassergewinnungsanlagen dem Verbrauch nicht mehr nachkommen konnten. Die Situation wiederholte sich am 13. Juni, wie sie sich überhaupt seit Anfang der fünfziger Jahre Sommer für Sommer wiederholt. Ähnliche Meldungen kamen aus Paderborn am 18. Juni, wo das Autowaschen und Gartenbesprengen untersagt werden mußten; sie kamen am 22. April aus Siegen, am 30. April aus Dresden, am 27. Juni 1964 aus Altenkirchen, wo in der Westerwälder Fremdenverkehrsgemeinde Gebhardsheim der Wassernotstand ausgerufen wurde und Anfang August aus Brackwede bei Bielefeld. In den Sommermonaten waren es die Wuppertaler Stadtwerke, welche die Bevölkerung wegen dringender Versorgungsschwierigkeiten zur Einschränkung des Wasserverbrauches aufriefen. Der Wuppertaler Stadtteil Cronenburg litt unter akutem Wassermangel.

Das Siegerland war von der gleichen Situation betroffen, die sich im Oktober 1964 noch nicht gebessert hatte. Statt 2,3 Millionen Kubikmeter Wasser enthielt die Breitenbachtalsperre als nahezu einziger Wasserlieferant des Siegerlandes nur 750 000 Kubikmeter Wasser. Die obere Sieg war sogar völlig trocken.

Bis Mitte November 1964 waren die Talsperren in Nordrhein-Westfalen nur zu 17 bis 49 Prozent gefüllt; die Flüsse führten zu wenig Wasser, wie beispielsweise der Rhein mit nur 60 Prozent des normalen Mittelwassers, und die Grundwassergewinnung ist in eine kritische Lage geraten. Nach Mitteilung des Düsseldorfer Landwirtschaftsministeriums im November 1964 schloß das Wasserwirtschaftsjahr mit einem beachtlichen Defizit. Die seit 1962 kontinuierlich fallende Tendenz der Grundwasserstände wird nach Angaben des Ministeriums auch weiterhin anhalten.

Günther Schwab schrieb bereits 1958, daß in Bayern 2,25 Millionen Menschen, ein Viertel der Bevölkerung, ohne geregelte Wasserversorgung leben müßten. So sei in manchen Dörfern der Lehrer gezwungen, den Kindern das tägliche Waschen zu verbieten, da jeder Tropfen Wasser zur Ernährung von Mensch und Tier gebraucht werde. Auf eine Anfrage im bayerischen Landtag habe man erklärt, diese Mißstände seien auf die Entwaldung und Vergewaltigung der Flußläufe zurückzuführen!

Inwieweit das Grundwasser in vielen Teilen Deutschlands bereits abgesunken ist, ersieht man aus der Tatsache, daß der Zuzug in manchen Gemeinden gesperrt werden muß, da das nötige Trinkwasser fehlt. Schon seit 10 bis 20 Jahren gibt es Bauernhöfe in Deutschland, die das erforderliche Wasser nur mit Hilfe eines Wasserwagens über oft mehrere Kilometer herbeischaffen müssen, da die Brunnen des Dorfes längst versiegt sind.

Das Absinken des Grundwassers, das auch der Wärmeregulierung der Binnengewässer dient, war unter anderem die Ursache für das Zufrieren der südlich des Starnberger Sees gelegenen Osterseen in dem relativ warmen Winter 1948/49. Dies war seit Menschengedenken nicht vorgekommen. – Durch umfangreiche Entwässerungsarbeiten in der Nähe der Havelseen bei Berlin war das Grundwasser so weit abgesunken, daß der Zustrom von Kaltwasser in die Seen behindert wurde. Das Wasser verfärbte sich immer mehr, die Blaualgen nahmen überhand, und in der Tiefe bildeten sich Faulschlamm und Schwefelwasserstoff. Hierdurch gingen die Bestände an Aalen immer weiter zurück.

Die Verschmutzung des Wassers mit Unrat aller Art sowie die regelmäßige chemische Vorbehandlung mittels Chlor ist schließlich Ursache von Krankheit und Tod. So entstanden allein in der Zeit von 1945 bis 1952 in der Bundesrepublik durch verseuchtes Trinkwasser aus gechlorten Versorgungsanlagen 7657 Krankheitsfälle, meist Typhus und Paratyphus, mit 448 Todesfällen. Und im Oktober 1964 mußte Prof. Dr. Kruse vom Bundesgesundheitsamt vor über 200 Wasserfachleuten aus Baden-Württemberg feststellen, daß unter anderem das Wasser des Rheins und Bodensees geringe Mengen krebserzeugender Stoffe enthalte. Hierbei ist wiederum nicht die einmalige Menge, sondern die summierte Aufnahme der krebserzeugenden Stoffe von ausschlaggebender Bedeutung.

Auch Chlor ist also ein durchaus begrenzter Schutz gegen die Gefahren, denen wir durch die Verschmutzung des Wassers infolge der technisierten Umwelt ständig ausgesetzt sind. Zudem kommen dem Chlor selbst lebensschädigende Eigenschaften zu; denn wenn es die Bakterien, also bakterielles Protoplasma vernichtet, so ist ihm ebenfalls die Schädigung menschlichen Protoplasmas zuzusprechen. Die Schleimhäute der Atmungsorgane reagieren auf in großer Verdünnung eingeatmetes Chlorgas mit heftigen Reizzuständen, und die Zusetzung des Wassers mit Chlordioxyd, einer sauerstoffreicheren Chlorverbindung, bewirkt durchaus keine Minderung der lebensschädigenden Wirkung des gechlorten Trinkwassers.

Daß die Wasserverseuchung in ihrem heutigen Verunreinigungsgrad schließlich selbst die Kläranlagen überfordert, machte die Verteilersituation der Wuppertaler Kläranlage „Buchenhofen" deutlich.

Dieses biologisch reinigende Großklärwerk, das mittels der Kleinlebewesen in sogenannten Faultürmen die Abwässer reinigte, war das erste dieser Art in Europa. Im April 1964 mußte jedoch amtlich festgestellt werden, daß die Anlage am Boden lag. Industrieabwässer hatten die Faultürme vergiftet. Auch eine über vierwöchige Aussetzung der Kläranlage hatte infolge der katastrophalen Vergiftung der Faultürme keine Erholung der Anlage gebracht.

Der bestialische Gestank, der nun von dieser zerstörten Kläranlage ausging, drang durch die Ritzen verschlossener Fenster und Türen, verursachte bei den Anwohnern der umliegenden Häuser starke Kopfschmerzen, reizte zum Erbrechen, vertrieb das Wild und verjagte die Spaziergänger. Selbst die Waldarbeiter erklärten, daß sie unter diesen nicht zu ertragenden Umständen in der Gegend nicht mehr arbeiten würden — das Klärwerk liegt am Rande eines waldreichen Erholungsgebietes. Zudem beobachtete man in der Umgebung der Kläranlage eine Häufung von Ohnmachtsanfällen. Und der Stadtverordnete Scheu erklärte vor dem Rat der Stadt, daß seine 17jährige Tochter beim Spülen umgefallen sei, als sie ein Fenster zur Wupper hin geöffnet habe!

Angesichts dieser fatalen, lebensbedrohenden Situation der Wasserwirtschaft kann man nur hoffen, daß sich das verwirklicht, was R. Demoll folgendermaßen ausdrückt [44]:

„So muß die Wasserwirtschaft geradezu zum Prüfstein werden für die Steigerung des Verantwortungsgefühls des Menschen."

C. Erde

Ist die Luft Voraussetzung und Wasser das Bindeglied zum Leben, so ist die Erde, der Humus, das Fundament allen Lebens. Wird diese Lebensbasis geschädigt und zerstört, so sind die Folgen allumfassend und endgültig. Die Humusschicht hat eine Stärke von 10 bis 40 Zentimetern, und zur Entstehung von nur 1 Zoll (2,54 cm) Mutterboden braucht die Natur 300 bis 1000 Jahre — in der Prärie erfordert die Neubildung von 1 cm Humusschicht sogar 4000 Jahre. Eine weitgehende Vernichtung des ertragsfähigen Erdbodens kommt also einem Selbstmord gleich; denn wo will der Mensch seine lebens-

[44] Demoll, Reinhard; a. a. O., S. 72.

notwendige Nahrung erzeugen, wenn nicht auf dem anbaufähigen Boden.

Selbst wenn es gelänge, eine Art Nahrungsmittel aus anorganischen Stoffen herzustellen, so dürfte dieses Kunstfutter kaum die Erhaltung der Menschheit in ihrer bisherigen Lebensform gewährleisten.

Jeder Mensch braucht zu seiner Ernährung eine Ackerfläche von 1 Hektar. Da der Bevölkerungszuwachs in der Welt pro Jahr 50 Millionen Menschen, 140 000 täglich und 5800 in der Minute beträgt, benötigte die Menschheit einen täglichen Zuwachs von 140 000 Hektar anbaufähigen Bodens. Tatsächlich sind es aber 200 000 Hektar, die durch maßloses Ausbeuten der Natur täglich für die Menschheit verlorengehen. Es entsteht somit ein tägliches Defizit von 340 000 Hektar Ackerboden auf der Welt! Schon stehen für jeden Europäer nur noch ein Drittel Hektar anbaufähigen Landes zur Verfügung. Trotzdem schreitet die Zerstörung des Bodens durch Verstädterung, Ausbau der Industrien, der militärischen Anlagen und des Straßennetzes immer weiter fort.

Der auf diese Weise verlorene Boden beträgt in Österreich jährlich 5000 Hektar, in Nordrhein-Westfalen etwa 9000 Hektar. Allein hier sind von 1939 bis 1954 durch Erweiterung der Stadt-, Industrie- und Verkehrsgebiete 376 000 Hektar bebauungsfähigen Landes verlorengegangen. Diese Fläche entspräche 18 800 landwirtschaftlichen Betrieben von je 20 Hektar Größe. Das sind über den Zeitraum von 15 Jahren durchschnittlich 3,4 Bauernhöfe täglich oder 1250 jährlich weniger.

Diese Verhältnisse erstrecken sich auf die gesamte Bundesrepublik Deutschland. Insgesamt gehen jeden Tag 70 Hektar Wald, Feld und Wiese oder 3,5 Bauernhöfe für immer verloren. Das sind in einem Jahr rund 260 Quadratkilometer oder zweimal die Fläche von Hannover bzw. einmal die von München.

Heute ist es soweit gekommen, daß von etwa 26 Millionen Erwerbstätigen in der Bundesrepublik nicht einmal mehr drei Millionen in der Landwirtschaft arbeiten. Das bedeutet, daß gegenwärtig ein Bauer durchschnittlich zwanzig Städter mit den lebensnotwendigen Lebensmitteln versorgen muß.

Der Mensch hat hier unter Mißachtung der Naturgesetze, nämlich durch unverhältnismäßig hohe wirtschaftliche Nutzung des Bodens, das Paradoxon geschaffen, daß er heute ebenfalls aus wirtschaftlichen Überlegungen heraus vor einer lebensnotwendigen Einschränkung der Landnutzung steht, die ihn nun trotz der allgemein mißlichen Ernährungslage zwingt, die Rücksicht auf die Naturgegebenheiten in den Vordergrund seiner Überlegungen zu stellen. So hat, nach Ansicht des international bekannten deutschen Geobotanikers Professor Dr. Heinz Ellenberg, es unter den gegenwärtigen Verhältnissen in Mitteleuropa keinen Sinn, die letzten Reste von Mooren und anderem Ödland zu kultivieren oder Gebirgslandschaft und Heide intensiver zu nutzen. Dagegen haben solche naturnahe Landschaften steigenden Wert als Erholungsräume für die Stadtbevölkerung und vor allem als Garanten für die Fruchtbarkeit angrenzender, intensiv genutzter Anbaugebiete. So schloß Professor Ellenberg seinen Festvortrag auf dem deutschen Naturschutztag 1964 in Goslar mit der Feststellung (zitiert aus: „Bayern Kurier", 31. 12. 1965):

„Was zur Zeit Friedrichs des Großen eine staatsmännische Tat und noch vor fünfzig Jahren eine rühmenswerte Leistung war, kann heute in den dicht besiedelten Teilen der Erde geradezu ein Verbrechen an der Zukunft der menschlichen Umwelt werden."

Wir stehen somit vor der erschreckenden Tatsache, daß auf der einen Seite eine ständige Zunahme der Erdbevölkerung zu verzeichnen ist, zum anderen jedoch eine dauernde Abnahme an ernährungsfähigem Boden stattfindet. Die sich in den letzten Jahren häufenden Hiobsbotschaften über Lebensmittelnot und anschließendem Hungertod von Millionen Menschen sind nicht zu übersehen in ihrer erschreckenden Aussagekraft über die blinde und leichtfertige Verschwendung lebensnotwendigen Erdbodens. Schon seit Jahren zieht das Gespenst der Nahrungsmittelknappheit um die Welt und bedroht immer größere Teile der Menschheit. Die einst nur sporadisch auftretenden Hungersnöte sind heute in allen Teilen der Welt zum Dauerzustand geworden. Zwei Drittel der Erdbevölkerung sind einem ständig drohenden Hungertod ausgeliefert, und von den 60 Millionen jährlich sterbenden Menschen sind etwa 35 Millionen Hungertote. Täglich verhungern 100 000 Menschen! Der im Oktober 1964 veröffentlichte Jahresbericht der UN-Organisation für Ernährung und Landwirtschaft (FAO) stellt fest, daß die Lebensmittelerzeugung pro Kopf der Weltbevölkerung verringert ist. Bei einem etwa zweiprozentigen Anstieg der Weltbevölkerung fiel die Pro-Kopf-Lebensmittelerzeugung 1963/64 um etwas weniger als ein Prozent.

Schon kündigte Dr. Sen, der Generaldirektor der FAO, vor der UN-Bevölkerungskommission für das Ende dieses Jahrhunderts eine Weltkrise an, wenn die Regierungen der Welt keine entscheidenden Schritte unternähmen, um die Lebensmittelproduktion entscheidend zu erhöhen. Dr. Sen erklärte (zitiert aus: „Bayern Kurier", 31. 12. 65):

„Wir werden uns dann einer Weltkatastrophe von jetzt noch unvorstellbarem Ausmaß gegenübersehen."

Ein anderer Wirtschaftswissenschaftler, Dr. Raymond Ewell von der New Yorker Staatsuniversität, sagt bereits für die siebziger und achtziger Jahre die Gefahr einer Hungersnot gigantischen Ausmaßes voraus, die Hunderten von Millionen Menschen in Asien, Afrika und Lateinamerika den Tod bringen werde. *„Für uns, die wir in einem reichen, bequemen und überernährten Land sitzen, ist es kaum vorstellbar, daß die größte Katastrophe in der Geschichte der Welt praktisch vor der Tür steht"*, erklärte Dr. Ewell vor der amerikanischen Gesellschaft für Chemie (zitiert aus: „Bayern Kurier", s. o.).

Man sollte annehmen, daß der Mensch angesichts solcher Tatsachen bedacht ist, dieser Selbstvernichtung schnellstens Einhalt zu gebieten und auf Mittel und Wege zu sinnen, die zur Rettung führen könnten.

Leider muß auch hier das Gegenteil konstatiert werden, wie den folgenden Einzelheiten zu entnehmen ist.

Wurde in den vorherigen Ausführungen deutlich, daß ein rücksichtsloses Gewinnstreben und die Anforderungen einer immer weiter fortschreitenden Technik die Ursache der Waldabholzung ist, so hat dies nicht nur tödliche Folgen für den Wasserkreislauf, sondern bedingt ebenso die Erosion des Bodens durch Wind und Abschwemmung.

Bereits eine Feldhecke bietet bis zu 40 Prozent Windschutz, und ein 20 Meter hoher Waldstreifen hält bis zu 500 Meter Entfernung den Wind auf.

Der russische Forscher Chanbekow weist darauf hin, daß sich durch die Anlage von Windschutzstreifen der Feuchtigkeitsgehalt der Winde in der Steppe von 11 Prozent auf 24 Prozent erhöht habe.

So liegen die Erträge der von Hecken oder Randgehölzen geschützten Ackerflächen bei Halm- und Knollenfrüchten um 15 Prozent, bei Gemüsekulturen bis zu 300 Prozent höher als in ungeschützten Flächen. Durch Hecken geschützte Viehweiden bringen 15 bis 20 Prozent Mehrertrag. Im Verhältnis zu einer ungeschützten Ackerfläche von 100 Hektar erzeugen 85 Hektar Acker eines von Hecken umgrenzten Bodens ebensoviel.

Die Feldhecken wurden den immer breiter werdenden Sä- und Mähmaschinen aus dem Weg geräumt, die Wälder mußten zur Befriedigung geldgieriger Profitjäger abgeholzt werden. Hierdurch entstanden regelrechte Staubstürme, die, durch nichts aufgehalten, den durch kein Wurzelgeflecht gehaltenen Boden über Tausende von Kilometern davontrugen.

So wurden in Marchfeld bei Wien am 10. April 1949 an die 6000 Hektar Ackerboden einschließlich des Saatgutes davongeweht, so daß die Züge darin steckenblieben. In der Gemarkung Stade bei Hannover wurden 1947, nachdem 1945 alle Gehölze und Hecken vernichtet worden waren, über 30 Prozent der Ackerfläche fortgeblasen.

Allein in Niedersachsen leiden 200 000 Morgen guten Ackerlandes unter Windverwehungen, in der Lüneburger Heide sind 150 000 Morgen durch Versandung infolge der Erdstürme bedroht. Der alljährliche Schaden durch Ertragsminderung beträgt 15 Prozent bzw. acht Millionen DM. Die gleichen zerstörenden Staubstürme infolge Kahlschlags gibt es in Schleswig-Holstein, in der Magdeburger Börde, am Niederrhein, im Unterland des Neckars und in Niederösterreich oder auch in Südschweden. Hier wurden in der Landschaft Skane am 28. 2. 1947 an die zehn Zentimeter Humusboden vom Ostwind bis nach Dänemark geweht. Die gleichen Staubstürme zerstören weite Gebiete Neuseelands, Palästinas sowie Australiens, wo heute eine Farm von 200 acres (1 acre = 4047 qm) nicht mehr Erträge bringt als eine Farm von 45 acres vor drei Generationen, und vor allem in den USA.

Wo das meiste Geld an der Naturausbeutung verdient wird, zeigen sich auch die schlimmsten Auswirkungen in der Natur.

Nachdem die Abschlachtung von über 40 Millionen Büffel die nordamerikanischen Prärien zu Weideland für Rinder werden ließen, begann man nach dem Ersten Weltkrieg mit der Umwandlung dieser riesigen Weidegebiete in Weizenäcker. Nur auf schnellen, möglichst hohen Gewinn bedacht, wurde nun Jahr für Jahr unter völliger Nichtbeachtung der biologischen Eigengesetze des Bodens, wie z. B. Fruchtwechsel, Weizen angebaut. Das bis zu neun Meter tiefe Wurzelwerk der ehemaligen Grasnarbe hatte bislang dem Boden den Halt gegeben, sein Verlust ließ es zur Katastrophe am 11. Mai 1934 kommen. — Durch einen Blizzard — diese Sturmwinde gibt es dort erst seit der Entwaldung — wurden 300 Millionen Tonnen besten Humus bis zu 3000 Kilometer weit in den Atlantik gefegt. 45 Millionen Hektar Ackerland, eine zehnmal größere Fläche als die Schweiz, waren zerstört. 55 Millionen Hektar waren schwer geschädigt. Ständig neue Katastrophen haben dort insgesamt eine Ackerfläche von der Größe Frankreichs vernichtet. Was die Staubstürme nicht bewältigen, wird durch die Wassererosion fortgesetzt. Als Folge der Abholzungen und Vergewaltigung der Wasserläufe werden von den Flüssen auf der ganzen Welt alljährlich Milliarden Tonnen fruchtbarer Erde in die Meere geschwemmt.

Der Rhein führt jedes Jahr 4,6 Millionen Tonnen gelöster und ungelöster Stoffe dem Meer zu; vor seiner Korrektion waren es nur der fünfzigste Teil.

Die „Tiroler Ache“ bringt dem Chiemsee bei starkem Hochwasser innerhalb zweier Tage rund drei Millionen Kubikmeter kostbaren Humus. Das entspricht ungefähr der Ladung eines Güterzuges.

Beim Po sind es jährlich $11^{1}/_{2}$ Millionen Tonnen, und das früher sehr langsam wachsende Arno-Delta schiebt sich seit der Abholzung des Apennins jedes Jahr um $8^{1}/_{2}$ Meter weiter ins Meer hinaus. Durchschnittlich nehmen die mitteleuropäischen Flüsse jährlich 33 Tonnen Bodenmineralien pro Kilometer auf und führen sie für immer verloren den Meeren zu.

Das Hochwasser des Missouri schwemmte im Juli 1947 an die 115 Millionen Tonnen Muttererde fort, fast ein Viertel der Getreideanbaufläche des Staates Iowa.

Der Mississippi transportiert alljährlich 980 Millionen Tonnen in den Mexikanischen Golf, beim Magdalenenstrom in Columbia sind es noch mehr.

Die jährliche Abschwemmung durch den Gelben Fluß in China beträgt 500 Millionen Tonnen Erde, fast $1^{1}/_{2}$ Millionen Tonnen täglich. Beim Jantsekiang sind es jedes Jahr 200 Millionen Tonnen und der Hwang-Ho verfrachtet jährlich über zwei Milliarden Tonnen Löß ins Meer. Diese Menge ergäbe einen vollbeladenen Güterzug, der in seiner Länge ungefähr dreißigmal dem Erdumfang entspräche!

So nimmt die Bodenerosion immer bedrohlichere Formen an. Nur 20 Prozent der Bodenfläche Griechenlands eignen sich heute noch zum Anbau, und höchstens 2 Prozent des ganzen Landes tragen noch ihre ursprüngliche Humusschicht. In der Südafrikanischen Union ist bereits ein Viertel des fruchtbaren Bodens infolge Erosion vernichtet. Der nördliche Teil von Südrhodesien verliert in jedem Jahr 10 bis 14 Zentimeter seiner Humusschicht. In Algerien sind sieben Millionen Hektar Ackerland bedroht.

William Vogt schildert äußerst eindrucksvoll, wie gerade in Afrika die Erosion durch Entwaldung und Anbau von Monokulturen ungeheure Ausmaße angenommen hat. Auf einer Breite von 1200 Kilometern dringt dort die Wüste jährlich um 30 Kilometer vor!

Ebenfalls ist Südamerika von der Erosion bedroht, beträgt doch hier der jährliche Holzverbrauch von 100 Millionen Kubikmetern mehr als der ganz Europas. So sind allein in Chile vier Millionen Hektar Ackerlandes durch Wind- und Wassererosion vernichtet, während es in China bereits mehr als 400 Millionen Hektar sind.

In den USA wurden innerhalb von 150 Jahren 40 Prozent des Bodens unbrauchbar gemacht, durch Monokulturen wurden 150 Millionen Hektar guten Ackerbodens vernichtet, weitere 400 Millionen Hektar sind auf dem gleichen Wege. Durch Wind- und Wassererosion werden alljährlich fünf Milliarden Tonnen, etwa 500 Millionen Güterwagen voll fruchtbarer Erde abgeweht oder abgeschwemmt.

Bereits im Jahre 1939 stellte D. Hugh Bennet, der Leiter des „SOIL CONVERSATION SERVICE" vor dem amerikanischen Kongreß fest[45]:

„In dem kurzen Leben dieses Landes haben wir 282 Millionen acres Land, Anbau- und Weideland, wesentlich zerstört. Dazu wirkte sich die Erosion verheerend auf weitere 775 Millionen acres aus. Rund 100 Millionen acres anbaufähigen Bodens, die das beste Getreideland repräsentieren, sind in diesem Lande durch uns praktisch erledigt. Wir können sie nicht wiederherstellen. Wir besitzen zwar etwas Boden, der noch nicht genutzt ist; aber er ist über weite Gebiete verstreut. Wir haben keine geschlossenen Landmassen, auf die wir zurückgreifen können. Infolge Erosion verlieren wir täglich den Gegenwert von 200 Farmen von je 40 acres. Seit wir gestern hier zusammen waren, haben wir diese Menge verloren. Sie ist fort, auf immer fort . . ."

Und William Vogt selber schreibt[46]:

„Die amerikanische Zivilisation, auf neun Zoll Bodenkrume gegründet, hat jetzt ein Drittel dieses Bodens verloren!"

So ist festgestellt worden, daß sich in den USA eine neue Wüste mit einer Frontbreite von 1660 Kilometer und einer Jahresgeschwindigkeit von 60 Kilometer vorschiebt.

Entsprechend den Verhältnissen der Weltwasserwirtschaft müssen wir auch hier erkennen, daß der Verringerung an Quantität eine immense Qualitätsminderung der Ertragsflächen der Erde entspricht. So wie ein gesunder Boden eine gesunde Nahrung erzeugt, bringt ein vergifteter und entwerteter Boden Krankheit und Tod.

Im Jahre 1840 entwickelte Justus Liebig in einem kleinen Gießener Laboratorium die Lehre vom organischen Stoffwechsel. Er wies nach, welche Stoffe die Pflanze der Luft und dem Erdreich entnimmt, und wie man diese Stoffe dem Boden durch künstlichen Dünger zurückgeben kann. Freilich konnte er nicht ahnen, wie sehr seine neue Erkenntnis mißbraucht wurde. Schon bald setzte eine unkontrollierbare Verfälschung der Lebensmittel ein, die in der heutigen Zeit ihren Höhepunkt erreicht hat.

[45] Zitiert aus: Vogt, William; Die Erde rächt sich, S. 153/154.
[46] Vogt, William; a. a. O., S. 153.

Stets war bei der Anwendung von Kunstdünger die Gewinnrechnung entscheidend und nicht das biologische Gleichgewicht des Bodens. Unter natürlichen Bedingungen entsteht die Bildung einer Humusschicht durch die chemische und biologische Umsetzung der auf und in der Erde angehäuften abgestorbenen Pflanzen und Tiere. Die Kleinlebewesen des Edaphons, namentlich Bakterien, Pilze und Urtiere, wandeln die organischen Stoffe in eine dunkelbraune Masse, den Humus, um. Der mineralische Kunstdünger benötigt zu seiner Umsetzung in die für die Pflanzen notwendigen Verbindungen keine Bakterienwelt; denn er ist bereits unmittelbarer Nährstoff. Bei ihm hat der Umsetzungsprozeß in der Fabrik stattgefunden. Wohl haben sich nach Anwendung von Kunstdünger die Bodenerträge enorm gesteigert, jedoch muß heute festgestellt werden, daß die durch künstliche Düngemittel verursachten Schäden in keinem Verhältnis zu ihrem Gewinn stehen. Nur die natürlichen Dünger, wie Stallmist, Jauche oder Kompost, garantieren die Gesunderhaltung des Bodens, indem sie das für den Stoffumsatz im Boden unentbehrliche Bakterienleben erhalten. Und nur diese wirtschaftseigenen Düngemittel enthalten alle Spurenelemente, ohne die auch das Vorhandensein sämtlicher Hauptelemente nutzlos bleibt.

Wird nun künstlich gedüngt, so vermehren sich auf die Dauer die zum Abbau dieses Kunstdüngers eingesetzten Bakterien ins Unermeßliche und vernichten andere Bodenbakterien, die jedoch ebenfalls zur Aufrechterhaltung des biologischen Gleichgewichts im Boden notwendig sind. Auch enthält mancher Kunstdünger eine Reihe von zusätzlichen Lösungsmitteln, die zwar der Boden nicht braucht, die jedoch den Mineraldünger auflösen müssen.

So enthält beispielsweise das Superphosphat zu seiner Auflösung Schwefelsäure. Da die Pflanzen den Schwefel nicht verbrauchen, muß die Natur zum Nachteil der notwendigen Bodenorganismen besondere Bakterien einsetzen, die dann durch ständige Vermehrung nachhaltige Störungen im natürlichen Edaphon verursachen. Die Folgen sind schließlich völlige Erschöpfung und Erkrankung des Bodens.

Die Anwendung mineralischer Düngemittel betrug bereits im Jahre 1936 drei Doppelzentner pro Hektar. Insgesamt wurden in den letzten 150 Jahren die landwirtschaftlichen Erträge von durchschnittlich 6,5 dz/ha Getreidewert im Jahre 1800 auf 26,8 dz/ha, im Jahre 1935, d. h. auf das 4½fache gesteigert. Dies bedeutet eine durchschnittliche jährliche Steigerung der landwirtschaftlichen Erzeugnisse um 1,8 Prozent.

Diese Massenerzeugung von Nahrungsmitteln war zeitweise derart gestiegen, daß der materielle Gewinn zu sinken begann und man daranging, riesige Mengen Kaffee und Nahrungsmittel zu vernichten, nur um die Preise stabil zu halten! Ähnliche Vorgänge spielen sich heute noch ab, wenn Bauern ihre Milch wegschütten oder ganze Obst- und Gemüseernten vernichten, da durch eine Überproduktion die Preise zu tief gefallen sind. Zur gleichen Zeit – man kann das nicht oft genug wiederholen – sterben täglich über 100 000 Menschen infolge Unterernährung!

Jedoch täuscht diese momentan noch auftretende Überproduktion an Nahrungsmitteln nicht über die Schäden und ihre kommenden bzw. jetzt schon eintretenden Folgen hinweg, die durch die profitgierige Bewirtschaftung der Böden mit Mineraldünger entstanden sind.

So leiden 75 % der Böden in Mitteldeutschland und fast 90 % der norddeutschen Böden an Kalkmangel. In den Jahren 1951/52 wurden nach 1 043 164 Bodenuntersuchungen in der Bundesrepublik festgestellt, daß mit Phosphorsäure 78 %, mit Kalk 68 % und mit Kali 75 % aller untersuchten Böden zu wenig bzw. schlecht versorgt waren.

Durch Untersuchungen im Jahre 1952 in Bayern wurde auf einem Gebiet von 220 000 Hektar Kulturlandes festgestellt, daß mehr als die Hälfte total versauert war, während 96 Prozent an beträchtlichem Kalkmangel litt, obwohl alljährlich bzw. weil Millionen Tonnen Kunstdünger auf die Felder gestreut worden waren.

Trotz Kunstdüngung ist der Kalziumgehalt der alten, verbrauchten Böden Arizonas auf 0,17 % gesunken, die des jungen Pennsylvanias enthalten dagegen 1,9 % und die in Britisch Columbia 2 % Kalzium. Ebenfalls beträgt die Differenz von Phosphor bei alten und neuen Böden zwischen 0,03 % bei altem und 1,8 % bei neuem Ackerland.

Doch zeigt es sich auf die Dauer auch in den Hektarerträgen, ob ein Boden natürlich gedüngt wird, ob er also die Lebensstoffe wieder zurückerhält, die ihm entzogen wurden – dies ist zum größten Teil noch bei bäuerlicher Wirtschaftsweise der Fall – oder ob eine mechanische Großflächenwirtschaft dabei ist, in möglichst schnellem und hohem Gewinnstreben den Boden zu erschöpfen.

So liegen die Erträge für Weizen in Australien bei 0,5 Zentner, in den USA bei 6 Zentnern, in Österreich bei 19 Zentnern, in Deutschland bei 28 Zentnern und in dem kleinbäuerlichen Holland schließlich bei 50 Zentnern pro Hektar!

Angesichts dieser Tatsache erscheint es daher um so unverständlicher, daß Bundespräsident Dr. Lübke auf der 48. Ausstellung der

Deutschen Landwirtschaftsgesellschaft in Hannover empfahl, *„die Landwirte sollten unternehmerisch denken!“*

Zudem erhalten diese pflanzlichen Kunstprodukte negative Eigenschaften, wie der scharfe Geschmack des Spargels oder die Gelierneigung der Erbsen zeigt, was der Stickstoff- bzw. Kalidüngung zuzuschreiben ist.

Diese fortschreitende Entwertung des Bodens durch Zerstörung des natürlichen Edaphons und einer übermäßigen Anreicherung der Humusschicht mit chemischen Salzen ließe sich durch die „natürliche Düngung“ ohne Zweifel aufhalten. Auch wenn die Kunstdüngerproduzenten aus Furcht vor materiellem Schaden das Gegenteil behaupten, so wären die Voraussetzungen zur natürlichen Düngung durchaus gegeben; denn aus den Abfallprodukten jedes Menschen könnten durch richtige Verwertung jährlich ein Kubikmeter Humus hergestellt werden.

Zu dieser Abwertung des Bodens kommt seine Zerstörung durch Streu- oder Spritzgifte, den sogenannten Schädlingsbekämpfungsmitteln. Mit ihnen werden tonnenweise ungeheure Gifte in die Landschaft gestreut. Viele dieser angeblich unschädlichen Gifte sind akut toxisch, immer jedoch in ihrer Kumulation auf längere Zeit. Diese synthetischen Giftstoffe speichern sich nicht nur im menschlichen, tierischen und pflanzlichen Organismus, sondern auch im Boden, wo sie ganze Bakterienstämme vernichten oder vertreiben, während die eigentlichen Schädlinge mit der Zeit immun werden.

Das deutsche Pflanzenschutzmittelverzeichnis von 1955 enthielt allein 1295 chemische Mittel. Dazu gehören an erster Stelle die chlorierten Kohlenwasserstoffe, wie das DDT (Dichlor-Diphenyl-Trychlorätan), die HCH-Hexamittel, Hexachlorcyclohexan mit Lindan, das bereits doppelt so giftig wie DDT ist; Aldrin und Dieldrin, vier- bis fünfmal giftiger als DDT. Hinzu kommen aus der Gruppe Phosphorsäure-Ester die Präparate Parathion (Diäthyl-paranitrophenyl-monothiophosphat), auch E 605 genannt, und Sü-stox, das 39mal giftiger als DDT ist.

Aus diesen beiden Gruppen gibt es u. a. 41 Saatgutmittel, 153 pilztötende Präparate, 204 Gifte, die auf organisch-synthetischer Grundlage zur Insektenvernichtung eingesetzt werden.

Zu dieser Gruppe kommen noch die anorganischen Insektizide, von denen 15 mit Kalk- und Bleiarsen angereichert sind, 84 DNC-Präparate auf Teer- und Mineralölbasis mit Dinitrokresol, 118 Präparate gegen Schädlinge aus der Tierwelt, 76 Unkrautgifte, 31 insektizide Spezialmittel, 10 Wuchsmittel, 122 Mittel zur Vernichtung der Nagetiere, 64 Präparate sollen gegen Nahrungs- und Materialschädlinge schützen, 83 giftige Mittel sollen das Hausungeziefer vertreiben und schließlich gibt es noch 279 Holzschutzgifte.

Bereits 1952 bis 1953 war in der Bundesrepublik ein Gesamtumsatz an Pflanzenschutzmitteln von über 100 Millionen DM zu verzeichnen. Führend im Verbrauch waren die Insektizide der HCH- und DDT-Mittel, deren Verbrauch um jährlich 20 Prozent zunimmt.

So wurden zur Vernichtung des Kartoffelkäfers 210 000 Hektar mit arsenhaltigen Mitteln, 650 000 Hektar mit HCH und DDT bespritzt, die einen Gesamtwert von 14 Millionen DM ausmachten. 26 000 Hektar Anbaufläche für Ölfrüchte (etwa 80 %) wurden mit 800 Tonnen HCH und DDT im Wert von 1 Million DM begiftet. Die zur Bespritzung der Weinbaugebiete verwendeten Giftmittel kosteten 4,6 Millionen DM. Hier kamen ca. 1500 Tonnen organischer Phosphorpräparate und 1000 Tonnen DDT zur Anwendung. Etwa 25 % der Obstbäume wurden bespritzt. 65 % des Getreidesaatgutes wurden mit ca. 920 Tonnen quecksilberhaltiger Beizmittel im Wert von 4,2 Millionen DM behandelt. Dazu kam die Anwendung von 715 Tonnen Wuchsstoffmitteln im Wert von 11 Millionen DM auf 550 000 Hektar Getreidefläche. Von 15- bis 50prozentigen Kupfermitteln wurden für die Kartoffelanpflanzung – 1953 waren 90 % der Kartoffelanbaufläche in der Bundesrepublik mit chemischen Mitteln bespritzt – 2000 Tonnen, im Obstbau 150 Tonnen und im Weizenbau 4500 Tonnen im Gesamtwert von 15,2 Millionen DM verspritzt. Im Weinbau kamen noch 3100 Tonnen Schwefelmittel von 5,5 Millionen DM hinzu. 1958 wurden 8 kg an Landschaftsgiften auf den einzelnen Menschen im Jahr geschätzt! Außerdem wurden etwa 600- bis 800mal mehr Spritzgifte verbraucht als notwendig waren (nach Günther Schwab).

Trotz dieser unvorstellbaren Vergiftung der Landschaft, ihrer Tierwelt und der in ihr erzeugten Nahrungsmittel werden die Schäden durch die inzwischen resistent gewordenen Schädlinge immer größer. So gab die Landwirtschaftsorganisation der Vereinten Nationen, die FAO, den jährlichen Weltverlust an Getreide und Reis mit 33 Millionen Tonnen an, was dem jährlichen Bedarf von 150 Millionen Menschen entspricht!

Selbst die Anopheles-Mücke scheint inzwischen immun gegen DDT geworden zu sein. Bereits 1951 kamen die ersten diesbezüglichen Berichte aus Griechenland, und heute ist in vielen Gebieten der Welt ein erneutes Aufflackern der Malaria zu verzeichnen. So können manche Stubenfliegen heute 1000mal mehr DDT als vor zehn Jahren vertragen.

Statt nun die negativen Erfahrungen zur Einstellung dieser ungeheuren Vergiftung unserer Lebensbasis zu verwerten, wurde zur Anwendung von größeren Mengen bzw. stärkeren Giftkonzentrationen gegriffen. Von 1955 bis 1958 ist der Gesamtumsatz an DDT um 300 Prozent gestiegen. Und gegen den Kartoffelkäfer wird heute statt E 605 das um ein Vielfaches giftigere E 838 (Methyl-hydroxydiothylthiphosphat) verwendet.

So ist 1964 in Afrika ein gigantisches Projekt zur Gewinnung neuen Ackerlandes angelaufen. Über 10 Millionen Quadratkilometer Land in Ost-, Mittel- und Westafrika sollen von der tödlichen Tsetsefliege befreit werden. Das Gebiet, etwa 40mal so groß wie die Bundesrepublik Deutschland, wird zuerst abgeholzt — das Insekt hat im Buschwerk seine Brutplätze — und anschließend mit DDT und anderen Insektenvernichtungsmitteln überschüttet. Letzteres muß alle drei Wochen viermal geschehen. Selbst Mensch und Tier werden in diesen Gebieten mit Insektenmitteln besprüht. Dieses Beispiel für eine ungeheure Vergiftung der Landschaft und der in ihr lebenden Menschen macht deutlich, mit welcher Unvernunft bzw. Geschäftstüchtigkeit gewisse Kreise dabei sind, das Vernichtungsgeschäft auf alle Teile der Erde auszudehnen.

Welche katastrophalen Folgen diese Dauervergiftung der Landschaft bei Mensch und Tier hervorruft, geht aus folgenden Beispielen hervor, die ich aus G. Schwabs umfassender Darstellung zitiere [47]:

„Da war z. B. das große Vogelsterben 1934/35! Damals wurde in Deutschland von Amts wegen das Ausstreuen von Giftkörnern gegen Mäuse angeordnet. Das Ergebnis war, daß Zehntausende von Eulen, Bussarden, Habichten, Sperbern, Turm- und Wanderfalken, Hasen, großen und kleinen Wieseln, Iltissen und Mardern erbärmlich und qualvoll krepierten. Sie lagen verwesend auf den Feldern und verpesteten die Landschaft. Aber auch ungezählte Rebhühner und Fasane, Tauben, Kiebitze und alle Arten von Klein- und Singvögeln gingen an Giftweizen zugrunde. Zwei Jahre später kehrte die Mäuseplage verdoppelt wieder, weil die natürlichen Feinde dezimiert waren. — Niederjagdrevier Pont, Rheinland, 1000 Morgen groß, 1955: Als man begann, die Kulturen mit E 605 und Bleiarsen zu bespritzen, dies wird jährlich vier- bis fünfmal wiederholt, gab es ein allgemeines großes Wildsterben in der ganzen Umgebung. Zu Hunderten fand man Rebhühner und Fasane verendet herumliegen, den Bauern gingen die Haustauben ein.

[47] Schwab, Günther: a. a. O., S. 276/77/93/94/98/99.

In Nordrhein-Westfalen wurden im Frühjahr 1949 20 000 Bienenvölker durch Anwendung von Insektiziden vernichtet. Neunzig Prozent aller Blüten werden von der Biene befruchtet. Ihr Aussterben allein würde die allmähliche Versteppung der Erde bedeuten. — Im Juli 1956 starben in Öster-Götland über hundert Bienenvölker durch das Einstauben eines Rapsfeldes. Durch Pflanzenschutzmittel wurden 1954 in Württemberg Bienen im Werte von 122 000 DM vernichtet. In Colorado/USA war die natürliche Insektenfauna durch Giftspritzung in solchem Ausmaß vernichtet worden, daß man im Sommer 1950 nicht weniger als 7000 Millionen Bienen einführen mußte, um die für den Obstbau unentbehrlichen Pollenüberträger zu haben. — Münchener Kurier, 6. Mai 1954: In einer 4 ha großen Apfelplantage im Rheinland wurde an drei Tagen hintereinander mit einer 0,075prozentigen Lösung von E 605 gespritzt (normale Lösung ist 0,03 Prozent). Das Gelände hatte vorher einen dichten Vogelbestand. Nach der Spritzung fand man 21 schwerkranke und 35 tote Singvögel, wie Meisen, Finken und Rotkehlchen. — Am 13. 9. 1956 verendeten in Väster-Gotland 19 Kühe und 1 Stier nach Anwendung eines dieser Mittel, weil man vergessen hatte, die Koppeltür zu schließen. Durch Windverwehung wurden außerdem 5 Morgen Hafer vergiftet. Ein Landwirt in Südschweden verlor am 22. 9. 1965 sechs Rinder, die in einen bespritzten Kartoffelacker gelaufen waren (E 605 wirkt auf Mensch und Tier tödlich, gespritztes Gelände darf innerhalb der ersten 30 Tage ohne Gasmaske und Schutzkleidung nicht betreten werden)! — Auf einem anderen Gut verlor ein Bauer durch diese Bespritzung am 22. 9. 1956 seinen gesamten Viehbestand. — In der Nähe Stockholms fand man nach solcher Kartoffelkrautspritzung 18 tote Rehe. — Drei Kinder starben, weil sie am Ackerrand Beeren gepflückt und gegessen hatten. — Die Verwendung von Dinitrokresol gegen Obstbaumschädlinge hatte in England in den Jahren 1946 bis 1950 acht tödliche Vergiftungen nach einer Beschäftigungsdauer von zwei bis vier, in einem Fall von sechs bis acht Wochen zur Folge. — Bei Carpenissi, Griechenland, erkrankten im Sommer 1951 nach Anwendung von HCH-Lösung in Häusern und Kleidern 79 Personen, davon 18 schwer, 61 leicht. Sechs Personen starben, eine wurde blind. — 1956 erfolgte eine Maikäfervertilgungsaktion in der Umgebung von Basel. Einige Tage darauf wurde das Trinkwasser der Stadt ungenießbar. Nach Eindampfen reichte der Rückstand hin, um Fliegen zu töten. — Ein 40 Jahre alter Farmhelfer in Wyoming stäubte am 11. und 12. Mai 1952 mit DDT und HCH, wobei er wegen des starken Windes beträchtliche Mengen einatmete. Trotz Penicillin- und

Streptomycinbehandlung sowie wiederholter Bluttransfusionen starb der Patient am 24. Juli an allgemeiner Sepsis. — USA: Ein 38jähriger Farmer spritzte sein Tabakfeld mit Phosphorsäureestermittel. 15 Stunden später starb er. — Ein 31jähriger Entomologe bei dem Forschungsinstitut der Universität Kalifornien hatte durch vier Monate mit Parathion zu tun. Er erkrankte mittags und starb um 17 Uhr. — Nach sieben bis acht Jahren unvorstellbar intensiver Giftanwendung wurde die gesamte Kornkammer der Vereinigten Staaten im Jahre 1953 von Insekten befallen und in manchen Staaten weit herum die Ernte zerstört."

Es klingt wie ein — allerdings perverser — Witz, wenn Schwab weiter berichtet, daß im Frühjahr 1954, als die Öffentlichkeit Mitteleuropas durch zahlreiche Morde und Selbstmorde mit E 605 auf das Schwerste beunruhigt wurde, zur gleichen Zeit buntgestrichene Autos durch die deutschen Städte fuhren mit der Aufschrift: Gesunde, volle Ernten durch E 605!

Was in diesen Beispielen nicht direkt offenbar wird, ist die Tatsache, daß die chemischen Landschaftsgifte durch ihre Verwendung bei der Boden- und Saatbehandlung in die Nahrung und auch in das Fleisch der Schlachttiere gerät, wo sie sich lange speichern. Der Mensch, der nun diese pflanzlichen und tierischen Produkte aufnimmt, wird somit ebenfalls vergiftet. Selbst durch Kochen wird beispielsweise das DDT in den Lebensmitteln nicht zerstört. Die tägliche Nahrung des Amerikaners enthält durchschnittlich 184 Milligramm DDT. In der Bundesrepublik liegen die Verhältnisse kaum anders.

Da dieses äußerst schädliche Nervengift nur zu 10 bis 20 Prozent jährlich ausgeschieden wird, ist der heutige Mensch mit einer chronischen DDT-Vergiftung belastet. Da sich dieses Gift im Fettgewebe deponiert, kommt es z. B. bei Entfettungskuren in den Blutkreislauf und führt dann durch eine allgemeine Sepsis häufig zum Tode! In den USA hat man feststellen müssen, daß unter 32 stillenden Müttern 30 eine DDT-haltige Milch hatten.

So sagte der deutsche Professor Heupke auf dem 3. Internationalen Ernährungskonvent im Oktober 1957 in Stuttgart, an dem 700 Mediziner und weitere Fachleute aus 36 Nationen teilnahmen [48]:

„An der Zunahme der allergischen Hautkrankheiten, der vegetativen Neurosen, der Erkrankung der Nieren, des Herzgefäßsystems und der Leber sind erwiesenermaßen die vielen Chemikalien in ho-

[48] Zitiert aus: Schwab, Günther; a. a. O., S. 304.

hem Maße beteiligt. Wir müssen daher mit allem Nachdruck fordern, daß die chemischen Mittel zur Schädlingsbekämpfung durch biologische ersetzt werden. Es sind 2000 Pflanzenarten bekannt, die Stoffe zur Abwehr von Schädlingen enthalten und doch für Säugetiere und Menschen unschädlich sind. Nur zwölf davon werden gegenwärtig ausgenützt. Daneben muß die Schädlingsbekämpfung durch biologische Hebung des Gesamtkräftezustandes der Pflanzen erfolgen. Dadurch würden viele Schädlinge von selbst wirkungslos werden.“

Es wird deutlich, daß auch hier die Natur in ihrer Gesamtheit einem höheren Gesetz unterliegt als dem, das ihr einige profitgierige Geschäftemacher aufgezwungen haben.

Was nun an Schädlingsbekämpfungsmitteln, an Beizmitteln oder Präparaten zur Verhinderung des Schimmelpilzes in die Nahrung gerät, ist nur der Anfang zur endgültigen Denaturierung unseres Nahrungsgutes.

Etwa 1000 Chemikalien kommen allein in der Bundesrepublik bei der Konservierung, Verschönerung und sogenannten Veredelung unserer Lebensmittel zur Anwendung. In England sind es ca. 780 und in den USA ungefähr 800 chemische Lebensmittelzusätze.

Es ist nicht allein das „appetitanregende“ Buttergelb, auch die Bohnen werden teilweise grün gefärbt, Obstkonserven sind nach ihrer Behandlung rubinrot, in Johannisburg wird Trinkmilch rot oder schokoladenbraun gefärbt, und in den USA wird himmelblauer Zucker oder rosa Salz angeboten! Erst werden die Nahrungsmittel zerlegt, isoliert und raffiniert und völlig ausgelaugt, dann werden sie durch chemische Behandlung „veredelt“. Das sieht beim Mehl, das zu 40 Prozent die gesamte Weltnahrung bildet, folgendermaßen aus:

In der vorbiblischen und biblischen Zeit wurden die Getreidekörner, aber auch Obst und andere Früchte, roh gegessen; später wurde Getreide auf Sandsteinmühlen gemahlen, das Korn so zerrieben und sämtliche Nährbestandteile des Brotes als ein Brot von echtem Schrot und Korn mit diesem Mehl verbacken. Heute wendet man Stahlzylindermühlen an. Sie stellen nicht, wie die alten Mühlen, nur *ein Mehl* her, sie sind mit 6, 10, 12 Zylinderpaaren versehen, um verschiedene Mehle auszumahlen, lauter Teilmehle bis zur feinsten, in Wirklichkeit ärmsten Sorte, die zum Weißbrot verwendet wird. Mit diesem weißen Mehl kann der Bäcker ein *großes* lufthaltiges Brot herstellen. Das Vollkornbrot dagegen ist kompakt, ohne Höhlen, bei gleichem Gewicht bedeutend kleiner. Das feine Weißmehl ist bloß Stärke mit einem Restchen Kleber, ein *totes*

Mehl, im Vergleich zu dem Schrotmehl, das noch sämtliche Lebensstoffe enthält. Schon J. Liebig sagte [49]:

„Kein einziges Nahrungsmittel wird durch das moderne Mahlverfahren so entwertet wie gerade das Getreidekorn. Je weißer das Mehl ist, desto weniger Nährwert besitzt es.“

Durch das Aussieben und die Ausmahlung gehen gerade die Vitamine und Mineralstoffe (die Nährsalze) in die Kleie über. Groteskerweise erhalten die Schweine die gute Kleie, während sich die Menschen mit dem kraftlosen Mehl begnügen müssen, dem außerdem als Ersatz Jod-, Brom- und andere chemische Verbindungen im sogenannten Veredelungsprozeß zugesetzt werden. Auf diese Art wird vom Müller, Händler und Schweinezüchter der höchstmögliche Profit aus dem Mehl herausgeschlagen! Die Folgen dieser einseitigen Geschäftemacherei trägt der Verbraucher in Form von schlechten Zähnen, trägem Darm und übersäuertem Blut!

Und selbst Ratten erkranken nach Genuß dieser entwerteten Nahrung an Neuritis! Ähnlichen „Veredelungsprozessen“ ist der polierte Reis unterworfen.

Die sichtbarsten Folgen eines zerstörten Nahrungsmittels werden durch den „fabrizierten“ Zucker deutlich. Dieses Grundelement unserer Nahrung ist nach vielmaligen Raffinierungsprozessen zum völlig toten Kunststoff entwertet, mit dem einige tüchtige Geschäftemacher die Menschheit vergiften, während die nahrhafte Melasse — wie die Kleie — an das Vieh verfüttert wird. Dr. Paul Carton schreibt dazu [50]:

„Solcher Zucker ist nichts weiter als ein Chemikal, und zwar ein gefährliches. Indem man Kinder mit Zucker, Süßigkeiten, Schokoladen vollstopft, zerstört man in höchst bedauerlicher Unkenntnis ihre Gesundheit!“

Und Dr. Bircher-Benner, Zürich, bezeichnet den üblichen raffinierten weißen Zucker als ein Reizmittel für Magen und Nerven unserer Kinder, als eine der Ursachen, die *„einen Frühreiz des Trieblebens unserer Kinder bewirken, das dabei vorzeitig aufgeweckt wird [51].“*

Wird dieser Industriezucker, dem als wertvolle Nahrungsmittel der natürliche Vollzucker, der braune Malzzucker, der Rohrzucker mit Melasse und der reine Bienenhonig entgegenstehen, in den Körper aufgenommen, so entzieht er diesem alle ihm selbst verlorengegangenen, zu seinem Abbau jedoch erforderlichen Fermente und

[49] Zitiert aus: Wolf, Friedrich; Die Natur als Arzt und Helfer, S. 199.
[50] Zitiert aus: Wolf, Friedrich; a. a. O., S. 219.
[51] Zitiert aus: Wolf, Friedrich; a. a. O., S. 219.

Spurenelemente in überstarkem Maße. Da er sich gerne mit Kalk verbindet, baut er ebenso wie das weiße Mehl die Knochen und Zähne ab. Dieser innere Abbau wird ergänzt durch den äußeren Abbau; denn der normale osmotische Druck des Speichels hat einen Druck von etwa 7 atü, der jedoch durch den völlig toten Fabrikzucker bis zu 33,8 atü gesteigert wird. Dieser so entstandene Überdruck von fast 27 atü zerstört in der Folge die Zähne.

Über 95 Prozent aller zivilisierten Menschen haben geschädigte Zähne, selbst die Schulkinder haben teilweise zu mehr als 90 Prozent schlechte Zähne.

Gewiß fordert die heutige Verteilung der Nahrung über ganze Erdteile hinweg eine gewisse Konservierung der Nahrungsmittel, jedoch ist die chemische Industrie in unersättlichem Gewinnstreben bemüht, zwischen jedes Naturerzeugnis und den Verbraucher ihre sogenannten „Veredelungsprozesse" zu fügen. Bei Reinhard Demoll finden wir folgenden Bericht. Er schreibt [52]:

„Man mache die Nahrung so unnatürlich wie möglich; — dies scheint heute die Losung zu sein, sofern man nur dadurch Geld verdient.

Orangen haben zur Orangenzeit keinen besonders hohen Preis. Daher zwingt man sie, unzeitgemäß zu reifen. Noch völlig grün werden sie in Florida gepflückt, und in 3 bis 4 Tagen einem Schnellreifungsprozeß unterworfen, in dem man sie hohen Temperaturen in einer Gaskammer von Äthylenatmosphäre aussetzt. Nun werden sie gebleicht, bis sie das Aussehen von geschälten Kartoffeln haben. Als letztes bespritzt man sie mit Orangenfarbe, damit sie wie die Orangen glühen. Dies wiederum gibt ihnen einen unangenehmen Geruch, der durch Aromatika beseitigt werden muß. Erst dann sind die Orangen fertig. Doch sind sie nicht ohne namhafte Zuckermengen genießbar. Auch hier muß das Make-up dafür sorgen, daß die bittere Frucht doch noch gut an den Mann gebracht wird.

Durch die Verirrung unseres Ernährungsinstinktes hat die Zivilisation die meisten Krankheiten des Menschen geboren."

Wen wundert es da, daß jeder zivilisierte Mensch täglich an die 3 Gramm chemische Fremdstoffe mit der Nahrung zu sich nimmt, darunter Gifte wie Blausäure, Arsen, Blei, Kupfer, Salpeter, Paraffin und Teerfarben! Was nun die solchermaßen entstandene jedoch dem allgemeinen Zivilisationsprozeß entsprechende Vernichtung des Lebens betrifft, so behauptete bereits vor über 40 Jahren Otto Hehner, ein berühmter Chemiker der Analyse [53]:

[52] Demoll, Reinhard; a. a. O., S. 166.
[53] Zitiert aus: Wolf, Friedrich; a. a. O., S. 218.

„Wir werden mit Chemikalien und Giften in kleinsten Dosen geradezu bombardiert.“

Und der deutsche Professor Dr. Tropp aus Koblenz äußerte sich folgendermaßen [54]:

„Aus dem kranken Boden heraus haben den Menschen die Zivilisationskrankheiten, die Degenerationserscheinungen, Stoffwechselerkrankungen, multiple Sklerose, Krebs angefallen, das Auftreten von Schädlingen an den Kulturpflanzen, der Verfall der Humusstruktur, die Abbau- und Entartungserscheinungen auf allen Gebieten des landwirtschaftlichen Wirkens. Sie werden Natur, Pflanze, Tier und Mensch zerstören und die Kultur auslöschen. Infolge der Erkrankung des Bodens wird die Menschheit in zwei bis drei Generationen eine aussterbende Tierart sein.“

Wie sehr die innere Einstellung des zivilisierten Menschen und in verantwortungs- und gewissenloser Weise die des raffenden Geschäftemachers diesen Tatsachen entspricht, beschreibt Reinhard Demoll so [55]:

„Gott hat die Pflanzen erschaffen. Der Mensch aber erteilt ihm heute eine schlechte Zensur. Denn alles Gemüse, alles Obst, die Blumen, die Kartoffeln, das Saatgut, alles wird gespritzt, damit es nicht von Pilzen befallen wird; gespritzt mit einem harmlosen Gift, das auf Menschen und Tiere nur mäßig schädigend wirkt. Nur mäßig giftig ist dieses Captan. Und wenn es dauernd dem Körper zugeführt wird?! Aber wozu auch immer solche Fragen, die nur die merkantilen Interessen stören. Hat nicht der Alte Fritz schon seinen Soldaten in der Schlacht zugerufen: ‚Kerls, wollt ihr denn ewig leben?‘ Stirbt auch der Mensch etwas früher, der gespritzte Apfel lebt dafür länger und läßt sich besser verkaufen.“

Daß diese bittere Ironie Demolls leider nur allzusehr die harte Wirklichkeit ausdrückt, läßt sich überall beobachten, wo die „Verantwortlichen“, sei es die Industrie oder die jeweilige Regierung, ihre sogenannten „Schutzmaßnahmen“ oder besser die Vorbereitungen dazu treffen!

So will die Landesregierung von Nordrhein-Westfalen zur Abwehr gesundheitlicher Schäden erst bei *kritischer Wetterlage* (Smog) durch das Emissionsgesetz in 15 Städten des Ruhrgebiets den privaten Autoverkehr stillegen. Abgesehen von der Tatsache, daß auch ohne Eintritt der kritischen Wetterlage täglich 36 Menschen auf den

[54] Zitiert aus: Schwab, Günther; a. a. O., S. 217.
[55] Demoll, Reinhard; a. a. O., S. 166.

Straßen des Bundesgebiets ihr Leben lassen müssen, und daß es nach Feststellungen des Bundesverkehrsministers noch kein zuverlässiges Mittel zur Entgiftung der Kraftfahrzeugabgase gibt, widerspricht es jeder vernünftigen Überlegung, mit den Schutzmaßnahmen erst dann zu beginnen, wenn das Maß bereits überschritten ist.

Werden jedoch echte Vorbeugungsmaßnahmen gefordert — so hat z. B. der Fußgängerschutzverband im Juli 1964 u. a. die Forderungen erhoben, für 3 Jahre keine Kraftfahrzeuge mehr zuzulassen, die Führerscheininhaber alle 5 Jahre neu zu prüfen und die Geschwindigkeiten in den Ortschaften auf 30, auf den Bundesstraßen auf 70 und den Autobahnen auf 100 km/h zu begrenzen —, so wird dies von verantwortlicher Seite umgehend als unreal, absurd und natürlich „materiell nicht tragbar" abgetan.

Überhaupt wird mit allen Mitteln gegen derartige *lebensnotwendige* Forderungen, die eine materielle Einschränkung mit sich bringen könnten, vorgegangen. Dies wird sichtbar an den Gegenmaßnahmen eines Teils der deutschen Industrie zum vorgeschriebenen Entstaubungstermin bis Ende 1967. Zuerst wurde der Öffentlichkeit erklärt, die deutsche Industrie sei durchaus „luftbewußt" und habe in Sachen Luftreinigung „nichts versäumt" — diese, den tatsächlichen Gegebenheiten aufs gröblichste widersprechende Volksverdummung behauptete Anfang 1964 der Vorsitzende des Bundesverbandes der deutschen Industrie in Nordrhein-Westfalen — anschließend wurden aus Gründen evtl. Gewinnausfälle Rechtsmittel gegen die Entstaubungsvorschriften eingelegt, wie es bis Anfang Juni 1964 bereits elf größere Industriewerke des nordrhein-westfälischen Industriegebietes getan haben! Zudem wird erwogen, die Werke einfach in solche Länder zu verlegen, wo die Entstaubungsvorschriften keine Gültigkeit haben. Hier werden von einigen großen Hüttenwerken des Ruhrgebiets bereits die norddeutschen Küstengebiete in Erwägung gezogen. Dieses gesinnungslose Denken und die gewissenlose Jagd nach dem Mammon, die alle moralischen Grundsätze einer in vielen Jahrhunderten erarbeiteten Kultur über den Haufen wirft, wird in den angeführten Tatsachen wohl mehr als deutlich.

Ähnliches spielt sich zur Zeit in den USA ab, wo die Tabakindustrie bereits angekündigt hat, daß sie gegen die neue Vorschrift zur Kennzeichnung ihrer Produkte gerichtlich vorgehen werde.

Bekanntlich müssen dort seit 1. Januar 1965 alle Zigarettenpakkungen deutlich den Hinweis tragen, daß Zigaretten-Rauchen zum Tod durch Krebs oder andere Krankheiten führen kann!

Auch ist zu beobachten, daß die Durchsetzung solcher Gesetze und Verordnungen immer dann eintritt, wenn durch einen unerträglichen Zustand die Öffentlichkeit unruhig geworden ist.

Und selbst dann beschränkt man sich zur momentanen Beruhigung der breiten Masse auf die Ankündigung einer neuen Methode zur Erforschung des Übels. Wo die Ursachen und ihre zerstörenden Folgen längst offenbar sind, gefällt man sich in optimistischen Hoffnungen und der Ankündigung einer Untersuchung.

So *hofft* ein Innenminister auf eine Möglichkeit zur „Strahlenreinigung" der Milch, während die Verseuchung immer weiter fortschreitet.

Die Wasserwirtschaftsverbände hoffen auf mehr Niederschläge, während der unmäßige Entzug des Grundwassers weitergeht.

Die Bekämpfung der Verpestung des Klärwerks Buchenhofen in Wuppertal wurde mit der „Suche nach Methoden" angekündigt. Der Betriebsleiter des Klärwerks, Ingenieur Schäfer vom Wupperverband, sagte wörtlich:

„Wir stehen vor einem ganz neuen Feind! Wir müssen nach Methoden suchen, um ihn zu überwinden." (Generalanzeiger der Stadt Wuppertal vom 18. April 1964.)

Um den Verschmutzungsgrad des Rheinwassers zu ermitteln — nicht um ihn zu beseitigen! —, wurde das Laborschiff „Max Prüss" im Mai 1964 auf die Reise geschickt. Hierzu äußerte der Landwirtschaftsminister von Nordrhein-Westfalen, Gustav Niermann, die Hoffnung, „daß es vielleicht möglich sei, in ein paar Jahren Rheinaal und Rheinsalm ohne Phenolgeschmack zu genießen". Da das Laborschiff allein wohl kaum in der Lage sein dürfte, den Rhein wieder zu einem sauberen Fluß zu machen, ist die Hoffnung des Ministers in diesem Zusammenhang kaum verständlich.

Die Verschmutzung ist zwar nicht mehr zu übersehen, und ihre Ursachen sind auch bekannt, da ihre Bekämpfung jedoch auf zu starke Widerstände seitens der Industrie stößt, wird zur Beschwichtigung der Öffentlichkeit zuerst einmal ein „schneeweißes" Laborschiff eingesetzt. Dies ist natürlich auch wirtschaftlicher als eine „Belastung" der Industrie, die ihre Abwässer durch Intensivierung der Vorfilterung ohne Zweifel sauberer gestalten könnte.

Obwohl bereits im Jahre 1954 die Ursachen der Verschmutzung der Weltmeere durch Ölablässe der Schiffe von einer Kommission aus 32 Staaten festgestellt und zugleich bestimmte Maßnahmen zur Abstellung dieses Übels gefordert worden waren, geht man heute daran, in neuen Untersuchungen die bereits seit 10 Jahren offiziell bekannten Ergebnisse noch einmal festzustellen! Statt in den inzwischen vergangenen 10 Jahren Maßnahmen zur Beseitigung dieses Übels unternommen zu haben, wird erneut „geforscht und konstatiert".

Nun spielt hier die Unwissenheit bzw. Dummheit der Verantwortlichen eine zweifellos große Rolle. Jedoch zeigt folgender Bericht, daß oftmals einige rücksichtslose Manager des Großkapitals mittels allerlei Manipulationen dabei sind, in einer schier unersättlichen Profitgier die Gesundheit der Menschen wie das Leben überhaupt zu zerstören oder schwer zu schädigen.

Dies wiegt natürlich umso schwerer, wenn solche Aktionen von Politikern ausgehen, die doch bereits von ihrem Auftrag her dem Ganzen gegenüber die Verantwortung zu tragen haben.

Der bayerische Ministerpräsident Alfons Goppel und der bayerische Minister für Landwirtschaft und Forsten, Dr. Alois Hundhammer, der eigentlich die Natur, insbesondere die Waldgebiete, zu schützen hätte, lieferten mit ihren Kabinettskollegen hierzu ein klassisches Beispiel. Denn erst durch die Indiskretion eines der unmittelbar Beteiligten wurde in der Öffentlichkeit bekannt, daß von der bayerischen Landesregierung der EURATOM (Europäische Organisation für Kernforschung) 20 bis 25 Quadratkilometer! Waldfläche aus dem bei München liegenden Ebersberger Forst zur Anlage eines Protonen-Großbeschleunigers angeboten wurden. Durch den Bau dieser unterirdischen Atomanlage, die einen Durchmesser von 2,4 Kilometer haben und 1,5 Milliarden DM kosten soll, müßte eine Waldfläche in der Größenordnung des Walchensees aufgegeben werden. Hierdurch wäre der Ebersberger Forst, der größte zusammenhängende Mittellagen-Wald Europas, der zudem einen 5000 Hektar großen Wildpark beherbergt, völlig vernichtet.

Als Grund für diese ungeheuren Pläne wurde angegeben, daß „Bayern ein Land der Wissenschaft" werden müsse. Unter diesem „Deckmantel der Wissenschaftsförderung" soll nun eine natürliche Lebensbasis für Millionen Menschen zerstört werden, denn der Ebersberger Forst ist als Erholungsgebiet und als Klima- und Grundwasserregulator für die Millionenstadt München und ihre Umgebung *unentbehrlich*. Selbst der DGB erklärte, die Abholzung von zunächst 20 Quadratkilometer Waldfläche würde aller Voraussicht nach unabsehbare und in Jahrzehnten nicht wiedergutzumachende Schäden verursachen. Und Gutachten verschiedener Stellen, wie der Oberforstdirektion, der Wasserwirtschaftsbehörden, des bayerischen Bauernverbandes, des Straßenbaus und der Energieversorgung, die zu einem „restlos vernichtenden Urteil" über das Atomprojekt kamen, wurden von den Verantwortlichen einfach totgeschwiegen.

Zuständige und maßgebende Institutionen, wie die Höhere Naturschutzbehörde bei der Regierung von Oberbayern, die kommunalen Spitzenverbände, die Stadt München, in deren nächster Umgebung doch das Riesenprojekt entstehen soll, ja sogar die Vertreter der Atomwissenschaft wurden überhaupt nicht informiert, geschweige denn zu Rate gezogen.

Dieses eigenmächtige und undemokratische Vorgehen der bayerischen Regierungsgewaltigen mag ein prägnantes Beispiel dafür bilden, mit welchen Mitteln von verantwortlicher Seite der Kampf aus Prestigedenken, Eigennutz und Engstirnigkeit zur Zerstörung der natürlichen Lebensräume geführt wird. Es bleibt nur die Hoffnung, daß es auf Grund des inzwischen von der Bevölkerung hiergegen erhobenen Proteststurmes gar nicht erst zur Ausführung der Pläne kommt.

Einen weiteren Fall aus dem Bereich der Wirtschaftspolitik berichtete die deutsche Wochenzeitschrift „Der Spiegel" (zitiert aus: „Spiegel", Nr. 4/1964):

„Bonns Gesundheitsministerin Elisabeth Schwarzhaupt hat sich wie eine Nixe in den Netzen der norddeutschen Fisch-Lobby verfangen. Die fischverarbeitende Industrie ist drauf und dran — gegen den Widerstand der Ministerin sowie der Professoren der Deutschen Forschungsgemeinschaft, das chemische Konservierungsmittel Hexamethylentetramin weiter zu verwenden. In der Sitzung am 7. Februar 1964 entscheidet der Bundesrat in Bonn über eine Rechtsverordnung, die das von Fachleuten kurz ‚Hexa' genannte Mittel für weitere zwei Jahre als zulässig erklären soll.

Obwohl die Senatskommission der Deutschen Forschungsgemeinschaft bereits am 19. Juni 1959 die bis dahin übliche Konservierung von Fischmarinaden und Krabben mit Hexamethylentetramin als ‚gesundheitlich bedenklich' angeprangert hatte, räumten Bundesregierung und Länderkammer den Fischverarbeitern bei der damaligen Reform des Lebensmittelrechts eine zweijährige Schonfrist ein. Während dieser Übergangszeit sollte die Industrie gesundheitlich unbedenkliche Konservierungsmethoden entwickeln, vorzugsweise den Kühlversand ausbauen.

Nach Ablauf der zwei Jahre, Ende 1961, erwies sich, daß die norddeutsche Heringsbranche ihr Augenmerk weniger auf neue Konservierungsbräuche als vielmehr darauf gerichtet hatte, die Harmlosigkeit ihrer Chemikalien nachzuweisen.

Freilich war ihr das nicht gelungen:

Die Senatskommission der Deutschen Forschungsgemeinschaft konstatierte 1961, ihr seien ‚keine wissenschaftlichen Ergebnisse be-

kannt geworden, die eine Änderung des Beschlusses vom 19. Juni 1959 ... rechtfertigen würden'.

Bonn ließ jedoch das inkriminierte Hexa ausnahmsweise für zwei weitere Jahre zu!

Rechtzeitig vor Ablauf der zweiten Galgenfrist hielt der Bremer Christdemokrat und Fischfreund Müller-Hermann der Bundesministerin im Plenum des Deutschen Bundestages am 23. Oktober 1963 die ‚existenzgefährdenden Schwierigkeiten' vor, die der Industrie aus einem Hexa-Verbot entstehen würden.

Frau Schwarzhaupt jedoch widersetzte sich mannhaft: ‚Ich bedauere es, ... wenn heute noch nicht alle Betriebe auf den Konservierungsstoff Hexamethylentetramin verzichten können. Mit Rücksicht auf die von der Wissenschaft immer noch geäußerten und nicht widerlegten gesundheitlichen Bedenken bin ich im Interesse des Verbraucherschutzes ... leider nicht in der Lage, einer nochmaligen Verlängerung der Auslauffrist zuzustimmen.'

Elisabeth Schwarzhaupt war sich ihrer Sache um so sicherer, als die deutschen Fischverarbeiter heute schon für den Marinaden-Export in hexafeindliche Länder, beispielsweise Frankreich, sehr wohl auf die Beimischung der Chemikalie verzichten können! Allerdings bedarf es dazu kostspieliger Investitionen.

Prompt mobilisierte die bedrängte Fisch-Lobby 122 Bundestagsabgeordnete aller Fraktionen gegen die standhafte Bundesministerin. In einem Antrag forderten die 122 Parlamentarier die Bundesregierung auf, sie möge dem für Rechtsverordnungen zuständigen Bundesrat eine Verlängerung der Hexa-Genehmigung bis Ende 1965 vorschlagen.

Die nächste Schlappe erlitt Elisabeth Schwarzhaupt im Gesundheitsausschuß des Bundestages.

Nur einer von drei vor den Ausschuß geladenen Gutachtern, der Freiburger Mediziner Professor Marquardt, erhob Bedenken: Bei Hexa-Versuchen eines Mainzer Kollegen seien mehrere Hühnerembryos zu Tode gekommen.

Die beiden anderen Gutachter, die Pharmakologen Professor Malorny (Hamburg) und Professor Kewitz (Berlin) räumten ein, daß die Untersuchungen noch nicht abgeschlossen seien. Sie meinten aber, der jetzige Stand ihrer Forschung lasse den Konservierungsstoff als ‚duldbar' erscheinen.

Mit dieser These waren die beiden Professoren bei der Deutschen Forschungsgemeinschaft nicht durchgedrungen. Der Bundestagsausschuß dagegen gab sich mit der Vernehmung der Pharmakologen zufrieden.

Ausschuß-Berichterstatterin Dr. med. Maria Pannhoff (CDU) überbrachte dem Plenum die frohe Kunde: ‚Auf ausdrückliche Befragung antworteten die Sachverständigen, die sich experimentell mit Hexamethylentetramin befaßt hatten, daß sie keine ernstlichen Bedenken gegen die Zulassung . . . für die Dauer von zwei Jahren hätten.' Das Embryo-Sterben, von dem der Mediziner Marquardt berichtet hatte, ließ sie unerwähnt.

Vergeblich protestierte der Freiburger Professor in zwei Briefen an den Ausschußvorsitzenden gegen Maria Pannhoffs summarischen Bericht. Die Mehrheit des Bundestages schlug sich am 11. Dezember 1963 auf die Seite der 122 Hexa-Protagonisten und forderte die Bundesregierung auf, dem Bundesrat eine Verlängerungsverordnung vorzulegen.

Daß nach den Buchstaben des Gesetzes jedenfalls zur Zeit den leicht verderblichen Meeresfrüchten kein Hexamethylentetramin mehr zugesetzt werden darf, ist nur ein Schwarzhaupt-Sieg auf dem Papier. Die gesundheitspolizeiliche Kontrolle der fischverarbeitenden Industrie liegt ohnehin bei den Behörden jener Küstenländer, die am 7. Februar geschlossen für die weitere Verwendung des umstrittenen Konservierungsmittels stimmen werden."

Der Tatsache, daß inzwischen der 7. Februar 1964 verstrichen ist und daß auch weiterhin Hexamethylentetramin zur Konservierung benutzt werden darf, braucht wohl nichts mehr hinzugefügt werden!

Vielleicht bedarf es noch des Hinweises auf den Artikel 2, Abs. 2 des Grundgesetzes der Bundesrepublik Deutschland vom 23. Mai 1949, wo der Leser angesichts der vorangeschilderten Tatsachen „erstaunt" liest:

„Jeder hat das Recht auf Leben und körperliche Unversehrtheit!"

Krankheiten überfallen uns nicht
wie aus heiterem Himmel.
Sie sind die Folgen fortgesetzter
Sünden wider die Natur.
Hippokrates

IV. DIE VERGIFTUNG DER LEBENSBASIS ALS URSACHE FÜR DIE WANDLUNGEN DES MENSCHEN

A. Körper

Das Leben unterliegt der Einwirkung auf die Umwelt und deren Reaktion. Diese Wechselwirkung von Leben—Umwelt ist ein Naturgesetz, das seine Gültigkeit auch dann behält, wenn von einem Faktor die entscheidende Aktivität und Energie ausgeht.

Im gegenwärtigen Zivilisationsprozeß geht die Energie von der Technik aus, und ihr Einwirken auf die ursprüngliche Umwelt hatte und hat einschneidende Folgen.

Es muß jedoch festgestellt werden, daß die Reaktionen der solchermaßen vergewaltigten natürlichen Umwelt keineswegs ausschließlich aus Gewinnen für das Leben bestehen. Gewiß sind unermeßliche Fortschritte für das menschliche Dasein erreicht worden, um so notwendiger erscheint es daher, die der Nichtbeachtung anheimgefallenen und lebensvernichtenden Rückwirkungen der veränderten Natur zu erkennen und ihren Ursachen zu begegnen; denn die wissenschaftlichen Erkenntnisse mit ihren technischen Folgerungen haben nicht nur die Umwelt, sondern in entscheidender Weise auch den Menschen gewandelt.

Der Mensch des 20. Jahrhunderts ist ein anderer als der zu Beginn des 19. Jahrhunderts. Daß diese Wandlung eine durchaus negative ist, sollen die folgenden Fakten deutlich machen.

Jeder Fortschritt wird zu einer Farce, wenn er zu Lasten der Gesundheit geht; denn sie ist letztlich Ausdruck eines wirklichen Fortschritts. Wie sieht es nun mit der Gesundheit des zivilisierten Menschen aus?!

Die Propagierung der verlängerten Lebensdauer — im Durchschnitt von 46 Jahren auf 68 Jahre — ist eine vorzüglich funktionierende Aktion der allgemeinen Volksverdummung. So ist es eine gern verschwiegene Tatsache, daß die Menschen, die „wirklich lebten", diejenigen also, die nicht einen frühzeitigen Seuchen- und

Kriegstod bzw. dem Tod im Kindesbett zum Opfer fielen, im Durchschnitt sehr viel älter wurden als der heutige Zivilisationsmensch. Dies läßt sich bei einer Überprüfung der Kirchenbücher oder auch bei einem Gang über die Friedhöfe und der Betrachtung der Sterbedaten auf den Grabsteinen leicht und eindeutig feststellen.

Hinzu kommt, daß in früheren Jahrhunderten die meisten Menschen im Säuglingsalter starben, was in den heutigen Statistiken eine wesentliche Rolle spielt. Während die Menschen, die heute als Fehlgeburten bzw. Abtreibungsprodukte erst gar nicht geboren werden, in den Statistiken unberücksichtigt bleiben. Allein in der Bundesrepublik sind es jährlich ca. zwei Drittel — davon mehr als eine Million Fehlgeburten und $1^1/_2$ Millionen Abtreibungen, denen infolge der zivilisatorischen „Errungenschaften" der Eintritt ins Leben verwehrt bleibt. Bei Berücksichtigung dieser Zahlen dürften diese optimistischen Statistiken ein wesentlich anderes, und zwar negatives Bild ergeben.

Zudem ist es eine Tatsache, daß das Maximum der Altersgrenze bis etwa zum Jahre 1850 teilweise ganz erheblich höher lag als heute. So wurden beispielsweise die Gelehrten Fontenelle und Grolmann jeder 100 Jahre und Chevreul 103 Jahre alt; Thomas Pfarr starb 1635 im Alter von 152 Jahren, und die Französin Marie Piou starb 1838 im Alter von 158 Jahren.

Und wenn heute trotzdem von einer zunehmenden Vergreisung der Menschheit die Rede ist, so kann damit nur der „allerdings greisenhafte" Gesundheitszustand der zivilisierten Menschheit gemeint sein. Allein in der Bundesrepublik sind es mehr als 75 Prozent der Arbeitnehmer, die zwölf Jahre zu früh in einen von der Invalidität erzwungenen Ruhestand, der meist jahrzehntelanges Leiden mit sich bringt, treten müssen! Jedes Jahr gehen 140 000 Anträge auf Rentenzahlung bei der Bundesversicherungsanstalt ein.

Es ist wohl richtig, daß heute mehr Menschen das 68. Lebensjahr erreichen als in den vergangenen Jahrhunderten, jedoch ähnelt das Leben des größten Teils von ihnen mehr einem Vegetieren in Krankheit und Siechtum, als dem echten, vollausgelebten Dasein früherer Generationen. War das Leben des nichtzivilisierten Menschen von Gesundheit bestimmt, so ist das des Zivilisationsmenschen von der Krankheit gekennzeichnet.

Dies geht bereits aus dem ungeheuren Anwachsen der Arztzahlen hervor. So gab es z. B. während des Mittelalters im Rheingau keinen einzigen Arzt. Noch um 1450 mußte der Frankfurter Stadtarzt Heinrich Lose die Städte Gießen, Marburg, Wetzlar und Bacharach ärztlich betreuen. Das Herzogtum Württemberg hatte bis zum Jahre 1559 nur einen einzigen Arzt, und in Niedersachsen und Braunschweig gab es weit bis ins 17. Jahrhundert hinein in manchen Städten überhaupt keinen Arzt. Inzwischen hat sich allein seit 1914 die Anzahl der Ärzte in Deutschland verdreifacht, und es gibt keine Stadt, in der nicht mehrere Ärzte täglich mehr als genug zu tun haben. Insgesamt sind es heute 90 000 Ärzte, die jeder ca. 627 Einwohner Westdeutschlands zu betreuen haben.

Indem man die durch Seuchen ausgleichende und auf ein gesundes Maß führende Natur durch hygienische und medikamentöse Maßnahmen zu überlisten glaubte, sind die moderne Medizin und mit ihr die Menschheit einem fatalen Selbstbetrug zum Opfer gefallen. Denn *„es ist wider die Natur nicht zu streiten. Darum ein jeglicher betrachten soll, daß ein Arzt allein der Natur Diener ist und nicht ihr Herr.“* (Paracelsus [56].)

Die heutige totale Umkehrung dieses Satzes – man denke an die „Gesellschaft für ästhetische Medizin“, auf deren 9. Kongreß im Mai 1964 „ausgerechnet“ der Theologieprofessor A. Köberle ausführte, daß das Verlangen des Menschen *schöner* zu sein, ein begreiflicher und berechtigter Wunsch sei – hat zu der makabren Situation geführt, daß der Arzt individuell hilft, den Gesamtzustand jedoch, und nur der allein zählt, enorm verschlechtert hat. Heute gelten Menschen mit verfaulten Zähnen, Halbblinde und Halbtaube, Fuß- und Kreislaufkranke, Magen- und Darmkranke sowie rheumakranke Menschen, die nicht in dauernder ärztlicher Behandlung sind, als gesund. Somit drückt der heutige Gesundheitsbegriff nichts weiter als Freisein von akuter Krankheit aus. Da nun der Arzt diese chronisch Erkrankten, die zu 99,9 Prozent den Bestandteil der zivilisierten Menschheit ausmachen, als gesund ansieht, ist er im Grunde nicht mehr der Fachmann für Gesundheit, sondern ein Spezialist für Krankheit. Dies offenbart am deutlichsten die Aufteilung der Medizin in Spezialgebiete, die dann durch die Fachärzte vertreten werden. Allein 45 Prozent der westdeutschen Ärzte arbeiten in 17 verschiedenen Fachgebieten und nur noch 55 Prozent üben die gesamte Medizin in einer Allgemeinpraxis aus.

Die Ursachen des heute praktisch jeden zivilisierten Menschen mehr oder weniger betreffenden Krankseins liegen nicht von vornherein im menschlichen Organismus begründet. Wir finden sie in der gesamten zivilisierten Umwelt, in der Luft, im Wasser, im Erdboden und dem daraus gewonnenen Nahrungsgut; kurzum, die ganze

[56] Zitiert aus: Hass, Ernst; a. a. O., S. 130.

„lebensfeindliche“ Technik ist die ständige Quelle der Krankheitsursachen.

So werden denn auch diese Krankheiten, die es vor dem Aufkommen einer übermächtigen Technik größtenteils nicht gab, richtigerweise als *Zivilisationskrankheiten* bezeichnet.

Ein gesunder Zustand kann nur herrschen, wenn der Mensch mit seiner Umwelt in Harmonie lebt. Fehlt diese Harmonie, so fällt er in seelische Depressionen, in körperliche Ermüdung und Erschöpfung, und die innere Heilkraft, die alles wieder ausgleichen könnte, kommt zum Erliegen. Zudem sind diese natürlichen Ausgleichs- und Abwehrkräfte des Organismus bereits durch die staatlich sanktionierten Schutzimpfungen der Kleinkinder geschwächt oder völlig lahmgelegt.

So schreibt der Arzt und Psychologe, Joachim Bodamer (zitiert aus: Sauerländischer Gebirgsbote, 1964, Nr. 3):

„Wir sind nicht mehr zuhause in dieser Welt, die wir zwar geschaffen haben, die aber unser Feind zu werden droht, weil unser Körper, unsere Seele, unsere Sinnesorgane für eine andere Welt ursprünglich entworfen wurden und sich nicht mehr anpassen können.“

Die Schädigungen durch den dauernd auf uns einwirkenden Lärm der Großstadt wie der Technik allgemein, bieten deutliche Aufschlüsse. Liegt die gesundheitsgefährdende Grenze bei etwa 72 Phon, so beträgt der Lärm während der Hauptverkehrszeiten mehr als 100 Phon, ganz abgesehen von den Lärmschocks durch Düsenflugzeuge, die Geräusche von 180 Phon und mehr erzeugen. Die unbewußt erfolgenden Reaktionen des menschlichen Körpers führen zur Verengung der Hauptgefäße, erhöhen den Blutdruck und setzen dem Blutkreislauf einen höheren Widerstand entgegen. Dies führt zu Magengeschwüren, Herz-, Gefäß- und Kreislaufstörungen. Dazu kommen schwere Schädigungen des gesamten Nervensystems, eine Herabsetzung der geistigen Leistungsfähigkeit und vor allem eine erhebliche Beeinträchtigung des Hörvermögens. Diese beträgt in den Großstädten bereits mehr als 15 Prozent und auf dem Lande mehr als 5 Prozent!

Es ist schon bezeichnend, daß sich der zivilisierte Mensch mit seiner neuen Technik einen Zustand analog dem japanischen „Harakiri“ geschaffen hat. Galt doch beispielsweise im alten China die Hinrichtung durch Lärm als die qualvollste Todesart. Der Polizeiminister Ming-ti erließ 221 v. Chr. folgende Bestimmung [57]:

[57] Zitiert aus: Demoll, Reinhard; a. a. O., S. 150.

„Wer den Höchsten schmäht, der wird nicht gehenkt, sondern die Flötenspieler, Trommler und Lärmmacher sollen ihm so lange ohne Pause vorspielen, bis er tot zu Boden sinkt. Er soll durch den Lärm sterben. Das ist der qualvollste Tod, den ein Sterblicher erleiden kann.“

Was sich in der zunehmenden Vertaubung des Gehörs zeigt, läßt sich ergänzen durch das Auftreten der Sehmängel. Nach Feststellung des Trierer Augenarztes Dr. Spiecker, dem Vorsitzenden des Arbeitskreises „Auge und Verkehr“, haben 30 Prozent aller Bundesbürger merkliche Sehmängel. Fast jeder Dritte in Westdeutschland sieht schlecht. Dies ist nicht nur Ursache für die Forcierung des Brillengeschäfts, sondern ebenfalls eine häufige Ursache für Verkehrsunfälle; denn die Sehschärfe von 2,4 Millionen westdeutschen Autofahrern ist unzureichend.

Oder man denke an die gute „Stubenluft“ in den Betonklötzen, die heute für viele Menschen zum Wohnaufenthalt geworden sind. Abgesehen von dem Fensterglas, das keinerlei gesundheitsfördernde ultraviolette Strahlen durchläßt, liegt hier besonders in den Heizperioden eine Quelle mannigfaltiger Erkrankungen, die von Kopfschmerzen, Unbehagen und Arbeitsunlust bis zu Bronchitis und Angina reichen. Da die Betonwände nicht „atmen“ können, herrscht während der Heizperiode in den Räumen ein relativer Feuchtigkeitsmangel von oft weniger als 30 Prozent, obwohl mindestens 45 bis 55 Prozent erforderlich wären.

Eine Dauerschädigung des Organismus bedeutet auch die immer stärker angewandte Chlorung des Trinkwassers. Wenn Chlor die Bakterien im Wasser, also bakterielles Protoplasma vernichten soll, so schädigt es ebenso menschliches Protoplasma. Hierbei ist nicht die Einzeldosis entscheidend, sondern die Summierung. Trotz dieser Chlorung entstanden von 1945 bis 1952 durch verseuchtes Trinkwasser aus gechlorten Versorgungsanlagen 7657 Krankheitsfälle mit 448 Todesfällen.

Nach Überlegungen von G. Schwab ist der Großstadtmensch durch die alles erfassende Technik einer besonders entsetzlichen Schädigung seiner Gesundheit ausgesetzt. Schwab zieht die Möglichkeit in Betracht, daß eines der gefährlichsten Kampfgase, das Phosgen (COCl 2), Kohlenstoffoxydchlorid, auch *Gelbkreuz* genannt, im menschlichen Körper durch die täglichen technischen Einwirkungen erzeugt wird. Die Voraussetzungen dazu sind das Einatmen von Kohlenmonoxyd auf verkehrsreichen Straßen, ein erfrischender Trunk gechlorten Wassers und ein anschließendes Sonnenbad; denn die Einwirkung des Sonnenlichtes bewirkt die Verbindung von

Kohlenmonoxyd und Chlor zu Phosgen. Es läßt sich nicht bestreiten, daß zumindest die chemischen Voraussetzungen zur Entstehung dieses Kampfgases im täglichen Leben gegeben sind.

Zu den wirkungsvollsten Schädigungen des Organismus durch die technisierte Umwelt gehören auch die sogenannten Gewerbegifte. Durch diese wird zum Teil sogar noch die Erbmasse betroffen. So sind Frauen, die in Blei-Betrieben arbeiten, zu 50 Prozent kinderlos, und die trotzdem geborenen Kinder weisen eine Sterblichkeit von 75 Prozent auf. Außerdem verursacht Blei im menschlichen Körper schwere Schädigungen der Niere, der Leber und des Gehirns. Wird doch die durch Bleischädigung verursachte *Malerkrankheit* nach einem ganzen Berufsstand betitelt, der in erster Linie mit Bleiverbindungen zu tun hat.

Das gleiche gilt für die sogenannte *Hutmacherkrankheit*, die durch Quecksilber-Vergiftung herbeigeführt wird. Der gleichen Vergiftungsgefahr sind Friseusen, Hersteller von Thermometern und Trockenbatterien, Spiegelbeleger oder auch nur der Zahnkranke, der eine Quecksilber enthaltende Amalgam-Füllung verpaßt bekommt, ausgesetzt. Durften bei den Römern nur verurteilte Sklaven in den Quecksilber-Gruben arbeiten, so ist der heutige Arbeiter durchaus bereit, für entsprechenden Lohn seine Gesundheit zu opfern. In diese Kategorie gehören schließlich noch die Silikose-Erkrankungen verschiedener Herkunft. Die Erkrankungen auf der Basis der Selbstvergiftung ließen sich ins Endlose aufführen. Allein in der Bundesrepublik werden jedes Jahr 30 000 Berufskrankheiten registriert. Erwähnen wir außerdem noch die Schädigungen durch die Medikamente.

Hier ist die paradoxe Situation entstanden, daß der Wille zur Hilfe in zum Teil erschreckend negative Auswirkungen entartet ist. Die berechtigten Forderungen einer verantwortungsvollen Ärzteschaft sind von der geschäftstüchtigen Arzneimittelindustrie aufs gröblichste mißbraucht worden.

Und ein Großteil der Ärzte, deren Praxen heute mehr und mehr einem Fabrikbetrieb gleichen, sind ebenfalls der materiellen Lebensausrichtung erlegen. Das noch im 19. Jahrhundert allgemeingültige ärztliche Ethos eines Hippokrates fällt nur allzuoft der Jagd nach dem Mammon zum Opfer, und ein Zusammenspiel auf Geschäftsbasis zwischen der chemischen Industrie und den Ärzten ist die Folge. So darf die Tatsache nicht mehr verwundern, daß manche Ärzte ihre alten und bewährten Heilmittel sofort fallenlassen, wenn ihnen ein besseres bzw. mehr Provision versprechendes Präparat von der dem Profit nachjagenden chemischen Arzneimittelindustrie angeboten wird. Bereits Prof. Ferdinand Sauerbruch warnte vor dieser verantwortungslosen Handlungsweise [58]:

„Von chemischen Fabriken werden unzählige Mittel auf den Markt geworfen und kritiklos angewendet. Und die ganze Menge chemischer Präparate, die die Ärzte, ohne selbständig zu denken, heute verordnen, sind wirklich ein trauriges Zeichen dafür, daß die moderne Pharmakologie bei aller Anerkennung ihrer Leistungen nur sehr bescheidene Erfolge in der praktischen Heilkunst zeitigte."

Was heute unter dem Deckmantel der Verbesserung und des Fortschritts in der Chemotherapie getrieben wird, ist größtenteils ein bedenkenloses Geschäft mit der Gesundheit der hilflosen Massen. Diese kommerziell ausgerichtete Vergiftung des ohnehin kranken Menschen durch sinnlose Anwendung von Medikamenten aller Art soll durch statistische Fakten auch für den unbelasteten Betrachter evident werden.

So wurden in neun Monaten des Jahres 1952 von den Krankenkassen der Bundesrepublik 5 548 102, 1953 5 997 302 und 1954 bereits 6 587 895 Rezepte verrechnet. Allein im Jahre 1954 betrugen die Kosten für Krankenbehandlung ca. 6000 Millionen DM, und der jährliche Umsatz der Krankenversicherungen beträgt über 4000 Millionen DM! Eine Steigerung findet laufend statt; wurden doch bereits im Januar 1964 800 000 Rezepte verrechnet. Nicht zuletzt beträgt der jährliche Umsatz der bundesdeutschen pharmazeutischen Industrie mehr als 1000 Millionen DM.

An die 100 000 verschiedene Arzneimittel wurden bereits auf der deutschen Therapiewoche 1952 aufgezählt. Westdeutschlands Bevölkerung verbraucht täglich 2 200 000 Tabletten, etwa 800 Millionen im Jahr.

In England werden in jedem Jahr über 20 Millionen Schlafmittelrezepte verordnet, und in den USA wird beim Verkauf einer Kriminal-Story das entsprechende Schlafmittel mitverkauft!

Diese Zahlen machen deutlich, daß das Bedürfnis nach ärztlicher Hilfe zur Grundlage eines ungeheuren Geschäfts mißbraucht wird. Entsprechend den bisher aufgedeckten Dekadenzerscheinungen unseres gegenwärtigen Zivilisationsprozesses sind auch hier die ideellen Werte in materielle Zwecksetzungen umgewandelt. Im Zusammenspiel der sonstigen Vergiftung des Lebens durch die Technik nehmen sie einen entscheidenden Platz ein.

Der gewissenlosen Produktion und marktschreierischen Anbietung immer neuer „wissenschaftlich" erforschter Wundermittel —

[58] Zitiert aus: Fervers, Hans; a. a. O., S. 83.

man denke an die in ihrer Perversität nicht mehr zu beschreibende Agitation der Zeitungs-, Rundfunk- und vor allem der Fernsehreklame — entspricht der unkontrollierte und gesundheitszerstörende Gebrauch dieser Medikamente, der heute bereits zu einer Art Manie geworden ist.

So werden in Belgien und in der Schweiz ca. 15 000 verschiedene Medikamente angepriesen, in Schweden sind es 3500 verschiedene Pillen, in Dänemark und Polen fast 2000, in Kanada 26 000 und in einer Reihe anderer Staaten insgesamt 40 000 verschiedene Heilmittel. Daß diese Medikamentenflut nichts mehr mit ärztlicher Hilfe zu tun hat und nur allzu deutlich einer Zunahme des Geldbeutels einzelner Geschäftemacher dienen soll, bedarf wohl keines Zweifels mehr.

Wie sehr sich dieses Geschäft mit der Gesundheit lohnt, zeigen dann die Verbrauchszahlen. In den USA werden allein über 20 Millionen Aspirin-Tabletten täglich verkauft, in England konsumieren 52 Millionen Menschen täglich 10 Millionen Aspirin! In dem kleinen Österreich werden jedes Jahr 80 Millionen schmerzstillende Tabletten, 50 Millionen Abführmittel, 40 Millionen Schlaftabletten, 30 Millionen Aspirin und 800 Milliarden Einheiten Penicillin an den Mann gebracht. Ganz allgemein hat sich der Verbrauch von Medikamenten in der zivilisierten Welt von 1950 bis 1958 um 110 Prozent gesteigert!

So ist es dann kaum mehr verwunderlich, daß bereits 1953 der Österreichische Ärztekongreß in Salzburg unter dem Thema stand: Schädigungen durch Medikamente, ihre Verhütung und Behandlung!

Soll man angesichts solcher Tatsachen weinen oder lachen, wenn nun die gleichen Geschäftemacher, die durch Herstellung, und ihre Helfer, die als verordnende Instanz auftreten, zuerst durch Lebensvernichtung Milliarden Geschäfte machen und anschließend diesen von ihnen verursachten lebensfremden Zustand mit „neuen Geschäftsverbesserungen“ angeblich positiv ändern wollen.

Dieses auf fast alle Bereiche der technischen Zivilisation zutreffende Geschäftsprinzip hat nun zu erschreckenden Verlusttendenzen geführt. So klagt der Ordinarius für Innere Medizin an der Frankfurter Universität, Prof. Ferdinand Hoff (zitiert aus: Der Deutsche Badebetrieb, Juni 1964, Nr. 6):

„Es ist leider heute schon so weit gekommen, daß Schädigungen durch Medikamente mit zu den häufigsten Krankheitsursachen überhaupt gehören.“

Auf diese Weise sind durch die routinemäßige Anwendung des Penicillins in den USA bis 1955 über 1000 Menschen gestorben. Der übermäßige Gebrauch des Aspirins ist ebenfalls Ursache häufiger Todesfälle. Die Insulinspritze führt zu Gefäßerkrankungen, zu Nierenschädigungen und zur akuten Herzschwäche. Heute benötigen über 600 000 Menschen in der Bundesrepublik diese lebenserhaltende „Prothese“.

Vor dem Aufkommen einer heute allmächtigen chemischen Industrie gab es keine *Agranulozytose*, eine gefährliche, oft tödliche Blut-Erkrankung, die erst nach 1900 auftrat. Aber schon in der Zeit von 1932 bis 1934 zählte man in den USA 1500 Todesfälle infolge Agranulozytose.

Das sichtbarste und wohl erschütterndste Beispiel für diese chemisch-technischen Auswirkungen ist wohl die Schädigung der Erbmasse, die zur Mutation der Neugeborenen führt.

Das Arzneimittel „Contergan“ brachte die erste Aufrüttelung der Gemüter. Es ist bezeichnend, daß bis heute noch keine Anklage gegen die Hersteller dieses entsetzlichen Mittels, die schwedische Firma „Astra“, erhoben wurde, obwohl das Ermittlungsverfahren bereits seit September 1961 im Gange ist. Gleichzeitig werden von Tausenden anderer solcher Geschäftemacher in aller Welt ähnliche als „harmlos“ garantierte Mittelchen vertrieben.

In den USA sind von 100 Schwangerschaften 25 Totgeburten, von denen 15 schwerste Mißbildungen aufweisen. Von den 75 Lebendgeborenen sind bereits in den ersten 15 Lebensjahren 37 Prozent, also 27,7 Menschenleben, mit Gebrechen belastet. Hieraus ergibt sich, daß mehr als die Hälfte, nämlich 52 Kinder, entweder direkt lebensunfähig sind oder eine ständige Belastung für die Gesamtheit darstellen. Von den verbliebenen 48 normal ins Leben getretenen Menschen ergibt sich dann später für die Männer, daß nur 60 Prozent von ihnen für den Militärdienst tauglich sind.

In der Bundesrepublik waren es in den letzten Jahren weit mehr als die Hälfte aller Gemusterten, die wegen körperlicher Mängel für nicht wehrtauglich befunden wurden.

Heute sind über 40 Prozent der männlichen Jugend in den zivilisierten Ländern körperlich oder geistig-seelisch nicht in der Lage, das tägliche Leben zu meistern.

In der Bundesrepublik wird jedes *achte* von insgesamt 900 000 Kindern mit mehr oder minder umfangreichen körperlichen und geistigen Schäden geboren. So betreten als Folge unserer vielgepriesenen „wissenschaftlich geförderten Zivilisation“ jedes Jahr über 100 000 *westdeutsche Krüppel* diese Erde! Trotzdem wird bei uns nur ein Drittel der möglichen Kinder geboren; denn Überanstrengung, berufliche Überforderung, mangelnde seelische Disposition auf das zu erwartende Kind und eine Reihe künstlicher Eingriffe operativer und medikamentöser Art verhindern die Geburt von weiteren zwei Dritteln möglicher Kinder. Man rechnet jährlich mit mindestens 1 000 000 Fehlgeburten und mehr als 1 1/2 Millionen Abtreibungen.

Nun ist es zwar abzusehen, wann die Menschheit aus Nationen von Krüppeln bestehen wird, und es dürfte noch etwas Zeit in Anspruch nehmen, bis sich der heutige Mensch an den Anblick solchermaßen durch ihn verunstaltete Mitmenschen gewöhnt hat, aber die Prothesen- und Arzneimittelindustrien erfahren hierdurch eine enorme Umsatzsteigerung, und der Mann im weißen Kittel braucht keine Sorge vor eventueller Arbeitslosigkeit zu haben. Bezeichnend ist die Tatsache, daß die Verursacher dieser menschlichen Tragödien sich nicht nur weigern, an ihren „Opfern" durch persönliche Pflege etwas wiedergutzumachen; sie lehnen sogar jede finanzielle Hilfe ab oder feilschen bzw. streiten vor Gericht um jeden Pfennig eines eventuellen Schadenersatzes.

Welch ein Abgrund tut sich auf, wenn das größte pharmazeutische Unternehmen Schwedens, „Astra", welches das gleiche Thalidomid-Präparat wie Contergan in Schweden unter dem Namen „Neurosedyn" auf den Markt brachte und nach dessen Einnahme über 100 schwedische Kinder mit schweren Mißbildungen zur Welt kamen, zu dem im Dezember 1965 in Schweden begonnenen Prozeß folgende Stellungnahme abgab:

„Die Thalidomid-Tragödie kann nur mit einer unvorhersehbaren Naturkatastrophe verglichen werden, und niemand kann dafür verantwortlich gemacht werden."

Es wäre an der Zeit, den Verantwortlichen in Wirtschaft und Politik Krüppelanstalten wie Bethel oder Volmarstein zugänglich zu machen!

Aber vielleicht will man auch gar keine Änderung herbeiführen, gibt es doch bestimmte Arbeiten, wie u. a. in der Elektrobranche, für die Krüppel als Arbeitnehmer bevorzugt werden. Hierüber berichtet Robert Jungk folgendes [59]:

„Es mutet wie eine unerwartete und unheimliche Bestätigung der Freudschen Auffassung vom Menschen als ‚Prothesengott' an, daß die meisten Monteure in dieser feinmechanischen Industrie Krüppel sind. Man hat nämlich herausgefunden, daß fast nur Beingeschädigte die Geduld aufbringen, stundenlang fast bewegungslos in jenen Montageräumen zu arbeiten, wo jeder Schritt, jedes Wort, ja

[59] Jungk, Robert; a. a. O., S. 277, 278.

schon jedes zu heftige Atmen die unendlich delikaten Instrumente aus dem Takt bringen können. Daher beschäftigt allein die Firma Hughes zur Zeit 1500 Körperbehinderte. In manchen neuen Siedlungen, die unweit der Elektronenfabriken entstanden sind, leben fast ausschließlich — sei es durch den Krieg, den Verkehr oder die Fabrikarbeit verschuldet — Opfer unseres fortgeschrittenen technischen Zeitalters. Und sie bauen mit an Waffen, die neue und abermals neue Krüppel schaffen werden, falls sie je ihrer furchtbaren Bestimmung zugeführt werden sollten."

Was hier erst im Fall der Anwendung geschieht, erleben wir täglich auf unseren Straßen. Das einst als Fortschritt begrüßte und heute als Lebensnotwendigkeit oder gar zur Erhöhung der Lebensfreude beitragende, propagierte Kraftfahrzeug kostet in der Bundesrepublik gegenwärtig alle 40 Minuten *ein Menschenleben!* Die Straßen als Basis einer mehr oder weniger natürlichen Fortbewegung sind heute zu mörderischen Rennbahnen — was wörtlich zu nehmen ist — geworden. Parallel zur Produktion neuer Kraftfahrzeuge läuft die Zunahme der Verkehrsunfälle.

Nach Angaben des Statistischen Bundesamtes in Wiesbaden forderte der Verkehrstod im Jahre 1963 rund 14 000 Menschenleben. Doch sind im April 1964 bei Verkehrsunfällen bereits 14 Prozent mehr Menschen getötet worden als im Vergleichsmonat des Vorjahres. Im April 1964 waren es 1109 Tote und 34 093 Verletzte, die bei 25 896 Verkehrsunfällen als Opfer unserer Technik zu beklagen waren. Hinzu kommt noch der materielle Verlust, der im gleichen Monat bei 60 385 Straßenverkehrsunfällen nur an Sachschaden entstand.

Wie rasend schnell diese tödliche Bedrohung der Menschheit ansteigt, zeigt noch ein Blick auf die Verlustliste des Januars 1964. Hier waren nur zwei Monate zuvor bei 20 433 Verkehrsunfällen 1100 Tote und 27 477 Verletzte zu verzeichnen, jeden Tag 36 Todesopfer und 886 Verletzte.

Mit welcher rapiden Steigerung der „technische Fortschritt" seine Opfer fordert, mußte auch Verkehrsminister Seebohm erkennen, als er im Juli 1964 feststellte, daß die tödlichen Verkehrsunfälle gegenüber 1963 bereits um 40 Prozent zugenommen hatten!

In den USA gab es im Jahre 1963 43 400 Verkehrstote, 3000 mehr als im Jahr vorher. Zu diesen Verlusten an Menschen tritt noch das auf den Straßen stattfindende Massensterben der Tiere. Allein im Winter 1962/63 wurden in Westfalen bei 800 Verkehrsunfällen 756 Rehe getötet. Insgesamt werden in der Bundesrepublik Deutschland jährlich über 80 000 Rehe und 200 000 Hasen „mit dem Lenkrad erschossen". Der materielle Schaden liegt bei drei Millionen Mark.

Welcher Irrsinn einer zivilisatorischen „Errungenschaft", die angeblich eine Verbesserung sein soll, liegt in der Tatsache, daß an die Stelle der Lebenserhaltung eine Lebensvernichtung getreten ist. So sind beispielsweise in England die Erkrankungen jeglichen Ursprungs, einschließlich des Unfalltodes, von 1951 bis 1961 bei 15- bis 19jährigen Mädchen um 43 Prozent zurückgegangen. Bei den männlichen Angehörigen der gleichen Altersgruppe blieb dagegen die Sterblichkeitsziffer unverändert. Bei den männlichen Jugendlichen stieg nämlich die Zahl der Motorradunfälle in der gleichen Zeit von 136 (1951) auf 508 (1961), das bedeutet eine Steigerung um 375 Prozent.

Neben diesen akuten Folgen der lebenszerstörenden Technik stehen die chronischen Leiden der Menschen, die u. a. auch im Verkehr ihre Ursachen finden. So teilte Prof. Dr. Schütz, der Ordinarius für Physiologie an der Universität Münster, auf der 30. Jahrestagung der Kreislaufforscher im April 1964 mit, daß sich die Zahl der Herzerkrankungen im Bundesgebiet seit 1952 verdoppelt habe, und während die mittlere Lebenserwartung in den vergangenen fünfzig Jahren um etwa zwanzig Jahre gestiegen sei, fordere andererseits der Herztod immer mehr Opfer. Allein in Deutschland sterben jährlich über 30 000 Menschen an Erkrankungen der Herzkranzgefäße.

Prof. Dr. Spang, der Direktor der Medizinischen Klinik im Katharinenhospital in Stuttgart, betonte, daß neben der Einwirkung von Medikamenten die Durchblutungsstörungen Ursachen des akuten Herzstillstandes seien. Heute stehen die Kreislaufkrankheiten in der Statistik für Todesursachen an erster Stelle! Betrug der Anteil der „Kreislauftoten" im Jahre 1901 erst 18,4 Prozent, so waren es 1955 bereits 40,9 Prozent und 1964 sogar 48 Prozent.

In den USA sterben nur an Herzkrankheiten jedes Jahr rund 477 000 Menschen, mehr als 60 Prozent aller Amerikaner leiden an Herz- und Kreislaufstörungen.

So rieten Anfang des Jahres 1964 auf einer „Gesundheitstagung" in London namhafte Ärzte den Managern der britischen Geschäftswelt auf drastische Weise, zum einfachen Leben in die Freiheit zurückzukehren, wenn sie sich von der quälenden Ungewißheit über einen möglichen frühen Herztod befreien wollten. Der Herzspezialist Dr. Evans bezeichnete schließlich die würdigen Vertreter der Londoner City als „unbewegliches Gemüse!" Sie hätten durch den Cadillac verlernt, ihre Gliedmaßen zu gebrauchen!

Und Prof. Dr. Gerhard Preuschen, der Direktor des Max-Planck-

Institutes in Bad Kreuznach, hat in Testversuchen festgestellt, daß *ein einziger Tag* auf Fernstraßen während des Urlaubsverkehrs mehr Kraft kostet als *eine ganze Arbeitswoche*. Daran sei nicht so sehr das Autofahren an sich schuld, sondern die Verkehrsmisere auf unseren Straßen!

Der Gegensatz des in seiner Gesamtheit ungeheuer beschleunigten Lebensrhythmus' und der steigenden individuellen Bewegungsarmut drückt sich darin aus, daß die Herz- und Kreislaufstörungen in allen zivilisierten Ländern unter allen Krankheiten an erster Stelle stehen.

Welche Auswirkungen die steigende Belastung durch die Zivilisation mit sich gebracht hat, wird auch in der beschleunigten körperlichen Reifung sichtbar. Zunächst läßt sich feststellen, daß der zivilisierte Mensch in den letzten Jahrzehnten erheblich größer geworden ist. Die Durchschnittsgröße des erwachsenen Europäers hat während der letzten 25 Jahre bis zu zehn Zentimeter zugenommen. So waren beispielsweise im Jahre 1865 von 100 holländischen Rekruten nur 24 größer als 170 Zentimeter, im Jahre 1936 waren es 67 von 100.

Im Jahre 1877 betrug die Durchschnittsgröße der zehnjährigen Schüler des Johanneums in Hamburg 131 Zentimeter, 1959 waren es bereits 144 Zentimeter.

Die Schweden sind von 1840 bis 1935 durchschnittlich um 8,2 Zentimeter, die Rekruten der Schweiz sind von 1884 bis 1932 um 6 Zentimeter größer geworden.

Das Ungesunde und Abträgliche dieser Entwicklung liegt darin, daß im Verhältnis zur fortschreitenden körperlichen Entwicklung das geistige Alter um zwei bis drei Jahre zurückgeblieben ist.

Dieser negative Prozeß macht sich vor allem bei der zunehmenden Frühsexualisierung der Jugend bemerkbar. Man kann sie am Eintritt der ersten Menstruation messen. Diese hat sich im Laufe der letzten hundert Jahre um etwa 5 bis 6 Jahre vorverlegt. Medizinische Erhebungen im Bundesgebiet haben ergeben, daß 1950 das durchschnittliche Alter der Geschlechtsreife der Mädchen bei 13 Jahren und 7 Monaten lag. Im Jahre 1850 trat sie erst bei 17 bis 18 Jahren ein. 1964 ist ein weiteres Fortschreiten im Auftreten der ersten Regelblutung auf durchschnittlich 12 Jahre zu verzeichnen. Die Anpassung an die fortschreitende Umweltveränderung wird hier sehr deutlich. Die Folgen dieser unnatürlichen Verfrühung der Pubertätsreife für den jugendlichen Menschen sind durchaus negativ. Das Problem der 13- bis 14jährigen „Mütter" spricht wohl für sich.

So wird in der Bundesrepublik Deutschland alle 10 Minuten ein uneheliches Kind geboren, jedes Jahr etwa 50 000 uneheliche Kinder, unter deren Müttern sich 10 000 Minderjährige finden! Im Jahre 1957 wurden 55 Kinder von Mädchen zur Welt gebracht, die noch keine 14 Jahre alt waren. Von 14- bis 15jährigen wurden im gleichen Jahre 173 Kinder geboren, von 15- bis 16jährigen 277 eheliche und 768 uneheliche, von 16- bis 17jährigen 2569 eheliche und 2587 uneheliche Kinder. Jedoch ist die Anzahl der minderjährigen Mütter dauernd im Ansteigen begriffen.

Bereits 1962 wurden etwa 6500 18jährige Mädchen Mutter, bei den 17jährigen waren es 2500.

Außerdem gab es noch 800 Mütter im Alter von 16 und 200 Mütter im Alter von 15 Jahren.

Zudem häufen sich in letzter Zeit die Meldungen über 13, 12 und sogar 11 Jahre alte Mütter. Daß diese „Mütter", die selber noch Kinder sind, mit einer kaum zumutbaren Belastung ins Leben treten, stellt eine schwere Anklage gegen die Zivilisation unserer Tage dar!

Sie geben zum weiteren darüber Aufschluß, wie wenig der Mensch in der Lage ist, diese von ihm selbst geschaffene künstliche Welt zu bewältigen.

Es scheint, daß wir auf dem besten Wege sind, uns zum Tier zurückzuentwickeln. War die Hinausschiebung der Geschlechtsreife ein Fortschritt der Kultur, so ist das zunehmende Paarungsbedürfnis des noch nicht voll entwickelten Jugendlichen ein „Fortschritt" der Zivilisation, der allerdings dazu angetan ist, unser Leben wieder dem der Affen ähnlicher zu gestalten, denn deren Geschlechtsreife liegt bei 6 bis 7 Jahren.

Hierzu schreibt Lewis Mumford [60]:

„Man kann allerdings nicht leugnen, daß weite Bereiche unseres Lebens bereits in zunehmendem Maße tierische Züge tragen, die etwa an die Wesensart des Rindes, des Fuchses und des Affen erinnern. Das Zeitalter der ‚Männer, die 10 Jahre alt sind' in den Palitexten des Buddhismus vorausgesagt, ist bereits sichtbar. ‚Es wird eine Zeit kommen, in der Kinder zu Männern geboren werden, die nur ein Alter von 10 Jahren erreichen, und mit diesen Männern werden Mädchen von fünf Jahren fruchtbar sein ... Unter diesen Männern von 10 Jahren wird wilder Haß herrschen, wilde Feindschaft und wilde Lust zum großen Morden.' Die grausige Trivialität dieser Kultur der Zehnjährigen, die sich bereits an mehr als einer Stelle bemerkbar macht, läßt sich symbolhaft ver-

[60] Mumford, Lewis; a. a. O., S. 159/160.

anschaulichen in einem mit Atomkraft betriebenen Spielautomaten; er würde höchste wissenschaftliche Erkenntnis und raffinierteste technische Leistung in den Dienst infantiler Fragmente der menschlichen Persönlichkeit stellen.“

Man denke an das zum Problem gewordene Überhandnehmen jugendlicher Verbrecherbanden von 14- bis 20jährigen, die in ihrer sinnlosen Lust am Zerstören und Morden ganze Städte der zivilisierten Welt unsicher machen!

Wir müssen angesichts der bisher aufgeführten Fakten feststellen, daß im Laufe weniger Jahrzehnte dank der modernen Medizin die ehemals im Durchschnitt kurzlebige aber gesunde Menschheit zu einem Heer von Siechen und Halbgesunden degeneriert ist. Die sogenannten Hygienemaßnahmen haben die natürliche Regelung der Natur, ihre Selbstauslese, zerstört. Damit haben sie gleichzeitig die Gesundheit von Millionen vernichtet.

Fast ein Drittel der zivilisierten Menschheit ist von Neurosen befallen, die noch vor wenigen Jahrzehnten so gut wie unbekannt waren. In Amerika sind 2,5 Millionen chronisch Erkrankte in dauernder ärztlicher Behandlung, und fast 70 000 Menschen sterben jährlich an Abnutzungskrankheiten vor Erreichung des 40. Lebensjahres. Allein in New York zählt man täglich 700 000 Kranke.

Bereits 1925 kostete die Behandlung 8 000 000 Rheumakranker die USA die Summe von 900 Millionen Dollar.

In Schweden betragen die Krankheitskosten jährlich über 10 Milliarden Kronen, schon die Kosten für Erkältungskrankheiten liegen bei 300 Millionen Kronen.

In der Bundesrepublik leiden zur Zeit mehr als 300 000 Menschen an Tuberkulose, von denen bei einer jährlichen Zuwachsrate von 70 000 etwa 7500 Menschen sterben!

Die Folgen der künstlichen Lebensverlängerung sind unnötige Leiden für den Betreffenden, Belastung für die Allgemeinheit, minderwertiger Erbnachwuchs sowie die ständig zunehmende Frühinvalidität. Diese trat 1958 bei ca. 75 Prozent aller Beschäftigten um 12 Jahre zu früh ein.

So schrieb bereits im 19. Jahrhundert der bedeutende Wiener Chirurg Theodor von Billroth [61]:

„Ich habe übrigens schon seit vielen Jahren das Paradoxon aufgestellt, daß die steigende Vervollkommnung der ärztlichen Kunst und die Verhütung von Epidemien durch . . . sanitäre Maßregeln wohl dem Individuum zugute kommt, die menschliche Gesellschaft

[61] Zitiert aus: Hass, Ernst; a. a. O., S. 120

aber ruinieren muß, weil die Vermehrung und Erhaltung der Menschen auf der Erde schließlich zu einem Grade von Übervölkerung führen muß, welcher allen verderblich werden wird."

Th. v. Billroth weist bereits auf ein entscheidendes und bis jetzt noch nicht gelöstes Problem hin, das die technische Zivilisation durch die Einflußnahme auf den menschlichen Organismus mit sich gebracht hat. Die explosionsartige Vermehrung der Menschen stellt eine Bedrohung dar, die, wird sie nicht rückläufig gemacht, den endgültigen Untergang der Menschheit zur Folge haben wird. Bis zum Jahre 2000 wird mit einer Zunahme der Erdbevölkerung auf 6 bis 18 Milliarden Menschen gerechnet.

Günther Schwab rechnet bis zum Jahre 2050 sogar mit 36,8 Milliarden Menschen. Dies würde bedeuten, daß auf der ganzen Erde 4000 Menschen auf einen Quadratkilometer zusammengepfercht sind – in Deutschland leben etwas mehr als 200 Menschen je Quadratkilometer.

Die normal mindestens 10 000 Quadratmeter nötige Ernährungsfläche pro Kopf wäre dann auf ganze 250 Quadratmeter für jeden Menschen zusammengeschrumpft.

So ist die Zahl der chronisch Unterernährten in den Jahren von 1934 bis 1954 um 38 Prozent auf 59 Prozent gestiegen. Und die Zahl von 37 Millionen Hungertoten pro Jahr macht deutlich, daß der fragwürdige Sieg über die Natur ein Pyrrhussieg geworden ist!

B. Geist

> *„Auf jede Änderung im Blut reagiert entsprechend auch der Geist!"*

Diese Worte des amerikanischen Biologen und Nobelpreisträgers Alexis Carrel lassen bereits Rückschlüsse auf die geistige Situation in unserer zivilisierten Welt zu. Wurde in den vorhergehenden Kapiteln versucht, die tödliche und alles umfassende Vergiftung der ursprünglichen Lebensbasis aufzuzeigen, so muß nunmehr gesagt werden, daß die negativen Veränderungen des menschlichen Organismus tiefgreifende Wandlungen des Geistes zur Folge hatten. Es ist ein bezeichnendes Paradoxon, daß der Mensch durch die Produkte seines Intellekts und deren Auswirkungen zur Minderung seiner Intelligenz beigetragen hat. Dieser Intelligenzverlust läßt sich bei allen Völkern, die dem gegenwärtigen Zivilisationsprozeß unterworfen sind, feststellen.

Der Charakterforscher Ludwig Klages vergleicht den Weg des Geistes mit dem „Wallfahrtsweg", der schließlich ebenfalls mit dem „Golgatha" enden werde. In der Rückschau auf frühere Jahrhunderte schreibt er [62]:

„Es ist eine Narrheit ohnegleichen, zu wähnen, der ‚Kulturmensch' von heute sei aus demselben Holze geschnitzt wie der Mensch im Zeitalter der Cäsaren oder der Mensch aus den Zeiten heiliger Katharinen, Cäcilien, Lidwinen, wo doch ein einziger Blick auf die Niederschläge des Bewußtseins, auf die Bauten, Bilder und Trachten uns belehren könnte, daß die Menschheit der heidnischen Tempel und Feste, der gotischen Dome und farbigen Dämmerungen, der Gewänderprächte und Orgelschalle aus und vorbei und gewichen ist einer Menschheit, die sich bezeugt mit Börse, Radio, Luftschiff, Drahtruf, Kino, Fabriken, Giftgasen, Präzisionsapparat und — Zeitung."

Die steigende Lebenshast, die innere Ruhelosigkeit, die Variabilität aller äußeren Zustände und nicht zuletzt das Bewußtsein einer ständigen, alles Leben vernichtenden Bedrohung haben zu einem immensen Verlust an schöpferischem Geist geführt.

Jeder hat Angst, zu kurz zu kommen und Wesentliches zu versäumen. Die Ausrichtung des Daseins auf etwas Beständiges, Unwandelbares ist für viele von vornherein sinnlos geworden, da bereits der nächste Tag eine totale Umwälzung bringen kann. Alles ist in Frage gestellt. Der schöpferische Geist bedarf jedoch der Ruhe, der Muße und der Selbstbesinnung. Nur ein kontemplatives Verhalten kann der Quell fruchtbarer Gedanken sein.

Dieses Verhalten in Kontemplation ist dem heutigen Zeitgenossen genommen. Es gibt kaum noch Augenblicke, in denen er nicht der Überflutung von Reizen aller Art unterworfen ist. Ob es sich um die unermüdliche Reklame, die Zeitungen oder Illustrierten, den Rundfunk oder Fernsehapparat, den Vergnügungsrummel überhaupt handelt, nie und nirgends ist der Mensch wirklich allein. Auch die Nacht ist noch erfüllt von tausenderlei Geräuschen der technischen Welt, und die Betonwände der modernen „Wohnhöhlen" lassen selten einen ruhigen Schlaf zu. Selbst die Liebespaare, die doch stets um Alleinsein bemüht waren, haben sich einen Begleiter in Gestalt des Kofferradios zugelegt. Aus dem Dialog der Menschen ist der Monolog der Technik geworden. Wir wollen hoffen, daß es noch kein Epilog ist!

So haben sich die Möglichkeiten der geistigen Konzentration un-

[62] Klages, Ludwig; Grundlagen der Charakterkunde, S. 141/142.

geheuer verringert, und der Mensch verliert bei der Vielheit der täglich auf ihn einstürzenden Dinge die Fähigkeit zur Vertiefung, zur wirklichen Aufnahme des Erlebten. Er wird vielseitig, aber oberflächlich, eine echte Inbesitznahme des Neuen bleibt aus. Dies führt schließlich zur geistigen Unselbständigkeit, die dann leichtes Opfer der Beeinflussung durch die verschiedensten Interessengruppen wird. Die Persönlichkeitsbildung wird unterbrochen oder zerstört, und zurück bleibt der haltlose, entpersönlichte Mensch, der seinen Geist willig den vorgeschriebenen Normen unterordnet. Seine geistige Aktivität ist beschränkt auf die möglichst unauffällige Anpassung an die Gesellschaft, die in ihrer Anonymität nur Äußerliches vorweisen kann.

Hören wir hierzu ebenfalls Ludwig Klages, der zugleich ein entsprechendes Beispiel aufführt. Er schreibt [63]:

„Es sind heute schon die Ausnahmegeister, denen man noch irgendwelche Selbständigkeit des Urteils zutrauen darf. Die große Masse, die niemals, solange es Menschen gibt, suggestibler als heute war, ist ein Spielball jener ‚öffentlichen Meinung' geworden, die von der Tagespresse, versteht sich, im Dienste der herrschenden Finanzwelt g e m a c h t wird. Was heute morgen in den gelesensten Blättern einer Großstadt gedruckt gewesen, ist heute abend die Ansicht von neun Zehnteln ihrer Leser. Amerika, an dessen rapiderem ‚Fortschritt' sich von Tag zu Tag die nächste Zukunft ablesen läßt, ist uns in der Schablonisierung des Denkens, der Arbeit, der Vergnügungen usw. erheblich voran. Es hat den Krieg (1914 bis 1918) gegen Deutschland mit ehrlicher Entrüstung geführt, weil in seinen Zeitungen zu lesen war, daß der preußische ‚Militarismus' die Welt erobern wolle und sich in teuflischen Verbrechen wälze, und es hatte dergleichen in den Zeitungen gestanden, weil eine Handvoll Großwürdenträger Mammons sich von der Beteiligung Amerikas am Kriege ein äußerst lukratives Geschäft versprachen. Der Amerikaner kämpfte guten Glaubens für schöne Phrasen wie Freiheit und Gerechtigkeit, und er kämpfte wirklich für die Anreicherung der Tresore in den Banken. Diese ‚freien Bürger' sind in Wahrheit sich frei wähnende Marionetten, und ein einziger Blick in den amerikanischen Arbeitsbetrieb, nicht minder in den amerikanischen Vergnügungsbetrieb genügt, um uns erkennen zu lassen, daß ‚l'homme machine' nicht mehr bloß vor der Türe stehe, sondern dort bereits Ereignis geworden sei."

Immer häufiger tritt der rein formale Mensch in Erscheinung, der

[63] Klages, Ludwig; a. a. O., S. 215.

sein ganzes Ich den Konfektionsmeinungen der Massenmedien oder den geschickten Agitationen einiger Geschäftemacher unterwirft. Denken wir dabei an die Mode, die ihr größtes Geschäft in einer mehr oder minder regelmäßigen Veränderung sieht. Es ist heute schon weitgehend selbstverständlich geworden, seinen persönlichen Geschmack von einigen Geschäftemachern bestimmen zu lassen, deren Methode beschränkt ist auf die ständige Propagierung eines Novums. Einen kaum noch zu überbietenden Gipfelpunkt dieser Methode erlebten wir 1964 in der „busenfreien Frauenmode". Was hier als geistiger Auswurf eines perversen „Moneymakers" propagiert wurde, war auf dem besten Wege, die Akzeption weiter Gesellschaftskreise zu finden.

Früher erheiterte sich der Leser über die Dummheit der Gestalten in Christian Andersens Märchen „Des Königs neue Kleider"; hier war diese Geistlosigkeit zur grotesken Wirklichkeit geworden. Läge in diesem Zustand der geistigen Würdelosigkeit nicht eine bedauerliche Tragik, könnte man sogar noch lachen über die Äußerungen einer farbigen Afrikanerin, welche die neueste Modetorheit der zivilisierten Weißen dahingehend kommentierte, „daß es höchste Zeit sei, daß auch die weißen Frauen der Vorteile ihrer Zivilisation teilhaftig würden. So erfülle sie die Nachricht, daß die weißen Frauen so rasche Fortschritte gemacht hätten, mit großer Freude."

Ein Großteil der zivilisierten Menschen unserer Tage verzichtet auf das Denken, und soweit sie noch nicht dem völligen Verzicht anheimgefallen sind, vollzieht sich der Denkprozeß in einer zunehmenden Verflachung. Dies bezeugen allenthalben die Auflageziffern der modernen „Bilderbücher", gleichermaßen für Kinder wie für Erwachsene. Man trifft auf sie in zunehmendem Maße, auf diese geistlosen Konsumenten eines geistlosen Publikationsproduktes. An die Stelle des Textes sind bunte Bilder getreten, die bei ihrer Aufnahme mit Denken nichts mehr gemein haben, sondern sich bereits im Betrachten, im bloßen Schauen erschöpfen.

Diese Tendenz wird zweifellos von dem am weitesten verbreiteten „Bilderbuch", das zudem täglich neue Seiten aufschlägt, dem Fernsehen, forciert. Abgesehen von der seelischen Verkümmerung und den gesundheitlichen Störungen, die in Form von Kopfschmerzen, Augenflimmern, Bindehautentzündungen und Kreislaufschäden verschiedenster Art als Folge beim Gebrauch dieser neuen technischen Errungenschaft auftreten, ist die Bildscheibe als wirksamstes technisches Gerät dazu angetan, dem Menschen einen Großteil seiner Selbständigkeit und Aktivität im geistigen Bereich zu nehmen.

Es unterbindet nicht nur das Sprechen, den Austausch der Gedanken, es versetzt den Menschen in eine rezeptive Verhaltensweise, die zwangsläufig die Eigenaktivität ausschalten muß. Die Aufnahme von Fakten, die zudem ebenfalls von zweifelhaftem Wert sind, hat mit Geist, mit schöpferischem Geist, nichts Gemeinsames. Zudem gibt es kein echtes Bild der Wirklichkeit wieder; denn das Programm ist der Selektion einiger weniger unterworfen und für die Masse zurechtgeschnitten, d. h., daß diese sekundäre Begegnung mit einer in bestimmte Formen gerückten Wirklichkeit nur ein mehr oder weniger unechtes Abbild der realen Verhältnisse ist; denn bekanntlich hat jedes Ding mehrere Seiten, und nicht nur ein oder zwei besonders ausgesuchte.

So führt die einseitige Betrachtungs- und Darstellungsweise zu einem verhängnisvollen Fehlschluß, der letztlich eine Verzerrung der tatsächlichen Gegebenheiten bewirkt und den Massen ein Pseudowissen vermittelt, das in einer Selbsttäuschung für echtes Wissen gehalten wird. Da alle das gleiche vorgesetzt bekommen, sind alle Gedanken auf das gleiche Thema konzentriert. Die Menschen werden in bestimmte Denkschemata gezwungen, die ihnen auch in gleicher Weise den Verlust des selbständigen Denkens abnötigen.

Mit der Auflösung der Welt zu fiktivem Schein, jedoch mit der Macht eines prägenden Modells ist also das Fernsehen geradezu prädestiniert, dem ohnehin im formalen Denken verhaltenen Durchschnittsmenschen unserer Zeit auch noch den Rest seiner Individualität zu nehmen.

Allein die unbeschreiblichen Perversitäten der allabendlichen Werbesendungen machen dieses moderne „Bilderbuch" zu einem Instrument des geistigen Nihilismus. Diese methodische Berieselung mit der Reklame ist Ausdruck eines Geistes, den Geoffrey Gorer äußerst treffend beschrieben hat [64]:

„Die Mittel und Methoden der Reklame erweisen eine unverkennbare tiefe Verachtung des Publikums seitens der Reklamechefs und ihrer Auftraggeber. Im Zerrspiegel der Reklameartikel und der Reklamesendungen wird das Publikum sich selbst vorgeführt als naiv und kindisch, als von Lüsternheit, Habsucht und Angst beseelt, als jeder Urteilsfähigkeit oder geistiger Regsamkeit bar. Für den Produzenten ist der Konsument niemals ein Gleich- oder ungefähr Gleichgestellter; das Publikum zum besten zu halten, dem Konsumenten ein X für ein U vorzumachen, dessen schämt sich kein Mensch und braucht sich keiner zu schämen; es gilt sogar als

[64] Gorer, Geoffrey; Die Amerikaner, S. 121.

durchaus angemessener Anlaß, um sich in die Brust zu werfen. BARNUM rühmte sich dessen, wie er sich über das Publikum lustig machte. ‚Jede Minute wird ein Gimpel geboren', sagte er."

Gilt es in Deutschland den Anfängen eines allmächtigen Werbefernsehens und seinen perversen Absurditäten zu wehren, so ist es in den USA soweit, daß nicht die Fernsehgesellschaften, sondern die Werbegesellschaften der Reklamebüros das Fernsehprogramm bestimmen. Das amerikanische Fernsehen ist rein kommerziell ausgerichtet und Großfirmen kaufen und kontrollieren fast sämtliche Fernsehreihen. „Zeigt uns eine gute Reklame, und wir liefern das Produkt", sagt heute die Industrie zur Werbung.

Die Zentren der westlichen Reklamewelt befinden sich in den Straßenschluchten New Yorks, beiderseits der „Madison Avenue" in Manhattan. Von hier aus wird dem amerikanischen Fernsehzuschauer jedes Jahr für 56 Milliarden DM eine Scheinwelt suggeriert, die ihm das „Verbrauchen" zum Inhalt seines Lebens machen soll. Wenn man bedenkt, daß in der Bundesrepublik Deutschland jedes Jahr 10 Milliarden DM an Werbungskosten entstehen, die fast den jährlichen Betrag für unser Erziehungswesen erreichen, so kann man die Worte des englischen Historikers Arnold J. Toynbee als richtungsweisend nur bekräftigen: *„Die Zukunft unserer Kultur hängt vom Kampf gegen Madison Avenue ab!"*

Die Einebnung der Gehirne schreitet laufend fort und trägt weiter zur Oberflächlichkeit, zum Verweilen im Unwesentlichen bei. Die Dinge werden vereinfacht und vereinheitlicht. Diesen Trend beschrieb bereits Karl Jaspers vor über 30 Jahren. Er sagte [65]:

„Mit der Vereinheitlichung des Planeten hat ein Prozeß der Nivellierung begonnen, den man mit Grauen erblickt. Was heute für alle allgemein wird, ist stets das Oberflächliche, Nichtige und Gleichgültige. Man bemüht sich um diese Nivellierung, als brächte sie die Einigung der Menschheit zuwege. In tropischen Pflanzungen und im nordischen Fischerdorf sieht man die Filme der Weltstädte. Überall sind dieselben Kleider. Die Manieren des Umgangs, die gleichen Tänze, derselbe Sport, dieselben Schlagworte eines aus Aufklärung, angelsächsischem Positivismus und theologischer Tradition gemischten Sprachbreis erobern sich das Erdrund."

Dieser Nivellierungsprozeß ist heute in erschreckender Deutlichkeit fast auf allen Lebensgebieten zu verzeichnen. Er wird wohl am sichtbarsten in dem gegenwärtigen Wirtschaftssystem, das völlig auf der Basis einer einheitlichen Massenproduktion aufgebaut ist.

[65] Jaspers, Karl; Die geistige Situation der Zeit, S. 77.

Wenn Volkswirtschaft die gesamte planmäßige Tätigkeit eines Volkes zur Befriedigung seiner Bedürfnisse ist, so zeigt sich der geistige Wert dieses Tuns in der Eigenschaft der produzierten Dinge und in der Art der Bedürfnisse.

Was nun manche dieser Dinge betrifft, so haftet ihrer Herstellung bereits ein Ungeist an, der in einigen im folgenden aufgeführten Beispielen sichtbar wird.

Der Pariser Coiffeur Jean Clément brachte 1964 ein „Parfüm mit Doppelduft" heraus. Das Parfüm ist sowohl für die Dame als auch für ihren Hund bestimmt und „schafft einen harmonischen Duftakkord zwischen Mensch und Tier". In diese Kategorie gehören noch die Samt-Pantöffelchen und das Nerz-Mäntelchen mit entsprechendem Brillianten-Kollier für die „kleinen Lieblinge" auf vier Beinen.

Aus Amerika wird gemeldet, daß neben der Perücke auf dem Kopf der „neueste Schick" kleine Wimpernperücken oder „eingesetzte künstliche Wimpern" seien. Für die Straße trägt man sie halblang, abends doppelt so lang. Extravagante Frauen bevorzugen maßgerecht angefertigte Wimpernperücken aus Sealpelz, die ab 10 Dollar erhältlich sind. Die teuersten Wimpernmodelle, passend zum Mantel aus Zobel oder Nerz, verkauft der „Wimpernsalon" von Janus Mann in New York. Sie kosten 50 bis 80 Dollar.

Das in jeder Sendung des Werbefernsehens mehrmals versprochene „völlig neue Lebensgefühl" findet man vielleicht beim Gebrauch der „elektrischen Zahnbürste", mit der im September 1965 sogar ein ganzer Kindergarten in Kassel zum Auftakt der Jugendzahnpflegewoche ausgerüstet wurde, oder auch beim Sitz auf der neuen „mit Nerz ausgekleideten Lokusbrille".

Über die Geistlosigkeit und kaum noch zu steigernde Dummheit, die solche modernen Fertigwaren bezeugen, ließen sich gewiß tausende von Seiten füllen. Was jedoch noch alles in diese Bilanz einer geistlosen oder auch verbrecherischen Produktionstätigkeit gehört, geht bereits aus den Kapiteln über die lebensfeindliche und lebenszerstörende Wirkung der lebensfremden Technik hervor.

Gewiß käme jetzt der Einwand, es sei doch jedem Konsumenten freigestellt, sich für oder gegen solche Produkte zu entscheiden. Abgesehen davon, daß der Massenmensch unserer Tage vielfach nicht mehr in der Lage ist, zwischen gut und schlecht zu unterscheiden, wird ihm systematisch die Entscheidung abgenommen. Sein persönlicher Wunsch ist größtenteils völlig in den Hintergrund getreten, und die Produktionsmaschinerie der modernen Massenherstellung der Güter bestimmt den Geschmack des Käufers. Ja, der Hersteller sieht seine Hauptaufgabe heute darin, in jedem Verbraucher immer neue und abstraktere Bedürfnisse zu wecken, die weder lebensnotwendig geschweige denn lebensfördernd sind; denn die heutige Industrie unterliegt dem Zwang einer fortlaufenden Produktion, auch wenn der Bedarf schon längst gedeckt ist. Sie ist dem *lebenszerstörenden* Prinzip unterworfen, für eine ständige Quantitätserweiterung sowie eine unabsehbare Invarianz der Bedürfnisse zu sorgen.

So charakterisierte Prof. J. Conrads bereits zu Beginn dieses Jahrhunderts die „Weckung der Bedürfnisse" als Ausdruck einer „niederen Kulturstufe" und folgerte, daß die ständige Änderung des menschlichen Urteils, wie es z. B. die Mode fordert, eine entscheidende Wertvernichtung zur Folge habe.

Hier muß nicht nur die rein materielle, sondern vor allem die geistige Wertvernichtung gesehen werden. War einst die Armut an Bedürfnissen Ausdruck eines erfüllten Lebens, so macht sich heute derjenige geradezu verdächtig, der eine Rückkehr zum einfachen, anspruchslosen, dafür aber in vielerlei Hinsicht wirklich freien Leben fordert.

Welch eine Wandlung des Geistes wird deutlich, wenn man die Worte eines Sokrates [66] — er sagte: *„Wie vieles gibt es doch, was ich nicht nötig habe"* — mit der heutigen nie zu befriedigenden Forderung nach neuen und immer höher geschraubten Ansprüchen vergleicht.

Welchem Geist dieser Trend letztlich entspricht, macht die Aussage eines Mahatma Gandhi deutlich, der sagte, „daß derjenige, der sich Dinge verschafft, die er nicht unbedingt braucht, stiehlt!" Angesichts der Tatsache, daß auf der Welt täglich 100 000 Menschen und mehr dem Hungertod erliegen, kann man diese allzu wahre Aussage eines der großen Geister, die unsere Erde hervorgebracht hat, nicht übersehen. Daß dies jedoch auch weiterhin geschieht, kann nur einem üblen oder mit völliger Blindheit geschlagenen Geist entspringen.

Hinzu kommt, daß es auch den wenigen ihr Leben noch selbständig einrichtenden Menschen immer schwerer wird, den persönlichen Stil zu realisieren. Der Massenproduktion der Wirtschaft und den von ihr geforderten Massenkonsumenten entspricht auch die Qualität der Erzeugnisse. Diese genormten Massenprodukte müssen schnell verbraucht werden, damit der Markt aufnahmefähig bleibt. Waren die gefertigten Gegenstände in früheren Zeiten für

[66] Zitiert aus: Schopenhauer, Arthur; Aphorismen zur Lebensweisheit, S. 17.

eine Langlebigkeit prädestiniert, so zeichnen sich die modernen Standarderzeugnisse durch schnellen Verschleiß aus. Die den Menschen umgebenden Dinge sind somit jederzeit auswechselbar, ja, sie müssen es nach modernem Wirtschaftsdenken sogar sein!

Der Mensch wird also auch in seiner vertrauteren Umgebung mit der einer ständigen Veränderung unterworfenen Umwelt konfrontiert. Er gewinnt keine innere Bindung, keine geistige Vertrautheit mit den Dingen, da ihre Beständigkeit von vornherein in Frage gestellt ist. Sein Geist wird somit ebenfalls zu oberflächlicher Betrachtungsweise verführt und erhält einen flatterhaften, unsteten Charakter. Die geistige Tragkraft der Dinge geht verloren und alles wird zum bloßen Zweck und Mittel degradiert. Schließlich wird das ganze Leben so ausgerichtet, wie es der Philosoph Arthur Schopenhauer schildert, wenn er vor der Leere und Armut des Geistes warnt, die bereits das Wesensmerkmal der modernen Massengesellschaft geworden sind.

Er schrieb [67]:

„Gar manchen daher sehn wir in rastloser Geschäftigkeit, emsig wie die Ameise, vom Morgen bis zum Abend bemüht, den schon vorhandenen Reichtum zu vermehren. Über den engen Gesichtskreis des Bereichs der Mittel hierzu hinaus, kennt er nichts: Sein Geist ist leer, dafür für alles andere unempfänglich. Die höchsten Genüsse, die geistigen, sind ihm unzugänglich; durch die flüchtigen, sinnlichen, wenig Zeit, aber viel Geld kostenden, die er zwischendurch sich erlaubt, sucht er vergeblich jene anderen zu ersetzen. Ein solcher, wiewohl mit gar ernsthafter und wichtiger Miene durchgeführter Lebenslauf ist daher ebenso töricht wie mancher andere, der geradezu die Schellenkappe zum Symbol hatte.“

So wie die Gegenstände auswechselbar geworden sind und auf diese Eigenart hin produziert werden, ebenso unterliegt heute der Mensch selbst diesem Gesetz. Durch die Mechanisierung und Automation hat die Technik ein Heer von Hilfsarbeitern bzw. angelernten Arbeitskräften geschaffen, die bis auf wenige Ausnahmen jederzeit und überall eingesetzt werden können. So wird der gelernte Facharbeiter in zunehmendem Maße von dem angelernten Hilfsarbeiter verdrängt. Heute arbeiten bereits über 30 Prozent aller berufstätigen Deutschen in Berufen, die sie ursprünglich nicht gelernt haben. Und nach Berechnungen des Internationalen Arbeitsamtes für die Bundesrepublik Deutschland wird bis 1970 etwa jeder Dritte Berufstätige in Westdeutschland, insgesamt 7 bis 8 Millionen, seine

[67] Schopenhauer, Arthur; a. a. O., S. 19.

Beschäftigung wechseln müssen. In diese Kategorie der aussterbenden Berufe gehören u. a. Schmiede, Uhrmacher, Landwirte und Landarbeiter, Bergleute, Steinmetze, Dachdecker, Zimmerleute, Glaser, Fischer, Melker, Anstreicher sowie Maurer. Sie alle fallen der zunehmenden Mechanisierung zum Opfer, die für die Zukunft fast ausschließlich Techniker verlangt. Wo früher Hunderte oder Tausende für einen Arbeitsgang benötigt wurden, genügen heute bereits ein oder zwei angelernte Hilfsarbeiter, deren Tätigkeit sich im „Knopfdrücken" erschöpft.

So leiden die USA infolge ihres sogenannten technischen Fortschritts unter einer chronischen Arbeitslosigkeit. Rund 5,2 Millionen arbeitsfähige Menschen können nicht mehr eingesetzt werden, da sie als Arbeitskräfte von der Industrie nicht mehr verwendet werden können — sie sind „überflüssig" geworden!

Sind diese Tatsachen bereits erschütternde Dokumente einer fehlgeleiteten Technik, die unter dem Diktat einer Handvoll Geschäftemacher zur Anreicherung ihrer Banktresore ohne Bedenken auf eventuelle negative Auswirkungen rücksichtslos angewandt wird, so ist die technische Entwicklung bereits auf dem besten Wege, durch die Elektronengehirne, die sogenannten Denkmaschinen, den Geist weitgehend auszuschalten.

Schon seit Jahren werden in den USA solche „Denk-Roboter" von industriellen Großkonzernen zur Fällung wichtiger Entscheidungen eingesetzt. Und Robert Jungk berichtet über die „Machine à Gouverner", die als Regierungsmaschine durch sogenannte Elektronenorakel beim Zustandekommen großer politischer Entscheidungen in den USA eine wesentliche Funktion ausübt.

So hat der amerikanische Mathematiker Norbert Wiener im Jahre 1948 unter dem Begriff „Kybernetik" eine neue Wissenschaft gegründet, welche die verwandtschaftlichen Parallelen zwischen dem menschlichen und mechanischen Gehirn aufdecken will.

Er schreibt [68]:

„Ich behaupte nun, daß die Arbeitsweisen des lebenden Individuums und die einiger neuerer Kommunikationsmaschinen völlig parallel laufen." Es ist daher um so beachtenswerter, wenn auch Norbert Wiener zu folgender Aussage gelangt:

„Es ist eine Herabsetzung des Menschen, ihn an eine Ruderbank zu ketten und als Kraftquelle zu gebrauchen; aber es ist eine fast ebenso große Herabsetzung, ihm eine sich immer wiederholende

[68] Wiener, Norbert; Was ist Kybernetik?, Beitrag aus: Panorama des zeitgenössischen Denkens, S. 549/550.

Aufgabe in einer Fabrik zuzuweisen, die weniger als ein Millionstel der Fähigkeit seines Gehirns in Anspruch nimmt.“

Letzteres ist in unserer zivilisierten Welt mehr oder weniger überall der Fall. Die unendlich monotone und einseitige Arbeit des heute weitverbreiteten Fließbandarbeiters ist geradezu prädestiniert, den Geist zu töten. Man kann solche menschlichen „Arbeitsroboter“ mit den dressierten, Kokosnüsse pflückenden Affen in Thailand, vergleichen. Diese Affen erklettern eine Palme, greifen nach einer Nuß, schauen fragend zu ihrem Herrn hinunter und pflücken sie, wenn dieser „reif!“ ruft, bei „grün!“ bleibt sie hängen. Ein solchermaßen gut angelerntes Arbeitstier kann rund 600 Kokosnüsse am Tag pflücken und damit „mehr verdienen, als ein Dr. phil.!“ Man denke an die „sinnlose“ Arbeit des Akkordarbeiters, der durch rein mechanisches Tun ebenfalls mehr verdienen kann als ein Akademiker, dessen Arbeit allerdings oft genug nicht weniger sinnlos verläuft.

Es wird jedoch klar, daß der Sinn, der geistige Gehalt einer Arbeit, die immerhin mehr als ein Drittel des Tagesablaufs ausfüllt, im heutigen zivilisierten Leben bis auf wenige Ausnahmen gegenstandslos geworden ist. Die Technik ist nicht mehr Mittel, sondern Selbstzweck. Sie hat die Stelle des Subjekts eingenommen, während der Mensch zum Objekt, das „noch“ zur Erhaltung des Subjekts benötigt wird, denaturiert wurde.

Wer diese Dinge nicht sehen will oder kann, versuche einmal unabhängig von der technischen Umwelt sein Leben nach eigenen Prinzipien und unabhängig vom Massendenken der Zeit zu gestalten. Ich will dieses Unterfangen nicht von vornherein zum Scheitern verurteilen, möchte jedoch feststellen, daß nur wenige die heute dazu nötige Kraft aufbringen. Und vielen, die ihr Leben mit letzter Konsequenz nach höchsten Grundsätzen leben wollen, ergeht es wie dem Geschäftsreisenden George M. Brush in Thornton Wilders Roman „Dem Himmel bin ich auserkoren“, der schließlich als lebensfremder „Heiliger“ der Lächerlichkeit anheimfällt.

Es läßt sich allerdings nicht leugnen, daß die allgemeine Unheiligkeit des gegenwärtigen Zivilisationsprozesses den noch wahrhaft „Heiligen“ immer absonderlicher erscheinen läßt, ja ihn letztlich zum Narren stempelt.

Die Ideen der Berufe sterben ab. Sie verlieren ihre Inhalte, und der arbeitende Mensch bleibt im Formalen hängen. Er findet den Gehalt seines Lebens nicht mehr in der sinnlos gewordenen Arbeit, die zum reinen Verdienstzweck geworden ist. Er sucht ihn stattdessen in äußeren Zwecksetzungen, in der Freizeit, die in ihrer geistigen

Leere zum Amüsement, zum Genießen wird. Wie sehr ähnelt der Zustand unserer Zivilisation dem der Ephesier, den Heraklit um 500 v. Chr. mit beißender Ironie kritisiert [69]:

„*Wer denn von ihnen hat Geist oder Herz? Pöbelsängern folgen sie* (man denke an die Beatles und ähnliche Rattenfänger unserer Tage) *und zum Lehrmeister nehmen sie die Masse und wissen nicht, daß die Vielen schlecht sind, Wenige aber gut. Wenn Glückseligkeit bestände in Vergnügungen des Leibes, das Rindvieh würden wir glücklich nennen, wenn es Kichererbsen zu fressen findet.*"

Diese Entwertung des Geistes wird vollkommen in der Subsumtion der Masse unter die umfassende Organisation des Lebens überhaupt. Der Einzelmensch unserer Tage ist entsprechend den Massenwirkungen der Technik ihren künstlichen Systemen unterworfen. Der solchermaßen organisierte, nur noch nach vorgeschriebenen Denkschemata handelnde Mensch ist in seiner Uniformität heute nicht mehr zu übersehen. Die vielgepriesene Gleichheit scheint erreicht zu sein, dafür ist jedoch die Freiheit verlorengegangen!

Der Verlust an Originalen ist heute sichtbarer denn je. An ihre Stelle ist die Konfektionsmeinung des Kollektivs getreten.

Gewiß sind geregelte Zustände auch ein Merkmal der Kultur und können wie in früheren Epochen Ausdruck eines schöpferischen Geistes sein. Entwickeln sie jedoch – und das ist heute der Fall – ein Eigenleben, welches das echte, ursprüngliche Leben völlig überlagert und schließlich erstickt, so wird der Geist getötet, und die Ideen sterben ab.

„*Einen Wald zum Park zu machen und als solchen zu unterhalten, mag in mancher Hinsicht zweckdienlich sein. Aber mit der reichen, den zukünftigen Bestand auf natürliche Weise sichernden Vegetation ist es dann vorbei.*"

Diese Worte schrieb Albert Schweitzer [70] vor über 40 Jahren; seine Prognose war nur allzu wahr.

Die Wirklichkeit unseres heutigen Staatsapparates zeigt diesen Zustand besonders eindrucksvoll. Seinen Gesetzen, Geboten und Verboten, Ordnungen und Verordnungen unterliegt der gesamte Lebensablauf der zivilisierten Menschen. Wie die toten Maschen eines Netzes haben sich diese künstlichen Strukturen auf das lebendige Ganze gelegt. Das Dasein des Zivilisationsmenschen verläuft von der Wiege bis zur Bahre in genau vorgeschriebenen Bahnen. Nicht ohne Berechtigung lautet ein kleiner Spottvers: Von der Wiege bis zur Bahre, nichts als Formulare, Formulare!

[69] Heraklit; Urworte der Philosophie, S. 29.
[70] Schweitzer, Albert; Verfall und Wiederaufbau der Kultur, S. 16.

Dies beschreibt Ortega y Gasset sehr treffend [71]:

„In unserer Zeit ist der Staat eine gewaltige Maschine geworden und arbeitet dank der Fülle und Präzision seiner Mittel mit einem bewundernswerten Wirkungsgrad. Ein Druck auf einen Knopf genügt, damit sich seine ungeheuren Hebel in Bewegung setzen und dröhnend an jeder Stelle des sozialen Körpers eingreifen."

Ausdruck dieser Superorganisation des öffentlichen Lebens ist die Bürokratie. Ihr Überhandnehmen hat sie zu einem Eigenleben entwickelt, das sich nach einer Eigengesetzlichkeit immer weiter ausdehnt. Dieser staatliche Zivilisationsapparat ist nicht mehr Mittel, sondern Selbstzweck.

Einige Zahlen machen dies deutlicher. Kamen im Jahre 1930 auf je 100 000 Einwohner Deutschlands 1424 Beamte und Angestellte im öffentlichen Dienst, so waren es 1950 nur im Gebiet der Bundesrepublik 1699 auf je 100 000 Einwohner. Und nur von 1950 bis 1952 hat sich dies Verhältnis um noch 101 auf 1800 erhöht. Heute ist diese Zahl um ein Vielfaches überschritten und nimmt von Jahr zu Jahr rapide zu. Waren 1960 insgesamt 2 372 000 oder 11,8 Prozent Arbeiter, Angestellte und Beamte im öffentlichen Dienst beschäftigt, so betrug ihr Anteil 1963 bereits 12,3 Prozent aller Beschäftigten im Bundesgebiet, was eine Zahl von 2 606 000 ergab.

Welche geisttötende und entpersönlichende Wirkung ein solchermaßen aufgeblasener und überorganisierter Staat auf die Menschen ausstrahlt, wird am Beispiel seiner Bürokraten am sichtbarsten.

So ist unter den heutigen Beamten und Angestellten des öffentlichen Dienstes ein Großteil, der bereits eine vier- bis fünfmalige Änderung seiner Geisteshaltung nachweisen kann. Er paßte sich jeweils wie ein Rädchen in einer Maschinerie der jeweiligen Staatsform an und hatte zu einem „erfolgreichen Leben" nichts weiter zu tun, als jegliche selbständige Denkarbeit auszuschließen. Dies fiel natürlich im Laufe der Jahrzehnte immer leichter, bis sie schließlich völlig unterdrückt war.

Welche allgemeine negative Wirkung auf den Geist der Menschen von solch einer maßlosen Organisation des gesamten öffentlichen Lebens ausgehen, finden wir bereits in den mehr als 2000 Jahre alten Sinnsprüchen des weisen Laotse, der schrieb [72]:

„Wer sich auf Bögen, Zirkel, Lineal und Winkelmaß verläßt, um richtige Formen zu machen, verletzt das natürliche Gefüge der Dinge, wer Stricke zum Binden und Leim zum Zusammenfügen

[71] y Gasset, Ortega; a. a. O., S. 172, 173.
[72] Laotse; a. a. O., S. 48/49.

verwendet, greift in die Natur der Dinge ein. Wer den Menschengeist dadurch zu befriedigen versucht, daß er ihn durch Zeremoniell und Musik beschäftigt und Menschlichkeit und Gerechtigkeit zu üben vorgibt, hat die ursprüngliche Menschennatur verloren. Es gibt ein ursprüngliches Wesen der Dinge. Dinge in ihrem Urzustand sind ohne Bogen gekrümmt, ohne Lineal gerade, ohne Zirkel rund und ohne Winkelmaß eckig; sie sind ohne Leim zusammengefügt und halten ohne Stricke fest. Auf diese Weise wächst alles voll überquellenden Lebens und weiß nicht einmal, wieso das so ist. So haben alle Dinge im Weltgefüge ihren rechten Ort und wissen nicht einmal, wieso sie ihren rechten Ort haben. Das ist seit unvordenklichen Zeiten so und sollte nicht gestört werden."

Es läßt sich aus dem bisher Aufgeführten folgern, daß der Mensch durch die Schaffung einer technischen künstlichen Umwelt einer zunehmenden Erkrankung des Geistes unterliegt. Die Fakten beweisen, daß diese Behauptung keine leere Phrase, sondern Ausdruck der allzu realen Verhältnisse ist.

So hat sich in den USA, dem wohl fortschrittlichsten Land dieser Welt, die Zahl der geistig und seelisch Erkrankten, die einer Einweisung in Anstalten bedürfen, von 1931 bis 1951 um 60 Prozent erhöht. War dort im Jahre 1900 erst jedes zehnte Spitalbett von einem Geistes- oder Nervenkranken belegt, so war es im Jahre 1950 bereits jedes zweite!

Günther Schwab berichtet von Untersuchungen in dem kleinen amerikanischen Staat Vermont, bei denen sich herausstellte, daß dort auf je 1000 Einwohner 30 Idioten kamen, die den geistigen Zustand eines Achtjährigen niemals überschreiten. Außerdem bedurften von je 1000 Menschen 300 geistig Zurückgebliebene einer Pflege und Überwachung. Dies machte ein Drittel der gesamten Bevölkerung aus, die schwere geistige Schwächen aufzeigten.

Ganz allgemein kann man sagen, daß die Menschen im weitesten Sinne des Wortes dümmer geworden sind. Dies wird vielleicht am deutlichsten in der verlängerten Grundschulzeit, die keineswegs einen Fortschritt im Erlernen der Elementardinge, wie Lesen, Schreiben und Rechnen, mit sich brachte. Was der Elementarunterricht bis 1919 in drei Unterrichtsjahren schaffte, wurde ab 1919 auf 4 Jahre verteilt. Doch schon bald stellten die Lehrer der vierjährigen Grundschule der Weimarer Zeit fest, daß trotz verlängerter Schulzeit die Leistungen nicht zugenommen, sondern eher abgenommen hatten. Heute sieht man sich bereits gezwungen, in der Bundesrepublik ein neuntes und zehntes Schuljahr einzurichten. So sehr dieser Schritt zu begrüßen ist, muß jedoch festgestellt werden, daß er nicht zur Erhöhung, sondern zur Aufholung des verlustig gegangenen Geistes unternommen werden muß.

So hat der Münchner Psychologe und Universitätsprofessor Albert Huth in einer Reihe von Begabungsuntersuchungen an 13- bis 15jährigen Jungen und Mädchen einen Begabungsrückgang von durchschnittlich 6 bis 14 Prozent festgestellt. Die Konzentrationsfähigkeit hat um 12 Prozent, die Gedächtnisleistung um 26 Prozent, sowie die Schulleistungen im allgemeinen um 15 Prozent nachgelassen.

In einer 1946 vom Land Niedersachsen durchgeführten statistischen Erhebung, die den Leistungsstand der Kinder feststellen sollte, wurden etwa 300 000 Schüler der Geburtenjahrgänge 1932 bis 1937 erfaßt. Aus den Ergebnissen ging eindeutig hervor, daß unsere Gegenwart im Zeichen eines Abfalls der Begabungsanlagen steht. *„In unseren Zahlen ... spiegelt sich unwiderruflich der sozialbiologische Niedergang, den unsere Wissenschaft an unserem Volke ... schon seit geraumer Zeit beobachtet hat. Zudem wurde festgestellt, daß infolge des Begabungsschwundes!!! bei gleichen schulischen Anforderungen ... in Zukunft ein Mehrbedarf an Hilfsschulen, ein Minderbedarf an höheren Schulen zu erwarten sein wird."* (Zitiert aus: Die Schule, 2. Jg., 1947, S. 9, 11.)

Der heute bereits allgemein übliche Nachhilfeunterricht für Volksschulkinder mag eine weitere Aussage in dieser Richtung sein.

Überhaupt haben eine Reihe namhafter Wissenschaftler unter Zuhilfenahme der sogenannten Intelligenz-Tests einen allgemeinen Intelligenzverlust der zivilisierten Menschheit festgestellt. Das Vorbild der neueren Intelligenz-Tests bildet der von dem Franzosen A. Binet und seinem Mitarbeiter Th. Simon im Jahre 1905 entworfene Test, der eine diagnostische Erfassung minderbegabter Schulkinder gewährleisten sollte.

Man kann hiernach die intellektuelle Begabung eines Schülers feststellen, indem man das „Intelligenzalter" durch das wirkliche „Lebensalter" dividiert und anschließend mit 100 multipliziert. Der solchermaßen errechnete „Intelligenzquotient" bildet dann die Basis einer Wertetabelle. Nach dieser Auswertung, die aus der Revision des Binet-Testes durch den amerikanischen Professor M. Termann von der Stanford-Universität hervorgegangen ist, kennzeichnen Werte unter 70 den Schwachsinnigen, bis zu 80 die Grenzfälle, bis 90 die schwachnormale, bis 110 die normale Intelligenz, bis 130 die überdurchschnittlichen Begabungen und über 130 die alles überragende Intelligenz, die Genialität.

Da nun die Menschheit zwischen 1790 und 1940 einen Mindestintelligenzverlust von 10 Prozent aufzuweisen hat, bedeutet dies bei Auswertung der Gauss'schen Variationskurve für die genialen Begabungen einen Rückgang auf ein Drittel, bei den Überdurchschnittlichen auf die Hälfte.

Bei einem Intelligenzverlust von 20 Prozent, wie ihn andere Wissenschaftler festgestellt haben, bedeutet dies eine Vermehrung der Beschränkten um das Viereinhalbfache und eine Verdreißigfachung der Halbidioten!

Die Überfüllung der Anstalten für Geisteskranke spricht wohl für sich. Allein in Schweden stehen 660 000 Betten in Krankenhäusern 30 000 Betten der staatlichen Irrenanstalten gegenüber. Doch reichen diese bei weitem nicht aus, und viele Geisteskranke stehen noch auf der Warteliste.

Und selbst Altkanzler Konrad Adenauer mußte 1959 feststellen: *„Ich bin der festen Überzeugung — ich will mal sehr vorsichtig sein —, der Prozentsatz derjenigen Menschen in der Welt, die geistig nicht mehr so ganz dabei sind, hat zugenommen.“* (Der Spiegel, Nr. 41, 9. 10. 1963.)

Nicht zuletzt hat Ludwig Klages in einem Handschriftenvergleich zahlreicher Persönlichkeiten von der Renaissance bis zu Beginn der zwanziger Jahre dieses Jahrhunderts einen erheblichen Verlust der Gesamtpersönlichkeitswerte festgestellt. Er schreibt [73]:

„Lebensfülle der Menschheit und Ausdrucksgehalt ihrer seelischen Niederschläge sind seit der Renaissance in beständigem, seit der französischen Revolution in reißendem Absinken begriffen, dergestalt, daß auch die reichste und begabteste Persönlichkeit von heute, aus einem wesentlich ärmeren Lebensmittel gespeist, nur allerhöchstens die Fülle dessen erreicht, was vor vier oder fünf Jahrhunderten Durchschnitt war.“

Zusammenfassend läßt sich also durchaus feststellen, daß der Rückgang der Intelligenz wie des Geistes allgemein erschreckende Fortschritte erfahren hat. Zugleich ist deutlich geworden, wie sehr auch dieser unweigerlich in den Untergang führende Trend dem gegenwärtigen Zivilisationsprozeß entspricht. Es wird klar, wie sehr die Subsumtion unter eine lebensfremde Technik zur Abwertung des geistigen Ichs geführt hat.

Der übermäßig herrschende Intellekt ist allenthalben mit Macht dabei, den schöpferischen Geist zu verdrängen und zum Abtritt zu zwingen. Er zwingt zum Verzicht auf den Sinn und auf das Bewußtsein von einem Ganzen, in dem auch der Mensch nur eine unter-

[73] Klages, Ludwig; Handschrift und Charakter, S. 42/43.

geordnete Rolle spielt. Dieser technische Geist, der sich ausschließlich mit toten, künstlichen Dingen beschäftigt, läßt den Menschen schließlich gleichgültig werden gegenüber dem Leben. Es ist heute also vordringliche Aufgabe, sich wieder auf das Wesentliche, auf das Übergeordnete im Ganzheitsprinzip des Lebens zu besinnen. Friedrich von Schiller formulierte es so: „Suchst du das Höchste, das Größte? Die Pflanze kann es dich lehren. Was sie wissentlich ist, sei du wollend! Das ist's."

C. Seele

Ja, Perlen fischt er und Juwele.
Die kosten nichts — als seine Seele.
Annette v. Droste-Hülshoff

„Und Gott der Herr machte den Menschen aus einem Erdenkloß und blies ihm ein den lebendigen Odem in seine Nase. Und also war der Mensch eine lebendige Seele!" (1. Mos. 2, 7.)

Es ist die Seele, die dem menschlichen Dasein ihren Sinn verleiht. Sie erst macht den Menschen zum Ebenbild Gottes, sie gibt dem Menschen alles oder nichts. So wie der menschliche Organismus ein unteilbares Ganzes ist, so ist die Seele die Inkarnation des Lebendigen, des Lebens an sich.

Die menschliche Seele zu definieren, hieße Gott zu definieren. Es bleibt dem Menschen jedoch belassen, das seelische Geschehen zu erkennen und zu erfahren.

So wie der Organismus die Umwelt beeinflußt und der Re-aktio derselben unterliegt, so ist auch das seelische Geschehen Trägerin der Lebensvorgänge und wird von ihnen getragen. Die seelischen Fähigkeiten erst geben dem Menschen das Bewußtsein der Verantwortung. Wird nun das seelische Geschehen negativ beeinflußt oder eingeengt, so stirbt es ab und wendet sich in seinem Auflösungsprozeß gegen den Menschen, der seine Verantwortungsfähigkeit und damit den Sinn seines Daseins verliert.

Da nun Seele und Körper eine untrennbare Einheit, ein Gesamtes bilden, ist es ohne Bedeutung für die Folgen, welcher Teil dieses Ganzen in seiner Funktion gestört wird. Schon um 500 v. Chr. hatte Heraklit dies erkannt und geschrieben [74]:

„So wie eine Spinne auf ihrem Anstand in der Mitte des Netzes spürt, sobald eine Fliege einen Faden ihres Netzes zerstört, und

[74] Heraklit; a. a. O., S. 23.

darum dorthin eilt, gleichsam betrübt über die Durchschneidung des Fadens, so geht des Menschen Seele, wenn irgendein Teil seines Leibes verletzt wird, dorthin in Eile, da sie nicht dulden kann eine Verletzung des Leibes, mit dem sie fest und in Beziehung zu allen Teilen verbunden ist."

Habe ich in den vorhergehenden Kapiteln versucht, eine Beschreibung von den Veränderungen zu geben, denen der Geist und Organismus des Menschen durch die technische Umwelt unterworfen ist, so sollte dies bereits ahnen lassen, welche Störung und Zerstörung das seelische Geschehen des Menschen erfahren hat.

Wir leben heute hinter der glänzenden Fassade einer technischen Zivilisation, die dem Menschen alles bieten kann, was sein Herz begehrt. Ja, sie verlangt sogar die Erfüllung ihrer Möglichkeiten. Es ist jedoch ebenso sicher, daß der vermehrte Konsum an Gütern mit einem Abbau an seelischen Werten bezahlt worden ist. Dieser unendliche Dienst an endlichen Dingen hat zur Verödung der Gefühlswelt geführt, und der Mensch ist das Objekt seiner Objekte geworden. Die Unklarheit und Unzufriedenheit des nicht mehr zu befriedigenden Menschen hat einem allgemeinen Unbehagen in unserer Zeit Raum gegeben. In allen Lebensbereichen tritt eine seelische Verarmung auf, die ihre Ursachen ohne Zweifel in der veränderten Lebenssituation des Menschen findet.

Durch die Überwindung von Zeit und Raum hat der Mensch die Distanz zu den Dingen verloren. Das Bewußtsein eines Geheimen, Wunderbaren, nicht Erforschbaren ist verlorengegangen. Das Erlebnis des Einmaligen ist den Massenerlebnissen gewichen und kann jederzeit nacherlebt werden. Zeitung und Illustrierte, Rundfunk und Fernsehen machen alle mit allem bekannt. Was einstmals unermeßlich groß, weit und trotz geheimer Wünsche unerfüllbar schien, hat die moderne Technik für jeden erreichbar gemacht. So bleibt es nicht aus, daß heute bereits ein Gefühl der Weltenge die Menschen erfaßt. Daß in Amerika bereits Tausende von Fahrkarten für einen „Flug zum Mond" verkauft werden, mag dies nur bestätigen.

Die moderne Technik hat aus dem Beruf einen „Job" gemacht, der in seiner Sinnlosigkeit dem arbeitenden Menschen keine Erfüllung mehr geben kann. Der automatisierte Maschinenarbeiter wie auch der „Schreibtischverwalter" arbeiten in der Anonymität der Masse, die durch ihre spezialisierte Arbeit mit dem Endprodukt erst gar nicht in Berührung kommt. Sie haben die innere Beziehung zur gewollten Vollendung eines begonnenen Werkes verloren. Was der Handwerker der vorindustrialisierten Gesellschaft in der Überschaubarkeit und Vollendung seiner Arbeit, in dem „persönlichen

Dienst am Kunden“ als Arbeitsstolz und Arbeitsfreude empfand, ist dem größten Teil der heutigen Arbeiterschaft nicht mehr möglich. Sie haben zudem mit „toten Dingen“ zu tun, die künstlich produziert werden und keine direkte Beziehung zur lebendigen Schöpfung mehr zulassen. So ist es vielfach unmöglich geworden, auf Anhieb festzustellen, aus welchem Stoff ein Gegenstand besteht. Es ist leicht möglich, daß der immer nur von „toten“ Dingen umgebene Mensch selber abstirbt.

Die fortschreitende seelische Verkümmerung ist wohl ein sichtbares Zeichen hierfür. Es ist daher ein Irrsinn ohnegleichen, wenn man darangeht auch noch den Bauern, die bis heute noch sichtbare Verkörperung der direkten Beziehung von Mensch und Natur, zur Vollautomation und zum „unternehmerischen Denken“ zu zwingen. Der „Widersinn und die Schamlosigkeit dieses unheiligen Krieges um den Futtertrog“ (nach G. Bäumer), den manche Geschäftemacher nie vollkriegen werden, hat bereits dazu geführt, die Handarbeit des Kleinbauern als „unproduktiv“ und „sozial deklassiert“ zu bezeichnen, und der noch nicht voll rationalisierte Bauernhof wird als „Kümmerexistenz“ abgewertet.

Solche in rein materiellem Denken verhaftete Menschen, wie sie in einer Fernsehsendung über die „versteckten Arbeitslosen“ am 9. 7. 1964 (1. Programm) auftraten, versuchen als Handlanger einer gewissenlosen und menschenmordenden Industrie auch noch die letzten Reste einer lebenserfüllenden Arbeit zu zerstören. Haben diese Menschen ihre Arbeit zum denaturierten Verdienstzweck gemacht und sehen den Sinn ihres Lebens in äußeren Zwecksetzungen, so versuchen sie durch heftige Agitation und Lockungen materieller Art auch noch den letzten Bauern zum Geschäftsmann ihrer Kategorie zu verführen. Man erklärt, es gehe um den Anschluß an das „Wirtschaftswunder“.

Da in Westdeutschland noch 73 Prozent aller Bauernhöfe als sogenannte Kümmerexistenz geführt werden, kann man nur hoffen, daß sie nicht den mit allen Mitteln vorgehenden Geschäftemachern und ihren bezahlten Handlangern zum Opfer fallen; denn wenn hier schon von „Kümmerexistenzen“ die Rede ist, so dürfte diese Bezeichnung wohl in erster Linie für den geistig und seelisch verkümmerten Großstädter zutreffen, aber niemals für die Menschen, die als fast einzige im heutigen Erwerbsleben die unmittelbare Beziehung zur lebendigen Schöpfung noch nicht verloren haben. Hinzu kommt noch, daß die Hektarerträge der kleinbäuerlich bewirtschafteten Anbauflächen erheblich höher liegen als die der Großflächenwirtschaft der vollmechanisierten landwirtschaftlichen Betriebe.

Überhaupt läßt sich feststellen, daß gerade die Berufsverbände, die Gewerkschaften und andere Organisationen heute nur ein gemeinsames Ziel kennen, nämlich die Erhöhung des sogenannten Lebensstandards. Um dieses fragwürdigen Strebens willen, sind sie dabei, auch noch die letzten schwachen Reste eines Arbeitsethos zu zerstören. Den lebenserfüllenden Sinn und Zweck einer Arbeit, den Inhalt und die Idee eines Berufes sind sie rücksichtslos bereit, um des schnöden Mammons willen zu opfern.

Selbst die Ärzteschaften, denen einstmals die Idee der „selbstlosen Hilfe am Nächsten“ als oberstes Prinzip im Berufsleben galt, versuchen mittels Streik und anderer Kampfmaßnahmen (man denke an den Ärztestreik 1964 in Belgien) eine Erhöhung des Verdienstes durchzusetzen.

Und auch die Lehrerverbände haben ihre einstmals ideellen Ziele teilweise zugunsten eines steigenden Gewinnstrebens aufgegeben. Gerade hier wird deutlich, welche verheerende Wirkung solchermaßen „entartete Vorbilder“ für die Grundeinstellung einer heranwachsenden Generation haben. Wie soll eine Jugend Werte wie Berufserfüllung durch Arbeitsfreude und Arbeitsstolz finden, wenn sich selbst ihre Erzieher immer mehr an der allgemeinen Jagd nach „Gott Mammon“ beteiligen. Daß dieses unheilige Gewinnstreben mit Lebenserhaltung und Lebenssicherung nichts mehr gemein hat, ist wohl kaum zu bestreiten. Es scheint allgemein dem bequemen Vergessen anheimgefallen zu sein, daß nicht die Quantität der Bedürfnisse, sondern stets die Armut an Bedürfnissen ein zufriedenes und erfülltes Dasein ausmacht. Denn *„was hülfe es dem Menschen, wenn er die ganze Welt gewönne und nähme an seiner Seele Schaden?!“* (Mark. 8, 36.)

Heute leben 85 Prozent aller Westdeutschen in Städten. Vor 150 Jahren waren es nur 25 Prozent, und noch vor 100 Jahren war das Zahlenverhältnis zwischen Bauern und Städtern 5 : 1. Millionenstädte gab es bis 1900 überhaupt nicht in Deutschland, und 1914 hatte lediglich Berlin die Millionengrenze überschritten. Heute gibt es allein in der Bundesrepublik drei Millionenstädte, und 9 Städte haben mehr als 500 000 Einwohner.

Diese Verstädterung des Menschen hat zu einer Entfremdung zur ursprünglichen Umwelt geführt. Nach durchgeführten Umfragen sind 15 von 100 Großstädtern seit Jahren nicht mehr in den Wald gekommen. Dem Großstadtmenschen fehlt die Berührung mit der Natur, mit dem Lebendigen. Er bewegt sich den ganzen Tag auf künstlich gemachtem Boden, der auch durch noch so geschickt eingefügte Grünstreifen, die wie Zierstücke wirken, seine künstliche

Natur nicht leugnen kann. Es erscheint mir ein wenig optimistisch, zu glauben, daß der Wochenendausflug ins Grüne mit Auto und Kofferradio dem Stadtmenschen das Gefühl einer Naturverbundenheit geben könne.

Nichtsdestoweniger ist der Stadtmensch die meiste Zeit seines Lebens einem unnatürlichen Lebensrhythmus ausgesetzt. Die moderne Beleuchtung hebt den Unterschied zwischen Tag und Nacht auf, und minütlich braust das ruhelose Geschehen eines hektischen Großstadtlebens in seiner ganzen, die seelische Atmosphäre zerstörenden Wirkung, über den Menschen hinweg. Es raubt ihm förmlich die Besinnung, die ausgleichende Muße und unterbindet die lebensnotwendige Verinnerlichung. Geradezu grotesk ist die Vorstellung, daß der moderne Mensch bei allen seinen Möglichkeiten einer rasanten Fortbewegung, die ihn in kürzester Zeit von einem Ort der Erde zum anderen bringen kann, statt unermeßlichen Zeitgewinn zu verzeichnen, von mal zu mal weniger Zeit besitzt!

Wurde zu Beginn der modernen technischen Fortbewegungsmittel geradezu die Zeiteinsparung und der damit verbundene Gewinn von verlängerten Mußestunden weitläufig propagiert, so ist es doch ein Wesenszug des heutigen Menschen, „keine Zeit zu haben". Der anfangs so enorm gepriesene Fortschritt hat im Grunde genommen auch hier zu einem fatalen Rückschritt geführt. Die dauernde Lebenshast, die dem seelischen Geschehen keine Ruhepause gönnt, hat vornehmlich aus dem Großstadtmenschen ein gehetztes, unstetes Wesen gemacht.

Nichts kann ihn auf längere Zeit halten; seine Wünsche und Erlebnisse wechseln täglich, so daß ihm das Erleben schlechthin und die Beständigkeit eines ausgerichteten Lebenszieles verschlossen bleiben.

Die Häufigkeit der Wohnungswechsel — in manchen Städten Amerikas werden 40 Prozent der Mietwohnungen jährlich gewechselt — und die Zahl der Ehescheidungen bieten dazu wohl deutliche Aufschlüsse. Allein im Bundesgebiet werden 35 Ehen von 10 000 geschieden, wie es das Statistische Bundesamt in Wiesbaden im Mai 1964 bekanntgab. Gab es im Jahre 1962 rund 50 000 geschiedene Ehen, so lebten 1965 bereits 83 000 geschiedene Frauen in der Bundesrepublik Deutschland.

In Schweden, dem Land mit dem höchsten Lebensstandard, wird jede sechste Ehe geschieden. Kamen dort 1925 auf 1000 Ehen 26 Scheidungen, so waren es 1962 pro Tausend bereits 120 Ehescheidungen.

Gerade hier wird sichtbar, daß der ständig verbesserte Lebensstandard in bezug auf materielle Dinge eine zunehmende seelische Verarmung mit sich bringt.

Die modernen Wohnmaschinen, deren kasernenartige Aufmachung bereits in der Außenansicht der monotonen Gleichförmigkeit einer Bienenwabe gleicht, dürften kaum in der Lage sein, dem Menschen das Gefühl einer Heimat mit allen ihren seelischen Verquickungen zu geben. Was auf die Schnelle und möglichst hohe Rentabilität hin erstellt wird, kann dem Menschen, der von Natur aus als Individuum geschaffen wurde, keine echte Beziehung abgewinnen. Alles ist auf Zweckmäßigkeit und Nützlichkeit eingerichtet. Das Einmalige, die persönliche Note ist in den Hintergrund getreten. So ist aus dem modernen Zuhause ein bloßer Aufenthaltsort, eine Schlafkabine, geworden. Dies gilt ebenfalls für die modernen Randsiedlungen der Großstädte wie bei Nürnberg, Köln, Frankfurt, Dortmund, Hamburg usw., die der Volksmund bezeichnenderweise mit dem Prädikat „Mondsiedlungen“ ausgezeichnet hat. Die seelische Erschöpfung vieler ihrer Bewohner gibt uns deutliche Aufschlüsse, wie sehr diese „Wohnblocks aus der Konservendose“ an den Menschen vorbeigebaut wurden.

Der Philosoph Karl Jaspers schreibt [75]:

„Das Menschsein wird reduziert auf das Allgemeine; auf Vitalität als leistungsfähige Körperlichkeit, auf die Trivialität des Genießens.“

Der suchende Mensch im geistig-ideellen Sinne ist kaum noch anzutreffen, und die allgemeine geistige Ziellosigkeit, die letztlich Ausdruck der fehlenden Lebensinhalte ist, hat zu einer zunehmenden seelischen Vereinsamung geführt. Das sprunghafte Ansteigen der Selbstmordversuche, die immer häufiger auch alte und ganz junge Menschen erfaßt, spricht hier für sich. Mehr als 5 Millionen Amerikaner sollen nach einer vorsichtigen Schätzung zu irgendeiner Zeit versucht haben, Selbstmord zu begehen. Der stellvertretende Direktor der Nervenklinik der Universität von Californien, Dr. Ronald S. Mintz teilte 1964 mit, daß rund 75 000 Menschen in Los Angeles einen oder mehrere Selbstmordversuche begangen haben.

Nach einer Untersuchung des Statistischen Landesamtes in Düsseldorf scheiden allein in Nordrhein-Westfalen täglich sieben bis acht Menschen durch Selbstmord aus dem Leben. Auf diese Weise starben dort 1963 insgesamt 2778 Menschen.

So schreibt der Charakterforscher Ludwig Klages [76]:

„Kein Zweifel, wir stehen im Zeitalter des Untergangs der Seele. Die meisten leben nicht, sondern existieren nur mehr, sei es als

[75] Jaspers, Karl; a. a. O., S. 43.
[76] Klages, Ludwig; Mensch und Erde, S. 14/15.

Sklaven des Berufs, die sich maschinenhaft im Dienste großer Betriebe verbrauchen, sei es als Sklaven des Geldes, besinnungslos anheimgegeben dem Zahlendelirium der Aktien und Gründungen, sei es endlich als Sklaven großstädtischen Zerstreuungstaumels; ebenso viele aber fühlen dumpf den Zusammenbruch und die wachsende Freudlosigkeit. In keiner Zeit noch war die Unzufriedenheit größer und vergiftender."

Das wachsende Bewußtsein eines unbefriedigten und letztlich sinnlosen Daseins ist es, was die zivilisierte Menschheit, einer unermüdlichen Sucht folgend, nach immer neuen Zerstreuungen suchen läßt. Diese haben mit echter Lebensfreude nichts mehr gemein und tragen letztlich nur dazu bei, den Menschen immer tiefer in einen „seelenlosen Tanz um's goldene Kalb" zu verstricken.

Reinhard Demoll beschreibt diesen Trend auf sarkastische, aber äußerst zutreffende Weise [77]:

„*Aus dem Sichvergnügen und aus dem Sicherfreuen hat die Zivilisation ein Sichamüsieren gemacht. Gemessen wird es nicht an Frohsinn und Heiterkeit, sondern an dem verausgabten Geld. Selbst das alte Großmütterchen ist von dem Taumel erfaßt. Es will sich amüsieren. Im Beiwagen rast es durch die Gegend und behauptet, es sei köstlich. Dabei fühlt es sich andauernd gerettet, ist aber stolz darauf, daß es diese Nervenpeitsche auszuhalten vermag!*"

Dieser falsche Lebensrhythmus, der in seiner Unbeständigkeit Folge und zugleich Ursache einer Deformation der Seele bekundet, zeigt sich am deutlichsten in dem heute allgemein üblich gewordenen Gang zum Psychiater.

In Amerika sind es über 30 Millionen Menschen, die wegen seelischer Störungen einen Arzt benötigen. 20 bis 30 Millionen leiden als sogenannte Grenzfälle an zeitweise auftretenden Gemütsstörungen. Drei Millionen sind neurotisch belastet und $2^1/_2$ Millionen haben charakterliche und sittliche Veränderungen erfahren. Insgesamt weisen an die 60 Millionen Amerikaner seelische Störungen auf. Und dies im vielgepriesenen „fortschrittlichsten" Land der Erde. Welch seelische Verkümmerung dieser äußere Fortschritt bewirkt hat, mag in dem schlimmer als zuvor auftretenden Rassenwahn mit all seinen perversen Abscheulichkeiten ebenfalls zum Ausdruck kommen.

Sprach ich in einem anderen Kapitel über die negativen Einflüsse der technisierten Umwelt auf das Wettergeschehen, so haben diese Veränderungen ebenfalls auf das seelische Geschehen abträgliche Auswirkungen. Die Wissenschaft hat längst festgestellt, daß zwi-

[77] Demoll, Reinhard; a. a. O., S. 203.

schen der Wetterlage und dem Körper enge Zusammenhänge bestehen, die sich bis in seelische Bereiche erstrecken. Bei fallendem Luftdruck nehmen die Gewebe des Körpers Wasser auf, so auch das Gehirn. Dabei kommt es zu einem überhöhten Gehirndruck, der die Hirndurchblutung beeinträchtigt. Diese Schwankungen des Luftdrucks rufen gleichfalls Reaktionen des Nervensystems hervor. Sensible Menschen reagieren darauf mit Kopfschmerzen, mit Depressionen oder einem Gefühl der seelischen Leere. Selbst die Zahl der Verkehrsunfälle und Verbrechen nehmen während eines „Tiefs" zu, ja, die Menschen werden streitsüchtig.

So geht aus soziologischen, juristischen und psychologischen Statistiken einwandfrei hervor, daß gerade die Streitsucht unter den Menschen, die offensichtlich mit der Technisierung und Rationalisierung immer weiter ansteigt, bedenkliche Grade erreicht hat. Die Naturveränderungen, wie eben auch die gestörten Wetterverhältnisse, gehören in den circulus vitiosus des gegenwärtigen Zivilisationsprozesses, der nicht zuletzt Ursache für die mangelnde Harmonie des menschlichen Zusammenlebens in unserer pluralistischen Gesellschaft ist. Heute steht fest, daß rund 44 Prozent der zivilisierten Menschheit in ständigem Streit miteinander leben, was zweifellos Ausdruck einer seelischen Disharmonie ist.

Trotz der glänzenden Fassade, die eine moderne Technik um unser Dasein errichtet hat, ist die Seele einsam geblieben und die innere Welt des Menschen verstummt mehr und mehr. Trotz der Grandiosität des äußeren Lebens ist der Mensch nicht glücklich, ja, er unterliegt heute einer zunehmenden Angstpsychose, die sich auf den panischen Schrecken vor dem apokalyptischen Atomgespenst konzentriert. So ist an die Stelle der natürlichen Lebensfreude als Ausdruck eines harmonischen Lebens die Langeweile und Haltlosigkeit eines unerfüllten Daseins getreten. Was könnte dies besser ausdrücken als das stetig wachsende Auftreten des schwachen und haltlosen Menschen, der in Abhängigkeit von Rauschmitteln der Wirklichkeit des Lebens zu entfliehen sucht. Das Angebot einer gewissenlosen Industrie an sogenannten Glückspillen, Weck- und Beruhigungsmitteln steigt ebenso sprunghaft wie die Nachfrage des süchtigen Menschen. Schon reichen die Betten in Gefängnissen und Irrenanstalten nicht mehr aus, um alle diese Opfer aufzunehmen.

Allein für das große Heer der Alkoholkranken und -gefährdeten sind zur Zeit nur 1000 Betten in zwölf offenen und sechs geschlossenen Trinkerheilstätten verfügbar. Auch mit Hilfe von freiwilligen Helfern kann höchstens ein Viertel aller Trunksüchtigen betreut und behandelt werden.

Was zu Beginn des technisch-industriellen Zeitalters als „Elendsalkoholismus" bezeichnet wurde, tritt als unerwünschter Erfolg der Prosperität in Gestalt des sogenannten Wohlstandsalkoholismus auf. Es ist schon grotesk, daß der Staat auf der einen Seite Millionen an der Trunksucht seiner Bürger durch die Alkoholsteuer verdient, andererseits jedoch Milliardenbeträge zur Betreuung der Süchtigen und Unterstützung ihrer Familien ausgeben muß. So sind nach Feststellung der Hauptstelle gegen Suchtgefahren in Hamm 420 000 Menschen dem Alkohol verfallen, und fast 1 Million Menschen sind durch die Trunksucht anderer unverschuldet in Not geraten und müssen von der öffentlichen Hand betreut werden. Neben diesen erfaßten Süchtigen liegt die effektive Zahl der Alkoholkranken wahrscheinlich bei rund 1 Million.

Mehr als 3600 Verkehrstote und 40 000 Verletzte waren 1963 Opfer von Verkehrsunfällen, die betrunkene Kraftfahrer verschuldet hatten. Ein Blick auf die Schlagzeilen der Tagespresse macht deutlich, mit welchen Folgen der Alkohol die körperliche und seelische Gesundheit ruiniert:

„Den Leichtsinn eines Betrunkenen bezahlten zwei Frauen in K. mit dem Leben — Angetrunkener Fahrer riß älteres Ehepaar in den Tod — Schlägerei nach einer Zechtour fordert einen Toten — Im Rausch Frau und Kind aus dem Hause geprügelt — Betrunkener Gast wurde von Polizist aus Notwehr erschossen — Toter hinterläßt Frau und fünf unmündige Kinder — Unter Alkoholeinfluß fuhr der Arzt Dr. B. in eine Fußgängergruppe — Überfahrener Fußgänger war selbst schuld, weil er betrunken auf der Straße gelegen hatte — Vater versuchte im Zustand der Trunkenheit sich und seine vier Kinder mit Gas umzubringen — Betrunkener lärmte und schimpfte in der Kirche — Wette um eine Flasche Schnaps endete in Messerstecherei — Durch den plötzlichen Kälteeinbruch erfroren in H. zwei Männer, die vermutlich ihren Rausch auf der Straße ausschlafen wollten" — usw. usw.

Diese allgemeine Flucht aus der Wirklichkeit einer seelenlosen Umwelt ergreift zunehmend Frauen und junge Menschen. An die 24 000 Jugendliche im Alter von 17 bis 25 Jahren sind heute dem Alkohol verfallen. Immer häufiger hört man das lapidare Sprüchlein: „Schütt' die Sorgen in ein Gläschen Wein"; und die eigene Hausbar wird als „modern" und „chic" auch von den unteren Volksschichten aus sozialem Prestige eingerichtet.

Im statistischen Jahresdurchschnitt gibt heute eine vierköpfige Familie in der Bundesrepublik 1100,— DM für alkoholische Getränke aus. Das ist mehr als ein Jahresverdienst der meisten Menschen in den unterentwickelten Ländern. Die Durstbilanz hat astronomische Zahlen erreicht. Im Jahre 1962 betrug der Konsum an Bier 108,2 Liter, an Trinkbranntwein 2,4 Liter, an Wein 13,8 Liter pro Kopf der Bevölkerung der Bundesrepublik. Wurde 1952 noch mit 7 Millionen Flaschen Schaumwein gerechnet, so knallten 1962 über 90 Millionen mal die Sektkorken. Allein der Whiskyverbrauch stieg gegenüber 1961 um das Dreifache.

In Schweden schätzt man den Alkoholkonsum vorsichtig auf 30 Liter Schnaps pro Jahr und Kopf.

Die wachsenden Gefahren einer fortschreitenden Abhängigkeit der zivilisierten Menschheit von Sucht- und Rauschmitteln ist bereits in vielen Ländern zum nationalen Problem geworden, das man kaum lösen kann durch erhöhte Alkoholsteuer oder Intensivierung der Anstaltsbauten. Die negativen Veränderungen der Seele, die zweifellos eine Folge der Reaktionen einer veränderten Umwelt sind, erfordern zur Gesundung des seelischen Geschehens eine direkte Bekämpfung der Ursachen und nicht wie bisher der Symptome!

Eine weitere erschütternde Wirkung geht von der im gegenwärtigen Zivilisationsprozeß vergewaltigten Seele aus. Durch die Vielfalt der zivilisatorischen Einflüsse auf das seelische Geschehen ist nicht nur die Einheit der Seele an sich zerstört, es zeigt sich, daß bestimmte Funktionen des seelischen Vermögens in negative und verderbliche Bahnen gelenkt werden. Eine wesentliche seelische Funktion liegt im Liebesvermögen des Menschen. Die Liebe ist in sich ein Ausdruck des Seelischen. Wird nun die Seele entwertet, so zeigen sich gerade im Liebesleben der Völker sichtbare Wandlungen.

Der Sexus des Menschen ist darauf angelegt, der Mitmenschlichkeit zu dienen. Wo jedoch, und das ist heute weitgehend der Fall, der Liebe die Seele, der innere Bezug fehlt, da ist ein menschliches Wesensmerkmal zur subanimalischen, fleischlichen Gier denaturiert. Die Liebe erscheint nur noch als purer Trieb und besinnungsloser Rausch. Sie ist ihres Inhaltes beraubt, und die animalische Lust wird zum reinen Selbstzweck.

Ein Reporter berichtet über ein Gespräch mit einem jungen Schweden, der für viele seiner Altersgenossen sprechend folgendes meinte:

„Das ist so, wenn ich Hunger habe, gehe ich essen. Wenn ich ein Mädchen brauche, setze ich mich ins Auto und hole mir eins. Das hat mit Sentimentalität (Liebe) nichts zu tun.“ (Zitiert aus „Zeitung“, Juni 1964, Nr. 4.)

Gerade in Schweden, dem Land, in dem der sogenannte Wohlfahrtsstaat fast perfektioniert ist, wird sehr deutlich, welche seelische Verkümmerung das hochzivilisierte Dasein zur Folge hat. Heiraten ist hier zum großen Teil altmodisch geworden und man „zieht stattdessen einfach zusammen“. Ein uneheliches Kind ist keine Schande; denn vor dem Gesetz gelten Kinder aus Verlobungsbindungen als ehelich; und die jungen Mädchen ziehen ein uneheliches Kind der Heirat vor, da dieses dann vom Staat in landschaftlich schön gelegenen Heimen untergebracht wird und den monotonen Wohnmaschinen der Vorstädte entgeht. So werden von 100 Kindern 17 außerehelich geboren.

Nach den Feststellungen namhafter schwedischer Zeitungen haben fast 60 Prozent aller Schweden bereits vor dem 16. Lebensjahr sexuelle Beziehungen. So fordert die Presse in Leitartikeln bereits die Einrichtung von Präservativautomaten in den Schulen! Eindeutiger läßt sich wohl die seelische Verzerrung eines dem äußeren Fortschritt verschriebenen Volkes nicht mehr aufzeigen.

Ähnliche Verhältnisse finden wir in den USA. Hier gingen 1907 noch 90 von 100 Frauen unberührt in die Ehe, im Jahre 1950 waren es noch ganze 10 von 100. Nach dem Kinsey-Bericht sind rund 26 Prozent der verheirateten Amerikanerinnen und fast 50 Prozent der verheirateten Amerikaner dem Ehepartner irgendwann einmal untreu.

Entsprechend dieser Trends gibt es in der Bundesrepublik Deutschland Bestrebungen, bereits den 16jährigen Mädchen die sogenannte Anti-Baby-Pille zur freien Verfügung zu stellen! Es bleibt abzuwarten, inwieweit ein im September 1964 erfolgter Protest durch den „Wissenschaftlichen Rat der Internationalen Gesellschaft für Nahrungsforschung“ gegen diese allzu durchsichtigen Praktiken der Geschäftemacher Erfolg hat.

Für die Verirrung des seelischen Lebens in einem modernen Industriestaat mag auch die wachsende Zahl der Triebverbrechen und -verbrecher zeugen. Allein in Hamburg fallen Jahr für Jahr 700 ahnungslose Kinder solchen Sittlichkeitsverbrechern zum Opfer. In der Bundesrepublik waren es 1963 18 000 bekanntgewordene Sittlichkeitsdelikte. Da die Dunkelziffer nur geschätzt werden kann, dürften es tatsächlich weit mehr sein.

Zu diesen erschütternden Dokumenten eines technisch-seelenlosen Lebens meinte die Leiterin der weiblichen Kriminalpolizei in Hamburg, „daß die Hast und Unruhe den Männern keine Zeit mehr lasse, um die Liebe einer Frau zu werben. Im Kind dagegen fänden sie sehr leicht ein Opfer für ihre Triebhaftigkeit!“

Selbst der Vizepräsident des Deutschen Kinderschutzbundes, der

Frankfurter Notar Dr. Stille, fühlte sich im September 1964 veranlaßt, in einem Telegramm an Bundespräsident Lübke seine große Besorgnis gegenüber der wachsenden Zahl der Gewaltakte an Frauen, Jugendlichen und Kindern durch Geistesgestörte und Triebverbrecher zum Ausdruck zu bringen.

Überhaupt ist die allgemeine Kriminalität in ständigem Steigen begriffen. Die Zahl der Menschen, die quasi aus „Langeweile" einen Mord begehen, nimmt erschreckend zu. Viele Verbrechen geschehen nur, um der seelischen Verödung des modernen Lebens einmal zu entweichen.

Im Jahre 1963 waren es in Westdeutschland 1 678 840 Verbrechen und Vergehen, die angezeigt wurden. Der frühere Bundesinnenminister Höcherl schrieb in einem regierungsamtlichen Bulletin, daß innerhalb der letzten 10 Jahre die Zahl der bekanntgewordenen Verbrechen und Vergehen prozentual um das Drei- bis Vierfache mehr angestiegen sei als die Bevölkerungszahl! Entsprechend der seelischen Veränderungen wächst also die Zahl der seelisch Pervertierten. Hier wird eine erschreckende Parallelität sichtbar, und bei einem Anhalten des gegenwärtigen Trends dürfte am Ende eine Menschheit stehen, die den Begriff „Gewissen" nur noch aus der Historie kennt.

Wie weit die heutige Gewissenlosigkeit bereits geht, macht das Problem der Anti-Baby-Pille sichtbar. Hat die moderne Technik die Natur rücksichtslos vergewaltigt und ihre regelnden Ausgleichsfunktionen zerstört, so untersteht sich diese gleiche unheilvolle Technik, den immer deutlicher werdenden negativen Folgen ihres Wirkens abermals mit Maßnahmen zu begegnen, die in ihrer Amoralität und Blindheit in bezug auf ein natürliches Leben nur einen erneuten Rückschlag für die Menschheit einleiten können.

Im praktischen Vordergrund steht die von dem amerikanischen Arzt Pinkus entwickelte Anti-Baby-Pille. Diese sogenannte Pinkus-Pille enthält mehrere Geschlechtshormone und verhindert durch Beeinflussung des Zentral-Nervensystems den Eisprung und somit jede Gelbkörperbildung. So vermag das Zusammenspiel der mit der Pille eingenommenen Hormone den natürlichen und gesunden Zyklus völlig stillzulegen und täuscht der Frau durch eine Abrißblutung eine normale Regelblutung vor. Auf diese Weise kann in über 90 Fällen von 100 eine Empfängnis verhütet werden.

Diese unnatürliche Vergewaltigung des fraulichen Elementarrhythmus' hat auf die Dauer — man denke an Contergan etc. — eine zweifellos schädigende Wirkung auf den Organismus zur Folge. Die direkten Folgen dieser Pillen äußern sich in Übelkeit, Sodbrennen, Kopfschmerzen, Schlafstörungen, Verstopfungen, Spannungen in der Brust, Kreislaufbeschwerden mit dicken Füßen, Gewichtszunahme, Minderung der Geschlechtslust und depressiven Verstimmungen aller Art.

Man erinnere sich in diesem Zusammenhang an die mehr als 2000 Jahre alten Erkenntnisse eines Heraklit! Denn jede Störung des natürlichen Lebensrhythmus' wie des Organismus in seiner Gesamtheit wirkt sich auch im seelischen Geschehen aus.

Vielleicht erinnert man sich auch der Bibelworte, die da lauten: *„Siehe, Kinder sind eine Gabe des Herrn, und Leibesfrucht ist ein Geschenk"* (Psalm 127, 3), oder an die Worte im Gebet des David zu Gott: *„Deine Augen sahen mich, da ich noch unbereitet war, und alle Tage waren auf dein Buch geschrieben, die noch werden sollten, als derselben keiner da war."*

Wie mag es nun um das innere Leben der zivilisierten Menschen bestellt sein, wenn ein Großteil von ihnen nach dem Grundsatz lebt: Erst Fernseher, Kühlschrank und Auto etc., dann eventuell Kinder!

Da nun im Laufe der Jahre immer neue und anspruchsvollere Wünsche auftreten, behält vielfach nur der Wunsch nach materiellen Dingen seine Existenz und das Familienleben, das durch greifbare und nützliche Dinge zu erreichen versucht wird, bleibt in seiner zweckunterworfenen Struktur eine leere, innerlich unausgefüllte Hülle, die dann, wie die Zahl der Ehescheidungen zeigt, allzuleicht zerbricht.

Die Berufstätigkeit der Frau kann diesen Trend nur noch verstärken. An die Stelle der Gefährtin, der treusorgenden Gattin und Mutter ist die gehetzte und wie der Mann dem Tanz um den Geldsack verfallene Arbeits-Ehefrau getreten. Es wird doch ernstlich keiner behaupten wollen — außer natürlich der interessierten Wirtschaft — daß die Jagd nach immer neu zu verbesserndem Lebensstandard, der zum Teil die Mitarbeit der Frau voraussetzt, eine Erhöhung des seelischen Lebens bewirkt. Und es bleibt äußerst fragwürdig, einen Zustand, der ausgezeichnet ist durch die Mitarbeit der Ehefrau als Existenzbedingung, als „wirtschaftlich gesund" zu bezeichnen.

Ich habe bereits geschildert, daß die Arbeit ohne Sinn und Inhalt, wie es heute weitgehend der Fall ist, ihren lebensfüllenden Gehalt aufgibt. Die Weisheit der Bibel, daß „Mühe und Arbeit die Köstlichkeit des Lebens ausmachen", ist der gegenwärtigen zivilisierten Menschheit weithin verlorengegangen.

So gab es Zeiten, in denen die Arbeit nicht nur Fron, sondern auch Dienst am Leben war, ja sogar zur „Feier“ wurde. Der Gesang bei der Arbeit der Seeleute, der Lastenträger, des Landmannes, des Müllers, des Webers usw. waren in früheren Zeiten vorwiegend Dokumente einer sinnbezogenen Arbeit in der Bewältigung des Daseins, waren Ausdruck einer seelischen Ausgeglichenheit.

Welche innere Verödung der Menschen zeigt sich in der Tatsache, daß neuerdings in vielen Fabriken zwar nicht mehr der Arbeitnehmer selbst singt, er dafür aber stundenlang der monotonen Berieselung durch Schlagermusik vom Tonband ausgesetzt ist. Auch hier wird statt der Eigenaktivität die rezeptive Verhaltensweise gefördert, die zweifellos ein Ausdruck der inneren Disharmonie ist. Wo die technische Welt voller Geräusche und Lärm ist, schweigen die Menschen. Da den Menschen der gemeinsame Urgrund und das gemeinsame Ziel verlorengegangen sind, leben sie nur noch sich selbst.

Die allen gemeinsame Gier nach Lebensstandard ist nur ein äußerlich verhaftetes Ziel und wird somit, von jeder inneren Bindung befreit, zu einem mörderischen Geschäft aller gegen alle.

Es ist daher nur ein Ausdruck dieser seelenlosen technischen Zivilisation, wenn von verschiedenen Seiten immer häufiger vor der „fortschreitenden Demoralisierung im öffentlichen Leben“ gewarnt wird, wie es u. a. der Rat der Evangelischen Kirche unter Vorsitz von Präses D. Scharf Anfang Juli 1964 in Berlin tat und in einem Wort zum Buß- und Bettag 1964 noch schärfer formulierte. Er rief die Christen auf, den Mißbrauch der Freiheit, die Verwirrung der Gewissen, die Entehrung der Frau, die Verletzung der Menschenwürde furchtlos beim Namen zu nennen und der *Verwüstung der Seelen Widerstand zu leisten.* So hieß es wörtlich:

„Wir sind in Gefahr, unter die Diktatur der Unanständigkeit zu geraten. Die Zeichen der moralischen Entartung in unserem öffentlichen und privaten Leben mehren sich in erschreckender Weise. Es erscheinen Aufsätze und Bilder in Illustrierten, auch Bücher . . ., die Vorgänge des geschlechtlichen Lebens, ja abartige menschliche Triebe unter Verletzung der Scham behandeln. Filme zerren Intimes an die Öffentlichkeit oder überbieten einander in der Darstellung von Grausamkeiten. Alkohol und Sexualismus verwüsten ungezählte Ehen. Die Zahl der Abtreibungen ist erschreckend groß . . . Die Selbstkontrolle der Verantwortlichen aber droht zu versagen, weil feste und gemeinsame Maßstäbe fehlen.“

Hierzu gehören auch die Worte Papst Paul VI., die er anläßlich eines Pfadfindertreffens am 17. 8. 1964 in Castel Gandolfo in Italien sprach. Er sagte u. a.:

„Einer der bittersten Eindrücke, die wir aus der Betrachtung des

zeitgenössischen Lebens ziehen, ist das Bild so vieler trauriger, abgemagerter, müder, höhnischer Gesichter von jungen Leuten, die als charakteristische Typen der gegenwärtigen Generation hingestellt werden. Ich spreche nicht nur von den unglücklichen Gesichtern der Teddy-Boys oder der Mods und Rockers (Gruppen englischer Jugendlicher), sondern auch von vielen anderen jugendlichen Gesichtern, die von existentialistischen Auswüchsen geprägt, unruhig, vergnügungssüchtig und begierig sind, das Leben wie eine Erfahrung ohne Sinn zu genießen."

Und schließlich bezeichnete es 1964 der Baden-Württembergische Ministerpräsident Kiesinger als größte gegenwärtige Aufgabe, *„die seelische Verarmung als Kehrseite der technischen Zivilisation zu überwinden"!*

Mit einer erwachsenen Generation ist nie viel zu machen,
in körperlichen Dingen wie in geistigen, in Dingen des Geschmacks wie des Charakters,
seid aber klug und fangt in den Schulen an, und es wird gehen.

Johann Wolfgang von Goethe

V. DIE TECHNISIERTE UMWELT ALS PROBLEM DER ERZIEHUNG

Jeder normale Mensch besitzt eine Bewußtseinslage, d. h. er deutet die Welt so, wie er sie sieht und erlebt. Diese Bewußtseinslage spiegelt sich in der Persönlichkeit des Individuums wider. Mag er den Dingen nun gleichgültig oder in einer bestimmten Haltung gegenüberstehen, immer wird seine Verhaltensweise von der Persönlichkeit her geprägt.

Von diesem Gedanken ausgehend ist besonders in der Erziehung die Persönlichkeit des Erziehers von allergrößter Wichtigkeit. Keine vorgeschriebene Lehre oder Methode kann sie ersetzen. So wäre vor allem ein von Staats wegen angeordnetes Erziehungsziel, welches die Persönlichkeit des Erziehers und somit den zu Erziehenden in seinem Sinne beeinflussen würde, unbedingt abzulehnen.

Warnt doch bereits die Jakobinische Verfassung vom 24. 6. 1793 in ihrem Art. 28: „*Eine Generation kann ihren eigenen Gesetzen nicht auch künftige Generationen unterwerfen.*“

Da nun aber die Individualerziehung, die in früheren Zeiten der direkten Berührung mit der Umwelt und dem Leben in der Familie entsprang, heute unmöglich geworden ist, bleibt praktisch nur der Weg eines staatlich berufenen Erziehers. Seine Erziehungsarbeit, die also der natürlichen Erziehung, der organisch gewachsenen Bewußtseinslage nicht entspricht, sie jedoch ersetzen muß, soll zum nicht geringen Teil die Persönlichkeit des Heranwachsenden zur Entfaltung bringen, d. h. sie formen und beeinflussen.

Die hierzu erforderliche erzieherische Verantwortung kann sich in einer gesunden Umwelt auf die Vorgänge und Beziehungen des Lebens beschränken, die ohnehin den heranwachsenden Menschen in seinem Wesen beeinflussen und verändern. Da sich der Geist unserer heutigen Umwelt jedoch in einem äußerst bedrohlichen Verfall aller prägenden Lebensformen äußert, ist es für den Erzieher an der Zeit, sich nicht nur auf seinen besonderen Arbeitskreis zu beschränken, sondern das Ganze zu überschauen und das Wesentliche zu erkennen. Es ist für den heutigen Erzieher also von allergrößter Wichtigkeit, ja, geradezu die Voraussetzung für eine Erfolg verheißende Tätigkeit, seine Arbeit in Ganzheitsbezüge umzusetzen, die dann auch dem Schüler eine Gesamtschau ermöglichen.

Johannes Wittmann schreibt hierzu [78]:

„Nur durch das Leben lernt der Schüler für das Leben, nur aus einem Leben im Ganzen kann er zu einem Leben für das Ganze kommen."

Mag dieses Unterfangen in seiner praktischen Verwirklichung noch so unmöglich scheinen, allein die Idee und die praktische Ausrichtung ist hier entscheidend.

Nur so erkennt der Erzieher und durch ihn der Schüler die Gefahren, die negativen und verderblichen Auswirkungen des zivilisierten Lebens. Nur in Kenntnis dieser letztlich alles zerstörenden Tendenzen einer unnatürlich und maßlos technisierten Umwelt kann er den Kampf mit ihr aufnehmen.

Nun habe ich versucht, in den vorhergehenden Kapiteln eine ungefähre jedoch keine Vollständigkeit beanspruchende Übersicht der negativen Trends, die unser Dasein und nicht zuletzt das der uns anvertrauten jungen Generation immer mehr zu zerstören drohen, zu geben. Selbst wenn einige diesen Aufzeichnungen nicht mit letzter Konsequenz zu folgen vermögen, so bleiben die Fakten doch bestehen und drücken in ihrer Eindeutigkeit mehr aus, als verschiedene Meinungen und Auffassungen es je könnten. Und nur die Tatsachen — auch wenn sie, was zu hoffen ich nicht in der Lage bin, eine harmlosere Bilanz wiedergeben sollten — zählen, wenn es darum geht, die Probleme zu bewältigen.

Es genügt heute nicht mehr allein die Hilfe aus Liebe zur Legitimierung einer erzieherischen Einflußnahme auf einen jugendlichen Menschen durch Außenstehende. War in der ursprünglichen Lebensordnung eine allesumfassende Zerstörung des menschlichen Lebens nicht zu erwarten, so besteht diese Befürchtung in der technisch-zivilisierten Gesellschaft in höchster Potenz.

Da nun die unbedingte Forderung besteht, das Leben, das von der Schöpfung uns zum Bewahren und Bebauen Anvertraute zu erhalten und zu fördern, ist die geplante Erziehung mehr denn je eine absolute Notwendigkeit. Diese reife Einsicht, die bei jedem Erzieher vorauszusetzen wäre, berechtigt ihn, den noch Unreifen, von

[78] Wittmann, Johannes; Ganzheitliches Rechnen, I. Teil, S. 25.

einer unbewußten oder auch bewußten – geistige Unreife ist sozusagen ein Kennzeichen der heutigen Erwachsenengeneration – Zerstörung des Lebens durch pädagogische Maßnahmen abzuhalten.

Das Kind wird als unfertiges Wesen geboren. So, wie seine Organe in einer langjährigen Entwicklung ihre vollendete Form gewinnen, so sind auch die inneren Antriebe, das geistige und seelische Geschehen einem Reifungsprozeß unterworfen, der in erster Linie nicht von geplanten erzieherischen Maßnahmen abhängig ist, sondern die meisten und stärksten Anstöße von der Umwelt erhält. Sie ist das eigentliche Fundament der Persönlichkeitsbildung und ist somit der entscheidende Faktor einer allmählichen Ausrichtung der vorhandenen Antriebe.

Das Kind fügt sich in die Umwelt ein und paßt sich ihren Bedingungen an. Die kindliche Entwicklung unterliegt also vornehmlich der erziehenden Funktion der Gemeinschaft, und die geplanten Erziehungseinrichtungen sind mehr oder weniger eine Folge der allmählichen Differenzierung des öffentlichen Lebens und seiner Aufsplitterung in die verschiedensten Berufszweige. Pestalozzi sagte [79]:

„Anschauung ist das Fundament aller Erkenntnis."

So basierte auch die Pädagogik der Antike, vertreten durch Plato und Aristoteles, auf der Erkenntnis, daß sich die Verhaltensweise des Heranwachsenden den allgemein herrschenden Formen und Sitten anpaßt.

Er übernimmt die vorhandenen Werte und richtet nach ihnen sein Leben aus.

Es sind also in erster Linie die gewachsenen Ordnungen, die uralten Sitten und Bräuche, die den jungen Menschen beeinflussen. Sind sie vollkommen und jeder kurzlebigen Veränderung übergeordnet, so ist dies die Grundlage eines harmonischen Daseins, dem sich auch der jugendliche Mensch ohne vorherige Auseinandersetzung mit ihnen unterordnen kann.

Dies beschrieb bereits Friedrich Schleiermacher, indem er folgendes ausführte [80]:

„Je größer die Vollkommenheit des Gesamtzustandes ist, desto weniger ist erforderlich, daß die Unterstützung absichtlich und methodisch sei, weil, wo die großen Lebensgemeinschaften vollkommen sittlich gestaltet sind, eine Harmonie sein muß zwischen ihnen, also zwischen Staat, Kirche, dem geselligen Leben und dem Gebiete des Wissens. Alles ist eine Sitte geworden. Angenommen,

[79] Pestalozzi, Johann Heinrich; Wie Gertrud ihre Kinder lehrt, S. 135.
[80] Zitiert aus: F. E. D. Schleiermacher; Ausgewählte pädagogische Schriften. Theorie der Erziehung, S. 95.

dieser Zustand würde erhalten, so würde Einwirkung auf die jüngere Generation nichts anderes sein als ein Ausfluß der Sitte, die ohne besondere Theorie und Methode bestehen kann; die Einwirkung wäre der der Idee der Sittlichkeit gemäße Umgang der älteren Generation mit der jüngeren ... Unter Voraussetzung der absoluten Vollkommenheit würde die Erziehung als besondere Tätigkeit, worüber es eine Theorie gibt, aufhören können."

Zugleich schreibt Schleiermacher für den Fall, daß eine Gemeinschaft in der Auflösung begriffen ist: „*... desto notwendiger ist, daß in die jüngere Generation etwas hineinkomme, was in der Masse nicht ist ...*"

Diese Erkenntnisse Schleiermachers weisen bereits auf die Notwendigkeit einer allesumfassenden und von allen anerkannten Sitte hin, nach der das Leben ausgerichtet ist.

Dabei kommt es nicht nur auf das Vorhandensein einer solchen an, ihr Gehalt und Sinn müssen vielmehr die innere Bindung durch den Menschen erfahren haben. Hierzu waren in früheren Zeiten keine Schulen erforderlich; denn die festen Zuchtformen in der Gemeinschaft, vor allem in der Familie, gewährleisteten die freiwillige Unterordnung sowie die Erhaltung und Förderung der überlieferten Sittengesetze durch den Heranwachsenden.

Beispiele hierfür finden sich bereits in der patriarchalischen Erziehung, wie sie die Genesis schildert, sie verwirklichte sich in der altrömischen Erziehung, wo die strenge Zucht der Hausgemeinschaft die leitenden Gesichtspunkte waren, sie war bis zur Entstehung der pluralistischen Gesellschaftsform im Zuge der Technisierung die Basis für fast alle Menschen, die in einer Gemeinschaft aufwuchsen, und wir finden sie noch heute vereinzelt in den Sippen der Nomadenvölker.

Gewiß gab es bereits im klassischen Griechenland oder in der altrömischen Epoche Schulen, die auch die praktische Ausrüstung für das Leben gaben, indem sie Lesen, Schreiben und Rechnen vermittelten; aber sie dienten wenig oder überhaupt nicht der eigentlichen Erziehung des jungen Menschen.

Auch die sogenannten deutschen Schulen der Städte sowie die „Küsterschulen" auf dem Lande, die im Spätmittelalter entstanden, entsprachen ausschließlich den praktischen Bedürfnissen eines immer komplizierteren Erwerbslebens und den Teilzwecken der Kirche, der sie auch untergeordnet waren.

Erst der Zusammenbruch der mittelalterlichen Weltordnung gegen Ende des 17. Jahrhunderts durch die Aufklärung führt eine grundlegende Änderung im theoretischen Bereich der schulischen

Idee herbei. Für die Menschen tritt das diesseitige Leben in den Vordergrund, sie versuchen bereits im irdischen Dasein ihre Vollendung zu finden und übersehen dabei den Sinn des Lebens als Vorbereitung für den Eintritt ins Jenseits.

Was bereits die Sophisten als „der Mensch sei das Maß aller Dinge" propagierten, ohne jedoch allgemeingültige Erfolge zu erlangen, wird gegen Ende des 17. Jahrhunderts mehr und mehr absolute Weltauffassung, nach der die Menschen ihr Leben ausrichten. Hierbei entsprach die Rolle der Naturwissenschaften der eines Schrittmachers. Paul Hazard hat diese Entwicklung so beschrieben [81]:

„Welch ein Kontrast; Hierarchie, Disziplin, eine gesicherte Ordnung, Dogmen, die das Leben regeln — das liebten die Menschen des 17. Jahrhunderts. Zwang, Autorität, Dogmen, das hassen die Menschen des 18. Jahrhunderts. Die ersteren sind christlich, die letzteren antichristlich; die ersteren glauben an das göttliche Recht, die anderen an das Naturrecht, die einen fühlen sich wohl in einer Gesellschaft, die in ungleiche Stände aufgeteilt ist, die anderen träumen von nichts als Gleichheit."

Rousseau, der diese Krise, diese maßlose Verkünstlichung des Lebens voll erlebte, versuchte nun vergeblich eine Wiederentdeckung der *echten Bedürfnisse* und eine allgemeine Hinwendung zu diesen durch das berühmte „Zurück zur Natur" zu erreichen.

In den wenigen Jahrzehnten der begonnenen Aufklärung hatte die Wandlung des Menschenbildes eine ungeheure Verfestigung erfahren. Selbst das häufige Versagen der nun „angebeteten" Vernunft und vielfache Widersprüche innerhalb der kometenhaft aufgestiegenen Naturwissenschaften ließen jeden Versuch zur Wiederherstellung einer einheitlichen und ursprünglichen Weltordnung scheitern.

Für die Elementarschule hatte diese gewaltige Veränderung jedoch keine unmittelbaren Folgen. Sie blieb auch weiterhin die Lehrstätte für berufstechnische Vorbereitung, die sich auf Lesen, Rechnen und Schreiben beschränkte. Erst gegen Ende des 18. Jahrhunderts breitet sich die Auffassung aus, die Schule sei auch Erziehungsstätte.

So war, nach Herbart, Pädagogik die zielgerichtete *Erziehung zur Tugend,* die wiederum durch *Annäherung an die Sittlichkeit* erreicht würde.

Vor ihm hatte bereits Pestalozzi die *Sittlichkeit* als Forderung der Pädagogik in den Vordergrund gestellt; denn *„nur der sittliche Mensch kann einen sittlichen Zustand schaffen"* (Pestalozzi).

[81] Zitiert aus: Blättner, Fritz; Geschichte der Pädagogik, S. 72.

Aus den bisherigen Ausführungen kristallisiert sich die Überlegung heraus, daß die Funktion der Schule als Erziehungsstätte sich auf etwas Verlorengegangenes und dessen Wiederfindung konzentriert. Der Wert dieses Verlustes ist derart unersetzbar, daß es vordergründige Aufgabe jeder Pädagogik sein muß, ihn wieder aufzurichten. Dies ist durch Gesetze, Verordnungen oder sonstige künstliche Strukturen nicht zu erreichen.

Die Sittlichkeit als Voraussetzung der Tugend muß vielmehr auf der inneren Bindung, auf dem persönlichen Bekenntnis zu ihr wieder aufbauen. Nur so kann sie wieder zur Richtschnur im Leben einer Allgemeinheit werden.

Zweifellos ist Sitte und Sittlichkeit an die enge Verknüpfung des Menschen mit der lebendigen Schöpfung gebunden. Nur der Umgang mit dem lebendigen Ganzen, wie es vordergründig die Natur bildet, kann im Menschen den Blick fürs Ganze wahren; denn die Gesamtheit des Lebens, sein reibungsloses Zusammenspiel ist ein Werk des Göttlichen und somit Ausdruck absoluter Sittlichkeit!

Es ist daher durchaus fragwürdig, ob die Bildsamkeit des Menschen als Ziel des pädagogischen Wirkens von der Wissensvermittlung abhängig ist. Ist es nicht vielmehr so, daß sich die Erfahrungen des täglichen Lebens, soweit sie der direkten Berührung mit der lebendigen Schöpfung entsprechen, in Wissen, Erkenntnisse und Einsichten verfestigen, die dem einzig Wahren, nicht Verfälschten, eben der göttlichen Natur entspringen?!

Die Antwort hierauf finden wir bereits bei Aristoteles [82]:

„Alexander fragte ihn (seinen Lehrer Aristoteles), wem er selbst sein Wissen verdanke, worauf Aristoteles antwortete: Den Dingen selbst, und die können nicht lügen.“

Die gleiche Auffassung vertritt Pestalozzi, wenn er sagt:

„. . . das gemeine Volk lernet die Wahrheit, und bildt seinen Verstand so zu sagen aus Noth, bey seiner Arbeit, bey seinen Pflichten.“ (zitiert aus: Westermanns „Pädagogische Beiträge“, Oktober 1962, Nr. 10.)

Ich denke hierbei besonders an die Erziehung der bäuerlichen Jugend, wie sie auf einigen wenigen Berghöfen Österreichs noch heute, seit Jahrhunderten unverändert, stattfindet. Die Kinder wachsen in einer räumlich begrenzten Umgebung auf, die jedoch eine Fülle an Gelegenheiten bietet, die Vorgänge des Lebens unmittelbar mitzuerleben. Menschen, Tiere, Acker und Wiesen geben Anschauungsunterricht im Erkennen der *Gesamtheit der lebendigen Schöpfung.*

[82] Zitiert aus: Esterhues, Joseph; Didaktik, S. 41.

Die Arbeit der Menschen auf dem Hof wird auch dem jungen Menschen sinnvoll, da er das Ergebnis und ihre Notwendigkeit erblickt. Hier wächst der Mensch zur inneren Bindung empor, die seinem Leben einen sicheren Halt bietet und nicht auf rein äußere Zwecksetzungen und leere Formen beschränkt bleibt. Letzteres ist in der gegenwärtigen technischen Zivilisation zweifellos der Fall.

Eine allgemein anerkannte Sitte und festverwurzelter Glaube sind bis auf schwache Reste verschwunden. Die Verstädterung des Menschen hat hier einschneidende Folgen gehabt. Waren vor 150 Jahren erst 25 % der Bevölkerung Deutschlands Stadtbewohner, so sind es heute 85 %. Und bis zur letzten Jahrhundertwende waren ein Großteil der städtischen Einwohner noch sogenannte Ackerbürger, die auf ihrem eigenen Stückchen Land die Verbindung mit der Natur pflegten.

Da der Zivilisationsmensch unserer Tage fast ausschließlich in einer künstlich geschaffenen Umwelt sein Dasein fristet, hat er den Kontakt mit dem natürlichen Leben weitgehend verloren, und der sonntägliche Ausflug auf vier Rädern dürfte wohl kein entsprechender Ausgleich sein.

Wenn nun u. a. Maria Montessori von der „äußeren Umwelt als Anreiz zum inneren Aufbau“ spricht, so kann man sich vorstellen, wie dieser entsprechend den gegenwärtigen äußeren Erscheinungen aussehen muß. So schreibt Wolfgang Brezinka [83]:

„Unter diesen Bedingungen kann die Jugend durch bloße soziale Anpassung keine Stabilität der charakterlichen Grundhaltungen mehr erwerben. Sie gleicht sich natürlich auch heute noch dem Lebensstil ihrer Umwelt an. Aber dieser Lebensstil der Erwachsenen ist so schwankend, uneinheitlich und widerspruchsvoll, daß daraus keine sittlichen Normen mehr abgelesen werden können. Die Kinder werden daher ebenfalls labil, unstet und flüchtig. Es fehlt ihnen ein zuverlässiger innerer Halt; sie werden zum Abbild der geistig gespaltenen Welt in der sie leben. ... Die Entfremdung vom naturnahen tätigen Leben macht die Erziehung zu einer schwierigen Aufgabe: Haltungen, die sich in günstigeren Verhältnissen vorwiegend absichtslos als Ergebnis des engen Umganges mit den Menschen und Dingen einer geordneten Welt einstellen, sollen durch planmäßiges Vorgehen ausgebildet werden. Die Mehrzahl der Eltern wird dadurch überfordert.“

Hier wird deutlich, welch entscheidende Wandlung die Idee der Schule seit der Aufklärung erfahren hat. Ihr Schwerpunkt liegt

[83] Brezinka, Wolfgang; a. a. O., S. 142, 143.

nicht mehr auf der Wissensvermittlung, sondern auf der Bildungsfähigkeit der Kinder. Diese ist mehr und mehr in den Vordergrund erzieherischer Tätigkeit gerückt und umfaßt nicht nur die intellektuellen Fähigkeiten, sondern sämtliche Anlagen des heranwachsenden Menschen, die in organischer Entwicklung zur Entfaltung gebracht werden sollen. Hierzu schreibt Pestalozzi in seiner Schrift „Die Abendstunde eines Einsiedlers“ [84]:

„Allgemeine Emporbildung dieser inneren Kräfte der Menschennatur zu reiner Menschenweisheit ist allgemeiner Zweck der Bildung auch der niedersten Menschen. Übung, Anwendung und Gebrauch seiner Kraft und seiner Weisheit in den besonderen Lagen und Umständen der Menschheit ist Berufs- und Standesbildung. Diese muß immer dem allgemeinen Zweck der Menschenbildung untergeordnet sein ... Wer nicht Mensch ist, in seinen innern Kräften ausgebildeter Mensch ist, dem fehlt die Grundlage zur Bildung seiner nähern Bestimmung und seiner besondern Lage, welchen Mangel keine äußere Höhe entschuldiget.“

Gerade diese „äußere Höhe“ ist es aber, die in der heutigen Wohlstandsgesellschaft der hochzivilisierten Länder an erster Stelle rangiert. Das Streben nach materiellem Wohlbefinden besitzt heute für die meisten Menschen einen Ausschließlichkeitscharakter, der die „allgemeine Menschenbildung“ in den Schatten gerückt hat. Mehr denn je scheint es unserer Epoche vorbehalten zu sein, die Mahnungen und geistigen Grundsätze eines Rousseaus, Herbarts, Pestalozzis oder Schleiermachers in den phrasenhaften Gebrauch lehrhaften Meinungsaustausches zu verbannen, von wo sie zwar zu jeder beliebigen Zeit zitiert werden können, in der Wirklichkeit des Schullebens jedoch wenig praktiziert werden. Es ist doch geradezu sinnlos, in den Hörsälen und auf Mentorentagungen oder bei sonstigen Gelegenheiten die methodischen Ausführungen, ihre Wandlungen und Kritiken der verschiedensten alten und neuen Pädagogen zu untersuchen, wenn dabei der geistige Oberbau, die Idee der echten Menschenbildung, wie sie im Endziel der großen Pädagogen konvergieren, in die Philosophie verdrängt werden und für die Praxis ohne tiefere Auswirkung bleiben.

Freilich würde die Verwirklichung dieser Ideen, deren Basis nicht im Gütererwerb liegt, von den Erziehern mehr verlangen, als es eine Prüfungsordnung vorschreibt. Was nützt die ganze Perfektion im „methodischen Kleinkram“, dessen Existenzberechtigung ich keineswegs bestreite, wenn jedoch die innere Bereitschaft zum Vor-

[84] Pestalozzi, Johann Heinrich; Die Abendstunde eines Einsiedlers, S. 4.

leben, zum Vorbild fehlt. Dieses Fehlen einer inneren Bindung, das heute auf weite Kreise der jüngeren Erzieher in zunehmendem Maße zutrifft, ist nicht zuletzt die Ursache des gegenwärtigen übergroßen Lehrermangels.

Fehlen heute rund 40 000 Lehrkräfte an den Volksschulen der Bundesrepublik, so rechnet man für 1970 mit einem Defizit von 50 000 bis 100 000 Erziehern. Bei Berücksichtigung der erforderlichen Herabsetzung der Klassenfrequenzen und der erwünschten Einführung des neunten und zehnten Pflichtschuljahrs ergibt sich zu Beginn des nächsten Jahrzehntes ein ungedeckter Bedarf bis zu 300 000 Volksschullehrern.

In diesen nüchternen Zahlen zeigt sich deutlich die Tendenz der Entwertung und Negierung der Ideen der Berufe, ihrer Sinngehalte, wie überhaupt die Zerstörung gewachsener Werte und Ordnungen, die in der „traditionsgebundenen Gesellschaft“ (nach Brezinka) die richtungsweisende Linie angaben. Bezeichnend ist, daß in fast allen zivilisierten und in punkto Lebensstandard die Spitze haltenden Ländern der Lehrermangel an Grundschulen ein nationales Problem ist.

Welch ein Irrsinn liegt in dem Versuch, mit Hilfe materieller Lockungen, wie Gehaltserhöhungen, Ausdehnung der Ferien etc. einen Beruf attraktiver zu gestalten, der nur auf der Basis seiner *absoluten Idee* und der *inneren* Bindung an sie die Entwicklung des jungen Menschen zur *wahren* Bildung führen kann. Weder finanzielle noch sonstige Notstandsmaßnahmen wie z. B. das „letzte Aufgebot der Hausfrauen“, können dem Erzieher, geschweige denn seinen ihm anvertrauten Schülern eine echte *Bildung* oder *Verwirklichung ihres Ichs in einer sittlichen Persönlichkeit* ersetzen.

Man mag diese Auffassung vom Beruf oder besser der Berufung des Lehrers als *idealistische Schwachheit* oder *unreal* verwerfen, nichtsdestoweniger behält das „Bildungsideal“ der großen Pädagogen, wie es ab und zu auch heute noch als grundsätzliche Forderung an den bundesdeutschen Hochschulen laut wird, als letztes Ziel jeglicher Erziehungsarbeit seine Gültigkeit.

So wie es Gewißheit ist, daß erst vom Ziel her der einzuschlagende Weg sichtbar wird, so gewiß ist es, daß der Himmel nicht über den Umweg durch die Hölle erreicht werden kann! Es entspräche allerdings dem heute weitverbreiteten „Tanz ums goldene Kalb“, wenn er bereits in der Schule gelehrt würde. Daß solches vielfach geschieht und von einer gesinnungslosen Wirtschaft weiter forciert wird, ist ein bedauerliches Zeichen für eine bereits alles umfassende Dekadenz und Entwertung lebensnotwendiger Werte.

In unserer Epoche zeichnet sich ein Wiederaufleben der Arbeitsschule ab, die als sogenannte Industrieschule im Zeitalter der Aufklärung durch Heranbildung geschickter Arbeiter die Wirtschaftskraft des Landes erhöhen sollte. Es entsprach dem Industriegeist der beginnenden Technisierung, daß die Schule in erster Linie eine Anstalt zur Intensivierung nützlicher Kenntnisse und Fähigkeiten wurde. Was damals die Fürsten aus vorwiegend merkantilen Gründen förderten, versuchen heute die Manager der Wirtschaft zu forcieren. Wenn der Leipziger Professor und Politiker Karl Biedermann (1812 bis 1901) schrieb, „daß die Erziehung zur Arbeit eine Forderung des Lebens an die Schule sei", so bleibt dies unbestritten; denn „wer nicht arbeitet, soll auch nicht essen!"

Doch muß diese Arbeit dem Leben dienen und nicht den geschäftstüchtigen Interessengruppen einer künstlich aufgebauten Wirtschaftsstruktur, die, wie ich in früheren Kapiteln dargelegt habe, eine Zerstörung des Lebens bewirkt.

Die Arbeit zur Bewältigung der individuellen Lebenslage sowie als notwendiges Mittel zur harmonischen Entwicklung aller Anlagen und Kräfte und nicht zuletzt als Annäherung an den Naturzustand (im Sinne Rousseaus), gehört unbestritten zur Grundlage einer erfolgreichen Erziehungs- und Bildungsarbeit. Daß sie jedoch als Mittel zur möglichst reibungslosen Einfügung in den Produktionsprozeß der modernen Industriegesellschaft, wie es den Bestrebungen der Industrie entspricht, denaturiert wird, darf von der Schule nicht als „Handlanger" eines herrschenden „Wirtschaftsprinzips" noch gefördert werden. Dies hieße, auch die letzten Reste eines Bildungsideals zugunsten der niederen Geld- und Geltungswerte aufzugeben. Offensichtlich sind hier Bestrebungen seitens der interessierten Wirtschaft im Gange, auch die Volksschule zu einer Zweigstelle der Berufsschule umzugestalten.

Man mag sich durchaus wieder der wenig erfreulichen „Fabrikschulen" erinnern, die immerhin bis zu ihrem Verbot im Jahre 1897 deutlich den Geist einer ausschließlich merkantil eingestellten Industrie offenbarten. Die heutigen Berufs- oder Werkschulen haben zwar ihr äußeres Erscheinungsbild geändert, sind jedoch dem alten Geist treu geblieben. Ohne diese Einrichtungen in ihrem Verdienst für Wirtschaft und Berufsleben schmälern zu wollen, sind sie der verlängerte Arm der Wirtschaft und ihrer Einflußnahme direkt unterworfen.

Die ehemaligen Fabrikschulen, die ein wenig erfreuliches Kapitel deutscher Volksschulgeschichte darstellen, haben in der heutigen Form der Berufsschulen durchaus ihre Berechtigung im Hinblick auf das Wirtschaftsleben. Umsomehr Bedeutung gewinnt daher die Forderung nach Trennung zwischen Berufs- und Volksschule, zwischen Industrie und Schule.

Schon zeichnet sich an mehr als einer Stelle die Tendenz ab, auch die Schule zum Tummelplatz verschiedener Interessengruppen zu machen. Man denke beispielsweise an die Reklame der Hersteller von Schulartikeln, die vom schulgemäßen Radiergummi über den garantierten „Schönschreibfüller" bis zum „lernfördernden" Löschblatt reicht, die sich nicht scheut, den Eltern wie den Kindern „gehirn- und geistbildende" Supernahrung anzupreisen, oder man betrachte die Forderungen einzelner Wirtschaftszweige, von denen u. a. einige eine forcierte Kosmetikausbildung der Schülerinnen fordern, andere wollen die Raketentechnik schwerpunktsmäßig gelehrt wissen, wieder andere verweisen auf die vordergründige Sexualerziehung oder den Verkehrsunterricht, und die Deutsche Gesellschaft für Säugetierkunde unterstreicht die Notwendigkeit intensivierter Aufklärung über das Außen- und Innenleben der Säuger etc. etc.!

Da sich die wahren Absichten der Wirtschaft hier bereits in mannigfaltigen Perversitäten äußern — man denke u. a. an die Forderung nach Präservativautomaten für die Schulen in Schweden — und ihr denaturierter Geist bereits die noch relativ unschuldigen Seelen der Kinder in den ekstatischen Tanz ums goldene Kalb einreihen will, kann gar nicht oft genug vor einer Zusammenarbeit von Schule und Wirtschaft gewarnt werden, solange letztere ihre vornehmliche Aufgabe darin erblickt, die Volksschule zum Objekt ihrer Interessen zu degradieren. So lesen wir denn auch in den ministeriellen Richtlinien des nordrhein-westfälischen Kultusministeriums:

„Ehrfurcht vor Gott, Achtung vor der Würde des Menschen und Bereitschaft zum sozialen Handeln zu wecken, ist vornehmstes Ziel der Erziehung ... Die Schule kann die Aufgaben, die ihr als Stätte der Erziehung und der Menschenbildung gestellt sind, nur dann erfüllen, wenn sie den Wert jeder einzelnen Kinderseele als verpflichtend anerkennt und jedes Kind in der Einmaligkeit des Personseins ernst nimmt ... Die Gesunderhaltung des Körpers, die Notwendigkeit und Aufgabe praktischer Schulhygiene verpflichten den Erzieher, mit allem Bedacht dafür zu sorgen, den Schulalltag gesund zu machen."

Ich möchte behaupten, daß die dem modernen Wirtschaftsleben entsprechende noch von ihr geförderte Erwerbshast, Unsicherheit und allgemeine Lebensangst, der Verlust innerer Bindungen wie der Ehrfurcht vor Ewigkeitswerten überhaupt und nicht zuletzt die

Überbewertung der materiellen Zwecksetzungen wenig geeignet sind, die Ehrfurcht vor Gott zu wecken. Es ist geradezu eine Verhöhnung des Höchsten, unter Berufung auf ihn, sein Werk, seine Schöpfung mit aller Macht, die von den „Großwürdenträgern Mammons" (nach L. Klages) entwickelt wird, zu zerstören.

Daß dies keine leeren Phrasen sind, sollte eindeutig aus den vorangeführten Kapiteln hervorgegangen sein.

Zum anderen besteht zwar die unbestrittene Forderung, den jungen Menschen für den Eintritt ins Leben, also auch in den Beruf „reif" zu machen, jedoch verstehe ich darunter nicht die „Ertüchtigung" des Heranwachsenden zu einem seelisch und geistig verarmten „Berufsautomaten", wie sie die zunehmende Automation und Fließbandarbeit der modernen Technik fordert. Der Mensch ist nun mal seinen Anlagen und seiner Bestimmung nach ein lebendiges Ganzes, das auch die vordergründigen Motive der Wirtschaft nicht dazu berechtigt, ihn im Zuge des Erwerbslebens auf ein Minimum seiner wahren Fähigkeiten hin zu reduzieren.

Der ganze Aufbau des modernen Wirtschaftssystems auf der Weckung immer neuer Bedürfnisse ist in sich Ausdruck einer inkommensurablen Entsittlichung und Entwertung des menschlichen Daseins und entspricht in keiner Weise dem göttlichen Auftrag. Es läßt den Menschen innerlich absterben und erinnert nur allzusehr an die Pawlow'schen Tierexperimente oder an die „Zombies" unter den Eingeborenen von Haiti und San Domingo, von denen H. Fervers berichtet, daß man ihnen durch Anwendung gewisser Gifte ganze Gehirnpartien gelähmt hat, so daß sie nach Verlust sämtlicher eigenen Willensäußerungen zu jeder befohlenen und andressierten Arbeitsleistung bereit sind.

Wo die Wirtschaftsmanager belieben, von sogenannter Schul-Scheinwirklichkeit zu reden, darf man hoffen, noch einen Hort echter Menschenbildung zu finden. Es lohnt den Einsatz aller Energie, diese gerade in den deutschen Volksschulen noch vorhandenen Bestrebungen einer Erziehung zum wahren Menschentum auf das nachdrücklichste zu unterstützen. Diese lebensnotwendige (= Not wendende) Forderung allein berechtigt und bedarf der Einrichtung eines neunten und zehnten Volksschuljahres; denn diese Verlängerung der Volksschulzeit ermöglicht eine Vertiefung und Verfestigung der Erziehungseinflüsse im Geiste des wahren Bildungsideals.

Was nun die erzieherische Forderung nach Gesunderhaltung des Körpers wie des Schulalltags und des Lebens an sich betrifft, so wäre sie in der Tat prädestiniert, eine Verständigung zwischen Industrie und Schule herbeizuführen.

Ich erlaube mir, jedem angehenden und bereits tätigen Erzieher eine vertiefte Beschäftigung mit dem Problem der „Vergiftung unserer Lebensbasis“ als Folge der technischen Zivilisation zu empfehlen und dieses Problem zum Ausgangspunkt eines in diesem Sinne sehr empfehlenswerten Gesprächs mit Verantwortlichen in Industrie und Wirtschaft zu machen! Nichts kann eindrucksvollere Aufschlüsse über die wahren Absichten der Wirtschaft in bezug zur Schule geben.
Man denke an die Forderung Pestalozzis nach der „Schaffung gesunder Umstände“ und vergesse nicht das Bibelwort: „An ihren Früchten sollt ihr sie erkennen!“

Welche „Früchte“ den Erziehern bereits anheimgefallen sind, wird unter den mannigfaltigen Folgen der technischen Zivilisation besonders im Zerfall der Familie sichtbar. Ihre erziehende Funktion war zu allen Zeiten die wirklich entscheidende. In dieser geschlossenen und gefühlsbetonten Gruppe erfuhr der Heranwachsende die Verbindlichkeit von Sitte und Bräuchen, wie der Sittlichkeit an sich. Hier begegnete er den ersten für ihn sichtbaren Werten, die als Basis der menschlichen Gemeinschaft fungierten und den Handlungsablauf des täglichen Lebens bestimmten.

Die Gemeinsamkeit, die über der Einzelentscheidung stand, wurde täglich sichtbar. Der Vater war in seiner unantastbaren Autorität das direkte Vorbild, während die Mutter als Trägerin der häuslichen Geborgenheit eine wirkliche Entfaltung der innerfamiliären Beziehungen bewirkte. Selbst die Berufsausbildung erfolgte innerhalb der Familie, wie es u. a. bei den Bauern und Handwerkern der Fall war. Die heranwachsende Jugend erfuhr somit bereits innerhalb der Familiengemeinschaft den Sozialisierungsprozeß, was ihr einen späteren Übergang in den allgemeinen Lebenskreis ungeheuer erleichterte. Hatte der junge Mensch doch die Gewißheit von festgeprägten Formen und unwandelbaren Grundprinzipien des Lebens ständig am eigenen Leibe erfahren, die ihm ein Übernehmen derselben ins eigenständige Leben als selbstverständliche Notwendigkeit erscheinen ließ. Eine Bestätigung hierfür findet sich in der Feststellung Rousseaus [85]:

„Der Reiz des Familienlebens ist das beste Gegengift gegen den Verfall der Sitten.“

Es wäre gewiß nicht richtig, wollte man behaupten, diese ursprüngliche und zweifellos unersetzbare Familienerziehung wäre heute überhaupt nicht mehr anzutreffen. Es ist jedoch unbestritten,

[85] Rousseau, Jean Jacques; Emil, Bd. I, S. 33.

daß diese Erziehung durch das Elternhaus, die noch bis weit ins 19. Jahrhundert hinein allgemein vorherrschte, in unserer Zeit starke Einbußen erfahren hat und relativen Seltenheitscharakter angenommen hat.

Die außerhäusliche Berufstätigkeit der Mutter ist bereits zur Selbstverständlichkeit geworden und wird von den steigenden Anforderungen der Wirtschaft noch gefördert. 1962 wurden unter insgesamt 26,7 Millionen deutschen Erwerbstätigen 7,7 Millionen werktätige Mütter mit im Haushalt lebenden Kindern unter vierzehn Jahren gezählt. 1950 waren es erst 5,1 Millionen gewesen.

Die eigentlichen Aufgaben und Pflichten der Frau als Mutter und Gattin treten zugunsten des unnatürlichen Konsumbedürfnisses, das eine gewissenlose Geschäftswelt immer aufs neue anstachelt, in den Hintergrund. Es dürfte schwerfallen, diesen Verlust, der letztlich die Auflösung des Familienlebens bewirkt, als gerechtfertigt oder durch den Ersatz des Kindergartens als ausgeglichen zu bezeichnen. Die direkte Folge ist nicht zuletzt das erschreckende Anwachsen der Zahlen von sogenannten Schlüsselkindern, die den ganzen Tag sich selbst überlassen sind und deren Anzahl allein im Bundesland Baden-Württemberg 55 000 beträgt.

Es scheint keiner den Mut zu finden, der Propagierung eines immer fortschreitenden Lebensstandards, der doch im Grunde durch seine ausschließlich materiellen Inhalte einen Fortschritt vom Leben bedeutet und dem Interesse einiger profitgieriger Geschäftemacher dient, Einhalt zu gebieten und mit der Rückführung auf ein äußerlich vielleicht ärmeres, aber in jedem Falle menschlicheres und gehaltvolleres Leben zu beginnen. Denn „was hülfe es dem Menschen, wenn er die ganze Welt gewönne und nähme Schaden an seiner Seele".

Ist also die erziehende Funktion der Familie durch die weitverbreitete Berufstätigkeit der Mutter, durch Zersplitterung der geschlossenen Gruppen und nicht zuletzt durch die Ziellosigkeit des elterlichen Daseins, dem kein positives Vorleben mehr innewohnt, weitgehend ausgeschaltet, so tritt an die Stelle des jetzt erzieherisch passiven Familienlebens die um so heftiger agitierende Wirtschaft mit ihren sogenannten „Kulturgütern".

Welchen erzieherischen Einflüssen, die allerdings ausschließlich negative Auswirkungen zeugen, heutzutage die Menschen und in besonderem Maße die Jugend durch die ach so beliebten „Bildungsinstitute" wie Illustrierte, Rundfunk und Fernsehen ausgesetzt sind, ist geradezu unbeschreiblich in seiner Perversität und Gewissenlosigkeit. Allein der in den allabendlichen bundesdeutschen

Sendungen des Reklamefernsehens durch Dutzende von verschiedenen Geschäftemachern versprochene und garantierte „Erwerb eines völlig neuen Lebensgefühls“ spricht hier für sich.

Nun fällt es nicht schwer, diese jugendverderbenden Einflüsse als übertrieben oder gar harmlos hinzustellen, jedoch soll ein Bericht von Robert Jungk über die Auswirkungen des Fernsehens in amerikanischen Familien ein beweiskräftigeres Bild liefern. Er geht von der Situation eines Besuchs bei solch einer „Fernsehfamilie“ aus und schreibt [86]:

„Sie müssen Johnnie entschuldigen“, sagte die Dame des Hauses, als wir uns zum Dinner setzten. „Er ißt abends nicht mehr mit uns, sondern picknickt im ‚Corral‘ mit den anderen Cowboys.“ Sie versuchte zu lächeln und ihr Gatte machte einen Versuch, ein diskretes „Hiyooo“ im Cowboystil zu markieren ... „Sie müssen entschuldigen“, sagte die Hausfrau wieder, „ich muß doch mal nachsehen, ob Johnnie auch seine Milch trinkt.“ Damit verschwand sie im Nebenzimmer. Als sie die Tür öffnete, kam einen Augenblick hohles Hufgetrappel zu uns herein und die lauten mechanischen Schrilltöne einer musikalischen Untermalung. „Es ging nicht mehr anders“, erklärte der Gastgeber. „Das Kind war einfach nicht zu halten, sobald die ‚Hoppy Show‘ angefangen hatte ... Jetzt servieren wir ihm das Essen dort drinnen auf dem Klapptischchen. Er ißt und schaut. Bildet sich meiner Seele ein, er sei ein richtiger ‚Cowboy‘ und begrüßt mich, wenn ich nach Hause komme, mit dem vorgestreckten Silberrevolver und einem zärtlichen ‚Hands up‘ ...“

Erst als ich Kinder auf einer Straße von West Hollywood sah, die vertonte Reklameverschen statt der alten Kinderlieder sangen, als ich dann einige Wochen später in dem riesigen neuen Supermarkt von Vyn Nuys hörte, wie ein kleiner Junge im schwarzen Cowboyanzug seine Mutter drängte: ‚Bitte Mammie, kauf mir ‚Barbara Ann Brot‘, Hoppy sagt, es macht ihn stark‘ begann ich zu ahnen, was hier gespielt wurde. Durch das Fernsehen hatten die Reklamebüros Millionen kleiner Knaben und Mädchen zu ihren freiwilligen Agenten gemacht ... Ich habe den Niedergang von ‚Hoppy‘ und den Aufstieg seines Rivalen noch an jenem Abend sich ankündigen sehen ...“ Zum Erstaunen seines Vaters kehrte die Gastgeberin nämlich nicht, wie wir erwartet hatten, allein, sondern mit ihrem Sprößling aus dem von Hoppys Galopp erfüllten „living room“ in das Eßzimmer zurück, und der kleine blasse Junge sagte, wie zur Erklärung, abschätzig: „Diese Type beginnt mich zu langweilen ...“

[86] Jungk, Robert; a. a. O., S. 227, 228, 229.

Einen Monat später hatte ihm sein Vater schon einen „Weltraumanzug“ (24 Dollar 50) gekauft, eine Gegendose gegen „kosmische Strahlen“ und ein Paar „Anti-Schwerkraftschuhe“ (7 Dollar 20). Und wenn er nach Hause kam, empfing ihn sein Sohn mit einem lauten „Hand pu“, was nicht sehr viel schwerer auszusprechen ist als „Hands up“ und bekanntlich das gleiche in der Marssprache bedeutet, wobei er den „Strahlenrevolver“ (3 Dollar 98) auf ihn richtete. Der Papa leistete ohne Zögern diesem Befehl Folge, und ehe er die erhobenen Arme wieder herunternehmen konnte, war sein Johnnie bereits wieder verschwunden, um sein Abendbrot an Bord einer Raumrakete zu verzehren ...

Der „Fall Johnnie“ ist typisch für das, was sich in zahllosen amerikanischen Familien ereignete, als der Fernsehapparat in ihrem Heim Einzug hielt. Es war, als sei der „Rattenfänger“, dem einst die Kinder der Weserstadt Hameln nachliefen, in den Vereinigten Staaten auferstanden ... Der Fernsehapparat stillt den natürlichen Erlebnishunger der Kinder weit vollkommener, als das Bilderbuch es je konnte. Er ist ein unermüdlicher Erzähler, der immer Zeit hat. Ein Handgriff genügt, und schon springt die Quelle von Schattenbildern auf. Selbst Drei- oder Vierjährige sind fähig, diese einfachste Tätigkeit des Schalterknipsens auszuführen. Sie müssen sich die Wirklichkeit nicht mehr mühsam Stück für Stück erwerben: sie ist schon da, mitten im elterlichen Wohnzimmer. Fix und fertig wie das meiste, was diesem jungen Amerikaner dann später zum Kauf angeboten wird, von der Eß- über die Musik- bis zur Theaterkonserve: ausgewählt, vorbereitet, zurechtgemacht von anderen. Der perfekte „Konsument“, der von der Schöpferkraft und dem Geschmack einer immer kleineren Zahl produktiver Menschen abhängt, wird so schon im frühesten Alter geformt, ehe eigene Erlebnisse seinen Charakter entwickeln können, eigene Phantasie die Möglichkeit gehabt hat, sich voll zu entfalten.“

So ist es unbestritten, daß gerade die Kinder nahezu hilflos dem Geschehen auf der Flimmerscheibe ausgeliefert sind, weil ihnen noch die Fähigkeit fehlt, zwischen Sein und Schein zu unterscheiden. Welche verheerenden Wirkungen die Fernsehfilme und speziell die Kriminalfilme auf die Kinder ausüben, ergab kürzlich die Untersuchung einer jungen Lehrerin an einer oberbayrischen Schule, die von ihren acht- und neunjährigen Schülern aufschreiben ließ, was sie bei einem Kriminalfilm empfänden. Die Antworten der 20 Schulkinder bieten ein erschütterndes Dokument für den „Bildungswert“ des Fernsehprogramms unserer Zeit. So schrieben denn die Kinder u. a. folgendes:

„Ich sehe immer die Krimis so gern, weil immer einer umgebracht wird ... Einen roten Kopf kriege ich, wenn sie schießen ... Man kann daraus viele schöne Sachen lernen und auch viele gefährliche Dinge. Zum Beispiel kann man daraus lernen, wie man einen umbringt, ohne daß es rauskommt ... Ich freue mich, wenn einer ermordet wird ... Ich freue mich, wenn einer ermordet wird bei den Krimis. Dabei denke ich mir, es packt mich einer, wenn ich ins Bett gehe ... Gefallen tut mir vor allem, wenn sie raufen ... Ich freue mich, wenn sie Menschen aufhängen ...“

Durch diese systematische Ermunterung zur Perversität wird die natürliche Entwicklung des Gefühlslebens gestört, was der Entstehung von Abnormitäten dient, wie sie heute in vielschichtiger Gestalt bei immer mehr Schulkindern zu beobachten sind.

Zusammenfassend läßt sich feststellen, daß nicht nur die berufliche Überlastung der Mutter, sondern das Eindringen der modernen „Freizeitgestaltung“ in das Familienleben dessen erzieherische Leistung weitgehend ausschaltet bzw. in negative Bahnen lenkt. Hinzu tritt — wie ich wohl eindeutig aufgezeigt habe —, daß gerade diese „technische Freizeitgestaltung“, wie sie durch das Fernsehen weitverbreitet ist, bestimmend ist für die Funktion der Familie als Verbrauchergemeinschaft. So schreibt Helmut Schelsky [87]:

„Indem die Familie wesentlich zur ‚Konsumgemeinschaft‘ geworden ist, richten sich die industriegesellschaftlich unvermeidlichen Steigerungen und Mobilisierungen des Konsums an materiellen und psychischen Gütern der Massenproduktion und sonstiger Dienstleistungen auf die Familie und ihren Lebensraum. Die Steigerungen der Bedürfnisse und die unvermeidbaren Erfüllungen durch die Massenproduktion jeder Art schaffen eine starke Konsumbestimmtheit des Familienlebens und erweitern die Verbraucherhaltung auch in die Bereiche der Erholung, Unterhaltung und des Spiels. Damit wird die Erziehungsleistung der Familie auch für den privaten Lebensbereich stark entwertet und bedroht.“

So ist die Schule heute mehr denn je zur Stätte der Erziehung berufen, da sie Pflichten mitübernehmen muß, die von den eigentlich Verantwortlichen nicht mehr oder nur unvollkommen verwirklicht werden. Wenn man bedenkt, daß gerade das gesunde Familienleben die entscheidende Wirkung auf die Heranbildung des Jugendlichen ausübt, so wird die Notwendigkeit der Übernahme dieser Aufgabe durch die Schule erst recht deutlich.

Doch darf der soldhermaßen als Ersatz auftretende Erzieher sich

[87] Schelsky, Helmut; Schule und Erziehung in der industriellen Gesellschaft, S. 34.

nicht mit dem Ungenügen des eigentlich dazu berufenen Familienkreises abfinden. Er muß vielmehr versuchen, mit allen zu Gebote stehenden Mitteln und in direkter Zusammenarbeit mit der Elternschaft eine Gesundung oder Erhaltung und Förderung des Familienlebens zu erreichen. Es kommt also auf den „persönlichen Kontakt“ mit Schüler und Elternhaus an. Wo allerdings Klassenfrequenzen von 40—60 und mehr Schülern in westdeutschen Volksschulen noch üblich sind — und das sind nicht die wenigsten —, dürfte ein solcher Versuch von vorneherein zum Scheitern verurteilt sein. Die von den Psychologen ermittelte und von allen Verantwortlichen geforderte höchste Schülerzahl einer Klasse soll 25 nicht überschreiten. Hier sind bereits festumrissene Forderungen für eine erfolgreiche Erziehertätigkeit in der Schule vorhanden.

Trotz der bereits erkannten Fehler und Schwächen der öffentlichen und konstitutionellen Erziehungseinrichtungen sind jedoch bestimmte Gruppen dabei, mit „fortschrittlichem Elan“ eine völlige Auflösung der letzten geschlossenen Erziehungsgruppen einzuleiten. Ist bis jetzt deutlich geworden, daß Erziehung durch die Schule eine Heranbildung und -reifung des ganzen Menschen und organische Ausbildung der Summe seiner Anlagen und Fähigkeiten fordert, so sind doch gewissenlose oder geistig erblindete Handlanger der Wirtschaft dabei, jenen Zustand in der schulischen Erziehung wiederherzustellen, den Ludwig Praehauser wie folgt beschreibt [88]:

„Erziehung als hohe Idee existiert nur in der Theorie. In Wirklichkeit war sie der Zeit verfallen, dem Diktat der Macht ausgeliefert. Von dort her empfing sie ihre Direktiven, die nur dazu dienten, die Jugend für die Verzweigungen des Machtgeschäfts ‚tüchtig‘ zu machen.“

So ist man dabei, aus der Schule als „Bildungsstätte“ eine „Schule der Zukunft mit Fernsehauge und Mikrophon“ zu machen. Schon findet in Hannover zur Zeit der erste Schulfernsehversuch statt. Bei diesem Experiment werden für die Direktübertragung in die angeschlossenen Schulen und ihre Klassenräume drei in einem Lehrstudio, das mit Tafel, Experimentiertisch und Demonstrationsmaterialien versehen ist, installierte Kameras eingesetzt. Die erste ist auf den Lehrer gerichtet, die zweite für Tafel und Experimentiertisch zuständig und die dritte zur Einspielung von Filmen und Dias oder Graphiken bestimmt. Per Fernsehauge und Monitor kann der Lehrer die verschiedenen Klassenräume beobachten und damit die Aufmerksamkeit der Schüler kontrollieren. Und eine Tonübertra-

[88] Praehauser, Ludwig; Erfassen und Gestalten, S. 502.

gungsanlage — wer hätte das gedacht?! — ermöglicht jederzeit den aus pädagogischen Gründen unerläßlichen Dialog zwischen dem Lehrer im Studio und den Schülern in sämtlichen parallel geschalteten Klassen. Auf diese Weise soll das schulinterne Fernsehen den Klassenlehrer entlasten oder ersetzen und den optimalen Fachdozenten für mehrere Hunderte oder gar Tausende von Schülern gleichzeitig effektiv werden lassen.

Praktische Erfahrungen finden sich an Beispielen in den USA, wo in einem Großversuch für annähernd 16 000 Schüler! jede Woche 141 Fernsehunterrichtsstunden produziert und in zahlreiche Klassenzimmer übermittelt wurden. Hierdurch wurden 135 fehlende Lehrkräfte ersetzt. In Hagerstown (USA) werden beispielsweise aus mehreren Schulfernsehstudios Unterrichtsprogramme über „Kabel" in 23 auseinanderliegende Schulen geleitet. Ein einziger Lehrer betreut dort bis zu 25 Klassen.

Hier wird offensichtlich, daß die Schule zur reinen „Lehranstalt" bzw. „Lernschule", die doch berechtigterweise als Übel vergangener Zeiten bezeichnet wurde, eine reine „Wiedergeburt" und zwar in größtmöglicher Vollkommenheit erlebt. Wo will man hier die eigentlichen Erziehungsaufgaben finden, wo das persönliche Gespräch, wo die Autorität und Persönlichkeit des Lehrers, wo, so frage ich, will man hier die „Bildung", die doch der Lehre übergeordnet ist, an dem jungen Menschen verwirklichen?! Oder glaubt man hier in derart kurzsichtiger Auffassung, den „Lehrernotstand" zu beheben und übersieht dabei den Abgrund, in dem die „Bildungsidee" für alle Zeiten verschwindet?!

Es wird doch kein *verantwortlicher* Erzieher behaupten wollen, daß die Schülerzahl von mehreren Tausend einen fruchtbaren Dialog zwischen Schüler und Lehrer und somit eine erfolgreiche Erziehungsarbeit ermögliche, wenn sich u. a. sämtliche Psychologen über die jetzt bereits viel zu hohe Schülerzahl in den Klassen einig sind.

Denn „Methode muß ihren Geist erst gewinnen aus der menschlich starken Lebendigkeit des Erziehers. Wenn das Ursprüngliche, das Quellhafte im Erzieher und in den Schülern ineinanderwirken, dann schafft Methode lebendige Schule, dann wirkt wesenhafte Pädagogik. Die Methode ist dann nicht mehr bloß stoffvermittelnd, gedächtnisfüllend, natürliches, junges Bewußtsein beengend und belastend, sie wird fröhlich bewegend wirken, weckend, entdeckend, Eigenstes im jugendlichen Geist erschließen." [89]:

[89] Praehauser, Ludwig; a. a. O., S. 511/512.

Der Beginn eines Entfremdungsprozesses in der schulischen Erziehung tritt jedoch im Rahmen des gegenwärtigen Zivilisationsprozesses in vielfacher Gestalt auf. Entsprechend der Vielheit der technischen Möglichkeiten wird neuerdings auch die Schule zum Experimentierfeld ihrer Anwendungen. So wie der Fluch der bösen Tat sich bis ins Unendliche fortzeugt, so erfaßt auch die Technik und ihre Auswirkungen in immer neuer Erscheinungsform einen ursprünglichen Lebensbereich nach dem andern. Dies zeichnet sich nicht zuletzt im schulischen Leben ab, das trotz wütender und immer heftiger werdender Angriffe seitens Ungeist und Wirtschaft noch eine verhältnismäßig geschlossene Gruppe darstellt.

So ist die „fortschrittliche" Entwicklung keineswegs auf die Propagierung der sogenannten Fernsehschulen beschränkt. Was diese in nur ungenügender Form vollziehen sollen, nämlich die Gewöhnung und Einordnung des Menschen von Jugend auf unter ein kaltes, rein intellektuelles, aber wirtschaftlich mächtiges System, soll ein Heer von „Roboter-Lehrern" vollenden.

Wie sagte doch Pestalozzi in seiner Schrift „Die Abendstunde eines Einsiedlers"? [90]:

„Wer nicht Mensch ist, in seinen inneren Kräften ausgebildeter Mensch ist, dem fehlt die Grundlage zur Bildung seiner näheren Bestimmung und seiner besonderen Lage, welchen Mangel keine äußere Höhe entschuldigt."

Trotz dieser Einsichten eines der größten unserer Pädagogen sind gewisse Kräfte bemüht, auf „wissenschaftlicher Grundlage" einen Unterricht einzuführen, der von mechanischen Lehrmaschinen ausgeht und als sogenannter „Programmierter Unterricht" das Thema vieler Konferenzen und Tagungen bildet. Das neue Lehrverfahren geht auf Erfahrungen zurück, die der amerikanische Psychologe und Professor Dr. Burrhus Frederic Skinner von der Harvard-Universität bei „Dressurversuchen mit Tauben" gewonnen hat. Die Tauben mußten beispielsweise lernen, erst den Kopf zu wenden, bevor sie sich im Kreise drehen durften. Das Neue daran war, daß Professor Skinner den gesamten Dressurakt in winzige Einzelschritte zerlegte, deren einzelne Leistung mit einem Getreidekorn belohnt wurde. So lernten die Tauben u. a. nach Punkten bestimmter Farben zu picken und waren sogar dazu vorgesehen, im Zweiten Weltkrieg mittels einer raffiniert ausgeklügelten Pickdressur Raketen zu lenken, was allerdings nicht mehr verwirklicht wurde.

Da nun der Dressurakt der Tauben in ungewöhnlich kurzer Zeit

[90] Pestalozzi, Johann Heinrich; a. a. O., S. 4.

gelang, kam Skinner auf die Idee, diesen Dressurakt für ein Lehrverfahren mittels Maschinen zu verwerten. Warum sollten nicht auch Menschen nach Prinzipien unterrichtet werden, die sich bei Tauben äußerst erfolgreich bewährt hatten?!

Das Entscheidende des neuen Lehrverfahrens liegt in der Idee, den Lehrstoff so zu programmieren, daß er in vielen kleinen, leichtverständlichen Schritten in Form eines Frage- und Antwortspiels, dessen Tempo der Schüler durch Hebeldruck des entsprechenden Registers seiner Maschine selbst bestimmt, von dem Schüler aufgenommen und auch verstanden wird. Ist dies dann nicht der Fall, so ist nicht der Schüler, sondern der „Lehrer", bzw. die Lehrmaschine dumm.

Mit diesem neuen technischen Lehrverfahren, so verkündete Prof. Skinner, könne „eine neue Art des Verhaltens geformt werden, wie der Bildhauer einen Klumpen Lehm formt". Außerdem lerne der Schüler jetzt „doppelt so schnell und mit halb so viel Mühe". Und der Direktor des Instituts für Kommunikationsforschung an der Stanford-Universität in Kalifornien, Dr. Schramm, frohlockte, „daß es nun möglich sei, die Schule und überhaupt jeden Lernenden aus den Fesseln der Vergangenheit zu lösen, veraltete Theorien und Praktiken aufzugeben".

Diese Ausführungen erinnern unbedingt an die Worte eines Wissenschaftlers, der vor einiger Zeit in „logischer Folgerung" verlangte, daß es an der Zeit sei, das bereits seit Zehntausenden von Jahren unveränderte Getreidekorn einem „Modernisierungsprozeß" zu unterwerfen, da es wohl veraltet sei!

Aber es ist nicht nur die Veraltung des heutigen Schullebens, sondern vor allem die verblüffende und von allen „Sachverständigen" betonte Schnelligkeit, mit der das neue Lehrverfahren den Lernenden den Wissensstoff vermittelt.

So hat der Soziologie-Professor Omar Khayam Moore von der Yale-Universität mit Hilfe eines besonderen Lehrautomaten, der sogenannten sprechenden Schreibmaschine (die Kinder tippen irgendeine Taste, auf einem Bildschirm der Maschine leuchtet der getippte Buchstabe auf, und der entsprechende Laut ertönt usw.) dreijährigen Kindern Maschineschreiben und Lesen beigebracht. Und seine eigene Tochter soll sogar im Alter von zweieinhalb Jahren begonnen haben, lesen zu lernen.

Hierzu meinte Prof. Hochheimer von der Pädagogischen Hochschule Berlin, „daß durch die Ergebnisse von Prof. Moore eine Reihe entwicklungspsychologischer Theorien in Frage gestellt sei, nach denen Dreijährige für derartige Lernprozesse noch gar nicht reif seien". Zugleich hielt Hochheimer den deutschen Pädagogen vor, „daß sie ihre Aufgaben im Vergleich mit den Lehrautomaten nur ‚mangelhaft' erfüllen können; denn lernwirksame Betreuung, Aufgabe für Aufgabe, Antwort für Antwort sei im traditionellen Klassenverband unmöglich". Und all das, so zitierte Hochheimer den Urheber dieser neuen Entwicklung, Prof. Skinner, könne in positivem Sinne mit „geringem Zeitaufwand" erreicht werden; denn „der Lehrmaschine genügten 15 Minuten am Tage für jedes Fach, und es läge wahrscheinlich an der Unwirksamkeit der traditionellen Lehrmethoden, daß man sich daran gewöhnt habe, Erziehung und Unterricht müßten einen so *ungeheuer zeitraubenden* Teil der Tageseinteilung eines jungen Menschen in Anspruch nehmen".

Man wird tatsächlich von ernsthaften Bedenken und der Sorge um den Bestand der deutschen Pädagogik erfaßt, wenn bereits von „kompetenter" Seite solche jedem Bildungsprinzip ins Gesicht schlagende Äußerungen und scheinbar ernsthafte Absichten laut werden. Will man doch offensichtlich im natürlichen Reifungsvorgang der jungen Menschen des Stoffes wegen und dem Intellektualismus zuliebe die Natur überlisten und mit Hilfe der Technik eine gewaltsame Verfrühung einleiten, die im Grunde weder mit Erziehung noch mit einem natürlichen, organisch gewachsenen Menschsein etwas gemein hat.

So sagte bereits Johannes Kühnel:

„Wir wollen uns hüten, die Entwicklung stärker zu beschleunigen, als die Natur es zuläßt! Wir wollen keine Schnittblumen ziehen, nicht Fliederblumen im Februar, sondern Bäume, die Frucht bringen zu ihrer Zeit!"

Hören wir hierzu Adolf Halfeld, der bereits 1927 die Anfänge der heute so akut gewordenen Unterrichtsautomaten in Amerika miterlebt hat und in Erkenntnis dieses „fortschrittlichen" Irrsinns mit Nachdruck vor ihm warnt [91]:

„Kürzlich wurde — und nicht nur der Kuriosität wegen sei es hier erwähnt — von einem Lehrer in Ohio ein Lehrapparat in Form einer Schreibmaschine erfunden, der tatsächlich selbst die Rolle des Lehrers übernimmt, automatisch Fragen stellt, Fehler vermerkt und Belohnungen in Gestalt von Bonbons abwirft. Die Fragen enthalten verschiedene mögliche und numerierte Antworten, von denen der Schüler diejenige, die er für richtig hält, durch Druck auf den Knopf verzeichnet. Gleichzeitig wird dadurch die nächste Frage vorgeschoben. Es mag sich hierbei um die perversen Ver-

[91] Halfeld, Adolf; Amerika und der Amerikanismus, S. 184.

irrungen eines weltfremden Schulmeistergehirns handeln. Aber eine hervorragende Fachzeitschrift (School and Society) hat des langen und breiten über die Erfindung berichtet, die Tagespresse hat sie über Gebühr gewürdigt, die Anregung wurde also zum mindesten als beachtenswert aufgegriffen. Der Geist des Systems verrät sich. Man sieht auf den Grund des mechanischen und unpersönlichen Verhältnisses, das in den Public Schools Amerikas zwischen Lehrern und Schülern waltet. Und was der würdige Erfinderpädagoge seiner Teaching Maschine ganz besonders nachrühmt, ist — man horche auf in Europa! — Arbeitsersparnis. Fordismus für die Kinderseele wäre tatsächlich die letzte Verheißung, mit der der Amerikanismus uns noch zu beglücken vermöchte."

Es muß noch der Vollständigkeit halber erwähnt werden, daß sich nicht zuletzt auch hier die Basis eines Riesengeschäfts abzeichnet. So gibt es ungezählte Variationen der „Skinner'schen" Lehrmaschine, und bereits Ende 1962 waren 122 „Lehrprogramme" im Umlauf, und Hunderte sollen noch folgen. Man kann Lehrmaschinen von 5 Dollar an aufwärts erwerben. Allein die Vertreter der Firma Grolier Society Inc. hatten bis Ende 1963 150 000 Exemplare ihres „Min/Max-Geräts" unter der Devise „Minimum Time ... Maximum Learning" an den Mann gebracht.

Die Armee der „Maschinenjungs" ist also im ständigen Wachsen. Man sieht, daß im technischen Zivilisationsprozeß alles zusammenpaßt: der im „Reagenzglas gezeugte" und an der „Samenbörse" eingekaufte Mensch und der anschließend perfektionierte und rationalisierte, auf ein Minimum seiner ursprünglichen Fähigkeiten reduzierte Maschinenjunge der automatisierten „Schule" und der Maschinenarbeiter der automatisierten Arbeits- und Konsumwelt.

Schaudernd erinnert man sich des Zukunftsromans „1984" von Orwell, in dem diese Zustände bereits Realitätscharakter angenommen haben. Ich möchte behaupten, und die Fakten unterstreichen dies, daß der gegenwärtige Zivilisationsprozeß die mehr als sichtbaren Anfänge überschritten hat!

So ist es nicht weiter verwunderlich, wenn im Zusammenhang mit diesen „technisch-fortschrittlichen" Experimenten im Bereich der Pädagogik bereits ernsthafte Bedenken seitens der Soziologen auftauchen, die fragen, was man denn mit dem zu erwartenden Überschuß einer intellektuell geschulten Jugend anfangen solle, da diese doch sozial wenig reifer als die meisten ihrer Altersgruppe sind?!

Abschließend sei noch vermerkt, daß die hier aufgezeigte Krise der Erziehung letztlich nur das widerspiegelt, was als chaotischer

Zustand in sämtlichen Lebensbereichen auftritt. Der Erzieher, der selbst den ursprünglichen Bindungen entsagt hat und die in mühevoller Kulturarbeit erwachsenen Bildungsideale als veraltet bzw. unmodern entwertet, spiegelt nur allzu deutlich ein pädagogisches Vakuum wider, das nun mit Experimenten ausgefüllt werden soll.

Wie kann eine fruchtbare Erziehungsarbeit zustande kommen, wenn im übrigen Lebensraum und neuerdings auch im Bereich der Pädagogik nichts auf einen dauernden Bestand ausgerichtet scheint?! Auf welche Grundprinzipien soll der Erzieher den Zögling verweisen, wenn er selbst keine besitzt und sein eigenes Leben ohne festen Halt dahinplätschert?!

Die lebensnotwendige Forderung Pestalozzis: *„Der Mensch muß zu innerer Ruhe gebildet werden ... Ohne innere Ruhe wallt der Mensch auf wilden Wegen.“* [92] — erscheint angesichts der lärmenden Unruhe unserer Zeit als nahezu unerfüllbar.

Statt der Einheit der pädagogischen Idee alle Kräfte zu widmen, beginnt der „technisch denkende Mensch“ mit Hilfe seiner Technik auch hier, die Auflösung des Vorhandenen einzuleiten, ohne einen „echten“ lebensfördernden Fortschritt an die Stelle setzen zu können.

So soll abschließend auf die Forderung Georg Kerschensteiners verwiesen werden, in der er bereits im Jahre 1920 das mehr denn je Erforderliche und Wesentliche einer erfolgreichen Erziehungsarbeit forderte [93]:

„Alles, was uns not tut — das ist der einzige Satz, den ich in alle Herzen hämmern möchte —, das ist, daß wir unsere Kinder und Zöglinge zu Ehrfurcht vor ewigen Werten erziehen müssen. Wenn wir unsere Jugend nicht zur Ehrfurcht vor den Werken und zur Ehrfurcht vor ihren Trägern erziehen können, dann können wir mit allen Erziehungsmaßnahmen einpacken, dann gehen wir zugrunde.“

[92] Pestalozzi, Johann Heinrich; a. a. O., S. 5.
[93] Zitiert aus: Praehauser, Ludwig; a. a. O., S. 518.

Volk und Knecht und Überwinder,
sie gestehn zu jeder Zeit,
höchstes Glück der Erdenkinder
sei nur die Persönlichkeit.

Johann Wolfgang von Goethe

VI. ERZIEHUNG ZUM LEBEN ALS MÖGLICHKEIT ZUR ÜBERWINDUNG DES ZIVILISATORISCHEN PROBLEMS

Am Ende meines Versuchs einer kritischen Analyse des gegenwärtigen Zivilisationsprozesses ergibt sich ein vorwiegend negatives, jedoch nicht hoffnungsloses Bild. Wenn auch die Grundtendenz dieser Schrift einer subjektiven Betrachtungsweise Ausdruck gibt, die vielleicht mancher nicht in demselben verhängnisvollen Licht des modernen Daseins zu erblicken vermag, so sollten doch die Vielzahl der aufgeführten Fakten und die mit Absicht häufig angeführten Zitate einer Reihe mehr oder weniger anerkannter Geistesgrößen als ernstzunehmende Warnungen und Mahnungen gewisse Einsichten herbeiführen.

So gewiß wie die äußere Aufwertung des Lebens der zivilisierten Menschheit in den letzten Jahrzehnten trotz zweier Weltkriege ungeheure Impulse erhalten hat, so unbestritten ist die Tatsache einer parallellaufenden Abwertung des inneren Lebens der Menschen. In unserer Zeit erst ist die Klage Schillers zur traurigen Wahrheit geworden, wenn er für seine Epoche bereits konstatierte: „Bei uns, möchte man fast versucht werden zu behaupten, äußern sich die Gemütskräfte auch in der Erfahrung so getrennt, wie der Psychologe sie in der Vorstellung scheidet, und wir sehen nicht bloß einzelne Subjekte, sondern ganze Klassen von Menschen nur einen Teil ihrer Anlagen entfalten, während daß die übrigen, wie bei verkrüppelten Gewächsen, kaum mit matter Spur angedeutet sind [94]."

Diesem Prozeß der Entpersönlichung des Menschen ist unbedingt Einhalt zu gebieten. Hier sind die Hebel zur Revision des fortschreitenden Verderbens anzusetzen. Alle Kräfte der noch zur Gesamtschau fähigen Geister sind einzuspannen im Bemühen um den Wiederaufbau der Persönlichkeit. Denn „durch seine Individualität ist das Maß seines möglichen Glücks zum Voraus bestimmt...

[94] Schiller, Friedrich von; Ästhetische Erziehung des Menschen, 6. Brief.

Also was einer an *sich selber* hat, ist zu seinem (des Menschen) Lebensglücke das wesentlichste [95]".

So gilt denn in besonderem Maße für den Menschen der gegenwärtigen Hochzivilisation die Mahnung Schillers: *„Lebe mit deinem Jahrhundert, aber sei nicht sein Geschöpf, leiste deinen Zeitgenossen, was sie bedürfen, nicht, was sie loben* [96]*!*"

Wessen der Mensch unserer Zeit bedarf, ist die Verpflichtung zu einem verbindlichen Lebensziel, das als absolut und unveränderlich gelten muß. Allerdings ist hiermit nicht das erniedrigende und menschenunwürdige Zweck- und Nützlichkeitsdenken angesprochen, das sich in Geld- und Geltungswerten erschöpft.

Dieser heute vorwiegende Charakterzug führt im wahrsten Sinne des Wortes zur Erschöpfung des Menschen. Diese ständige Sorge um den längst maßlos verzerrten Lebensstandard raubt dem Zivilisationsmenschen das Gefühl der Zufriedenheit und gibt ihm Raum für immer neue Sorgen. Diese Sorgen stacheln zwar zu stets neuer Leistung an, machen das menschliche Dasein jedoch zu einem entnervenden Gehetze, das in seiner Unruhe nicht zur Ausrichtung auf etwas Beständiges und für alle Zeiten Verbindliches führt. Berthold Otto beschreibt dies folgendermaßen [97]:

„Ja, die Vorkämpfer des Mammonismus lieben es sogar, daß der Mensch Sorgen hat; sie meinen, dadurch werde er noch eifriger in der Arbeit. Die Sorgen wirkten auf seine Leistungen wie der Sporn auf die des Pferdes. — Das mag richtig sein, aber es muß doch auch darauf hingewiesen werden, daß ein übermäßiger Gebrauch der Sporen den schlechten Reiter charakterisiert; und wer gar unausgesetzt die Sporen gebraucht, der ruiniert das Tier und hetzt es zu Tode. Ist nicht der Mammonismus uns allen ein solcher Reiter?"

Diese vor fast einem halben Jahrhundert formulierte Frage Berthold Ottos kann heute mehr als zutreffend beantwortet werden. Doch fordert sie zugleich einen positiven Gegenpol, der die Menschen aus der Isolierung ihres Egoismus herausführen kann und muß. Statt äußeren Zwecksetzungen nachzujagen, muß der Weg zur Verinnerlichung und Erfüllung des Lebens gesucht werden; denn *„es kommt im Leben aufs Leben und nicht auf ein Resultat desselben an"* (Goethe).

Hierzu ist ein gesteigertes Verantwortungsbewußtsein gegenüber der Ganzheit des Lebens erforderlich. Nicht nur der unmittelbar ansprechende Lebensraum, sondern das Bewußtsein um das Ganze

[95] Schopenhauer, Arthur; a. a. O., S. 16/19.
[96] Schiller, Friedrich von; a. a. O., 9. Brief.
[97] Otto, Berthold; Mammonismus, Militarismus, Krieg und Frieden, S. 258.

muß Ausgangspunkt für die Entscheidungen und ihre Ausführungen sein ... Es muß endlich erkannt werden, daß die eigenen Daseinsverhältnisse letztlich Folgeerscheinungen der Reaktionen der Lebensgesamtheit darstellen.

Nicht zuletzt muß der Blick für das Wesentliche geschärft werden, dessen Erkennen die notwendige Trennung von unwesentlichen Dingen folgen muß. Hierzu gehört vor allem der das Leben schwächende und schließlich zerstörende Luxus, der in früheren Zeiten nur wenigen ermöglicht war, heute jedoch zum Ziel eines Massenstrebens geworden ist. Die Erkenntnis und Propagierung des „Lebensnotwendigen", des gesunden Maßes, das zugleich lebenserhaltend und -fördernd wirkt, muß wieder vordergründig werden.

Dies gilt vor allem für die Technik und ihre Förderer, die Naturwissenschaften. Vernehmen wir noch einmal Ludwig Klages, in dessen folgender Schilderung die Notwendigkeit einer Revision in der Anwendung technischer Machtmittel mehr als deutlich wird. Er schreibt [98]:

„Wir täuschten uns nicht, als wir den ‚Fortschritt' leerer Machtgelüste verdächtig fanden, und wir sehen, daß Methode im Wahnwitz der Zerstörung steckt. Unter den Vorwänden von ‚Nutzen', ‚wirtschaftlicher Entwicklung', ‚Kultur' geht er in Wahrheit auf Vernichtung des Lebens aus. Er trifft es in allen seinen Erscheinungsformen, rodet Wälder, streicht die Tiergeschlechter, löscht die ursprünglichen Völker aus, überklebt und verunstaltet mit dem Firnis der Gewerblichkeit die Landschaft und entwürdigt, was er von Lebewesen noch überläßt, gleicht dem ‚Schlachtvieh' zur bloßen Ware, zum vogelfreien Gegenstande eines schrankenlosen Beutehungers. In seinem Dienste aber steht die gesamte Technik und in deren Dienste die weitaus größte Domäne der Wissenschaft."

Es wäre allerdings völlig falsch, aus diesen Ausführungen schließen zu wollen, die Technik unterliege gleich einem Naturgesetz dem Zwang einer zerstörerischen Auswirkung. So wäre es absurd, behaupten zu wollen, die Technik als indifferente tote Materie könne ein Eigenleben entwickeln, dem schließlich der lebendige Organismus unterlegen sei. Es bildet vielmehr immer der Mensch die Ursache des Gelingens seiner Mittel wie ihres Versagens. Von seinem *Wollen* hängt der richtige oder falsche Gebrauch der technischen Machtmittel ab, seinem Willen unterliegt die Anwendung oder Nichtbenutzung des technischen Geräts. Dies sieht man leicht ein bei dem Gedanken, daß der Autofahrer, der in betrunkenem Zu-

[98] Klages, Ludwig; Mensch und Erde, S. 12.

stand mit seinem Fahrzeug Schaden anrichtet, hierfür niemals beim technischen Gebrauchsmittel die Schuld, sondern jede Haftbarmachung bei sich selber suchen muß.

Es kann somit festgestellt werden, daß nicht die Technik den Menschen, sondern der Mensch die Technik mißbraucht. Es bleibt dem Menschen überlassen, ein gefährliches technisches Hilfsmittel aus dem Leben zu verbannen, es unterliegt seiner Entscheidung, eine das natürliche Maß überschreitende Technisierung des Lebens rückgängig zu machen oder in blindem Fortschrittsfanatismus weiter zu forcieren.

Man könnte beispielsweise statt Mietskasernen entsprechende menschenwürdige Eigenheime bauen, man könnte statt Massen von Kraftfahrzeugen eine den vorhandenen Gegebenheiten angepaßte Menge produzieren, man könnte anstelle der zur offensichtlichen Perversität und Unmoral dekadierten Film- und Fernsehproduktion eine das wahre Menschentum ansprechende Herstellung durchführen, man könnte der Arbeit durch sinnvolle Tätigkeit wieder einen Sinn geben, und da, wo eine Automation den menschlichen Geist und die Seele absterben läßt, auf eine völlige Mechanisierung zugunsten des menschenwürdigen Daseins verzichten, man müßte, wo die lebensvernichtende Wirkung der Radioaktivität unbestritten ist, auf ihre Nutzbarmachung verzichten!

Hierzu wären allerdings Kräfte erforderlich, die wohl im Menschen von seiner ursprünglichen Bestimmung her vorhanden sind, jedoch viel zu schwach oder gar nicht entwickelt worden sind und von einer Minderheit der „Großwürdenträger Mammons" systematisch unterdrückt werden.

Es wäre zu einer entscheidenden Umkehr vor allem ein „Wille" erforderlich, über dessen Zielgerichtetheit Gertrud Bäumer folgendes schreibt [99]:

„Denn dieser Wille müßte stärker sein als der egoistische Materialismus, die Bequemlichkeit, das bloße kurzsichtige, engsinnige Habenwollen; er müßte die Massen, wenn nicht erfassen, so doch zu führen imstande sein; er müßte die banale Gewinn- und Verlustphilosophie des Krämergeistes durchdringen als ein neues Salz des Unternehmertums; er müßte die lächelnde Überlegenheit derer, die das alles für Utopie halten, erschüttern und ihre fluchwürdige Sicherheit schmelzen!"

Dies alles fordert jedoch als ersten Impuls die Macht zur geistigen Initiative, die schließlich in der Erneuerung des Geisteslebens kulminieren muß. Ohne diese geistige Erneuerung, die den Gegen-

[99] Bäumer, Gertrud; Die seelische Krisis, S. 47.

pol zum Massen- und Gelddenken unserer Zeit bilden muß, wird jeder Versuch einer Umkehr scheitern. Eine neue lebensgemäße Weltanschauung, die auf der sittlichen Entschlußkraft des Einzelnen gründet, ist die nicht mehr zu überhörende Forderung unserer Zeit. Hören wir hierzu Albert Schweitzer, eines der letzten großen geistigen Vorbilder, der durch eigenes Vorleben die Legitimation zum Ruf an die Menschheit gewonnen hat. Seine Stimme darf nicht ungehört verhallen, wollen wir einen neuen Weg finden. Er mahnt in seiner Schrift „Ehrfurcht vor dem Leben“: [100]

„Der einzig mögliche Ausweg aus dem Chaos ist, daß wir wieder durch eine Kulturanschauung unter die Herrschaft der von ihr gegebenen Ideale der wahren Kultur kommen ... Sie besteht in ethischer Welt- und Lebensbejahung. Durch ethische Welt- und Lebensbejahung kommen wir in ein Überlegen hinein, das uns zwischen dem Wesentlichen und dem Unwesentlichen der Kultur unterscheiden läßt. Der geistlose Kulturdünkel verliert seine Macht über uns. Wir wagen der Wahrheit ins Auge zu schauen, daß mit den Fortschritten des Wissens und Könnens die wahre Kultur nicht leichter, sondern schwerer geworden ist ... Aus dem Denken kommender, vertiefter ethischer Fortschrittwille wird uns also aus der Unkultur und ihrem Elend zur wahren Kultur zurückführen.“

Diese Worte eines Weisen zeigen in großer Klarheit den Weg auf, der uns aus den tödlich werdenden Verstrickungen der von uns selbst geschaffenen künstlichen Daseinsbedingungen herausführen kann und muß. Gewiß ist es nicht jedermanns Sache, sein Leben in subtilen geistigen Genüssen zu vollziehen, von denen Schopenhauer schrieb, daß sie die höchsten seien. Jeder soll vielmehr, auch das sagte Schopenhauer, die Lebensweise, die Ausbildung und Beschäftigung suchen, die seiner gegebenen Persönlichkeit entspricht. Eines muß jedoch von allen als verbindlich und in innerer Verwurzelung empfunden und zur Richtschnur des Lebens gemacht werden, nämlich die *Sittlichkeit!* Sie steht nicht als leere Phrase und Formel im Raum, sondern erlebt ihre innere neue Verwirklichung im göttlichen Gesetz, dessen Erfüllung in wunderbarer Weise in den Vorgängen der lebendigen Natur sichtbar wird.

So vernehmen wir bereits aus den Worten eines Thomas von Aquin [101]:

„Nicht der Mensch schafft sich selber das Gesetz. Sondern kraft seiner Erkenntnis, durch die er das von einem anderen geschaffene Gesetz gewahrt, wird er gebunden, das Gesetz zu erfüllen.“

[100] Schweitzer, Albert; Ehrfurcht vor dem Leben, S. 16/17.
[101] Aquin, Thomas von; Ordnung und Geheimnis, S. 60/61.

Es geht also letztlich um *Gott,* um die Erkenntnis, daß ganz allein sein Gesetz, seine Weltordnung für die Richtlinien des menschlichen Daseins entscheidend sind. Diesem göttlichen Gesetz aber, das eine alles regelnde Ordnung umfaßt, müssen die Grundprinzipien der persönlichen Lebensausrichtung entsprechen.

Was für den *gläubigen* Christen der christliche Gott ist, der in *seinem Wort,* der Bibel, alles sagt, was zur Erfüllung seines Gesetzes dient, muß für die gesamte Menschheit die *Erkenntnis der Lebenszusammenhänge* bieten. In ihrer Ordnung das sittliche Moment zu erfahren und es als höchstes, eben als göttliches in demütiger Ehrfurcht zu verehren, ist bereits Dienst dem *Höchsten* gegenüber.

Dieses göttliche Gesetz läßt sich freilich nicht auf menschliche Verzweckungen herabziehen, wie es in der fortschreitenden Säkularisierung der Kirchen deutlich wird, geschweige denn mit menschlichen Maßstäben messen. Es entzieht sich dem Messen und Wägen, dem Determinieren einer rationalistisch und merkantil eingestellten Menschheit. Es ist da und muß in absolutem Gelten gefühlt und *nicht* „verstanden" werden.

So wie für den christlichen Gläubigen das Verschlingen und Ausspeien des Jonas durch einen Walfisch nicht nur in dieser Form, sondern, wenn es im göttlichen Wort umgekehrt stünde *geglaubt* werden muß, so muß für alle Menschen die Verbindlichkeit des göttlichen Gesetzes *absolut* werden. Diese Forderung bezieht sich für den Nichtgläubigen im christlichen Sinne auf die „Erhaltung des Lebens". Diese Forderung dürfte für alle Menschen nicht nur Basis, sondern Ziel und Aufgabe der persönlichen Lebensausrichtung sein.

Mit welcher Leichtfertigkeit und Blindheit, oft jedoch auch verbrecherischer Absicht der technisch denkende Mensch hiergegen verstoßen hat, habe ich versucht aufzuzeigen. Daß nun die Revision dieser negativen Lebensgestaltung zum Positiven hin folgen muß, ist die zu stellende Forderung der Zeit.

Daß diese Forderung nicht neu ist, sondern zu allen Notzeiten Gültigkeit besaß, finden wir in den Urworten des Heraklit, der bereits vor mehr als zwei Jahrtausenden für seine Epoche forderte [102]:

„Die mit Einsicht Redenden müssen sich stark machen in dem, was für alle gilt, wie die Stadt durch das Gesetz und noch viel stärker; denn gewährt werden alle menschlichen Gesetze von Einem, dem Göttlichen; denn es herrscht soweit wie es will, und es tut allem Genüge und obwaltend umschließt es alles."

[102] Heraklit; Urworte der Philosophie, S. 13.

Was nun Heraklit für einen den heutigen Verhältnissen entsprechenden äußerst beschränkten Raum als unbedingte Notwendigkeit erkannt hatte, ist in unserer Zeit die Alternative zwischen *Leben* im göttlichen und *Vegetieren* im technischen Sinne.

Den Menschen der modernen, technischen Entwicklung anpassen zu wollen, ist ein Irrsinn, der dem bereits getrübten Sehvermögen der zivilisierten Menschheit entspricht. Welch ein Zustand wird herrschen, wenn weiterhin versucht werden sollte, das Lebendige, das organisch Wachsende dem Toten, dem künstlich Gemachten unterzuordnen. Was nützt der ganze technisch-wissenschaftliche Fortschritt, wenn er ohne Rücksicht auf das lebendige Ganze angewandt wird, statt sich ihm unterzuordnen.

Was hilft es dem Menschen, wenn die Technik die körperliche Arbeit erleichtert, dafür aber die Freude am Werk zerstört. Was hilft es dem Menschen, wenn er mittels der Technik Zeit und Raum überwindet und dafür das Gefühl der Weltenge eintauscht? Was hilft dem Menschen der raffinierte Genußkitzel einer technischen Unterhaltungsmaschinerie, und er verliert dabei die Lebensfreude?

Was hilft es dem Menschen, wenn ihm die Technik die ursprüngliche Auseinandersetzung mit der Natur als Trägerin seines Daseins erspart, und ihn dafür einem mörderischen Kampf mit den technischen Gefahren der künstlichen Umwelt ausliefert? Was schließlich hilft es dem Menschen, wenn ihm der technische Fortschritt für die verhältnismäßige Sicherheit des einfachen, bedürfnisärmeren Lebens eine durch die alles bedrohende und jederzeit hereinbrechende Atomvernichtung verursachte, ständige Lebensangst verschafft hat?!

Es muß also endlich das verwirklicht werden, was der ursprünglichen Idee der technischen Daseinsbewältigung entspricht, nämlich die Einordnung und Anpassung der Technik in das lebendige Ganze. Wo das nicht möglich ist, muß diese Einsicht zum Verzicht und nicht zur Umkehr der technischen Idee führen. Daß diese Umkehrung, wie sie bis heute im blinden Fortschrittseifer versucht wurde, letztlich auch eine Negierung des göttlichen Gesetzes bedeutet und ein selbstmörderisches Unterfangen ist, geht auch aus den Ausführungen des bedeutenden Ganzheitswissenschaftlers Prof. Karl Kötschau hervor, der schreibt [103]:

„Durch Erziehung und Anpassung den Menschen dahin bringen zu wollen, daß er die heutige Technik und Zivilisation erträgt und verträgt, ist ein aussichtsloser Weg. Es läßt sich ganzheitswis-

[103] Kötschau, Karl; a. a. O., S. 168.

senschaftlich mit aller Sicherheit voraussagen, daß keinerlei Möglichkeit besteht, die heutige Menschheit an den rasenden Fortschritt der Technik ‚anzupassen'. Es ist schon gezeigt worden, daß ‚Anpassung' ein Begriff ist, der aus der Entwicklungsfähigkeit der aktiven Kräfte und Funktionen des Menschen zu verstehen ist. Der Mensch ist wie alle Kreatur angepaßt oder — wie man auch sagen kann — gezüchtet, die Natur im ursprünglichen Sinne zu bestehen. Im kämpferischen Ringen um die Kräfte der freien Natur formt sich alle Kreatur, so auch der Mensch. Alle seine Funktionen sind darauf abgestimmt, sich mit der freien Natur zu messen, sich an ihr zu üben, stark zu werden und sich somit an sie anzupassen. Nur dieses aktive Ringen an und mit der freien Natur ist echte Anpassung, eine Fähigkeit, die gleichzeitig Gesundheit bedeutet, sofern sie optimal statthat."

Wenn nun der Sinn der Zivilisation in dem Bemühen liegt, dem Menschen die Anpassung an die Natur zu ersparen, so darf sie doch nicht zu einer völligen Naturentfremdung führen. Dies ist nicht zuletzt die Ursache für die leichtfertige und oftmals unbewußte Zerstörung der Natur. Hier nun muß versucht werden, in einer Synthese die technischen Möglichkeiten mit den Möglichkeiten der Natur in Einklang zu bringen, d. h., daß die Natur als unzerstörbare oberste Ganzheit prinzipiell die Möglichkeiten der Technik bestimmt. Daß dies bislang völlig mißachtet wurde, drückt eine unentschuldbare Verantwortungslosigkeit gegenüber dem Leben aus. Mag die Wirtschaft an Argumenten vorbringen, was immer sie will, es ist nicht angängig und widerspricht mit aller Macht dem göttlichen Gesetz, eine technische Entwicklung weiter zu fördern, wo sie die Existenz des Menschen wie alles Leben zu vernichten droht.

Hier muß die „Erziehung zum Leben" einsetzen. Ihre Aufgabe ist es, bereits dem Heranwachsenden die *Ehrfurcht vor dem Leben* als sittliche Grundkraft zu vermitteln. Nicht der Intellektualismus durch bloße Wissensvermittlung, sondern der Sinn für das höhere Ganze ist bereits in der Schule zu wecken. „Erziehung zum Leben" bedeutet letztlich, daß die *Ganzheitsbeziehung allen Lebens* zum Grundwert des menschlichen Daseins erhoben wird. Nur wer erkennt, daß alles Geschehen im Dienste einer höheren Einheit steht, kann den Sinn für das Teilgeschehen seines eigenen Lebens erfahren. Erst diese Erkenntnis dient dem Menschen im Aufbau eines harmonischen Lebens. Nur in der *bewußten* und *gewollten* Verpflichtung dem göttlichen Ganzen gegenüber kann und muß der Wiederaufbau zur wahren Kultur hin verwirklicht werden.

NACHWORT

Nach beendeter Lektüre der vorliegenden Arbeit wird dem Leser zweifellos manche hier aufgeworfene Frage offengeblieben oder nur unzureichend beantwortet sein. Dies ist jedoch nicht weiter verwunderlich – denn wer ist heute noch imstande, auf *alle* Fragen des menschlichen Daseins und seiner Probleme eine befriedigende Antwort zu geben?! Selbst Goethes „Faust“ dürfte in unserer Zeit auf Schwierigkeiten stoßen, und Goethe selbst sagt hierzu [104]:

„Eines recht wissen und ausüben, gibt höhere Bildung als Halbheit im Hundertfältigen.“

Auch der Autor dieses Buches erklärt sich mit aller Offenheit außerstande, eine *Patentlösung* zur Bewältigung der aufgeworfenen Probleme anzubieten. Doch glaubt er zugleich – und hierin sieht er einen wesentlichen Vorsprung zum Massendenken vieler – durch das Wissen bzw. Erfahrenhaben um die hintergründigen Vorgänge der technischen Zivilisation bereits den ersten Schritt zu ihrer Lösung getan zu haben. Ist es doch trotz der technischen Möglichkeiten unserer Zeit nicht gerade leicht, die tatsächliche Gefahr des gegenwärtigen Zivilisationsgrades in aller Schwere zu erkennen. Denn die zahlreichen Kommunikationsmittel sehen ihre primäre Aufgabe in einer Ablenkung der Öffentlichkeit von wirklich lebensentscheidenden Fragen und gaukeln den Menschen mittels allerlei unterhaltsamer Absurditäten eine scheinbar völlig intakte Umwelt vor.

Ist erst einmal ein Wissen um diese „verschwiegenen Wahrheiten“ (nach Fervers) entstanden, – und die Vermittlung dieser Wahrheiten sollte eine wesentliche Aufgabe des vorliegenden Buches sein – so fordert es auch eine Stellungnahme des Lesers, und zwar eine Stellungnahme, die zur persönlichen Entscheidung eines jeden einzelnen führen muß!

Und was dann? Nun, die entscheidende Forderung meiner Ausführungen war die Wiederaufrichtung eines allgemeingültigen Sittengesetzes, das letztlich zur Verwirklichung des „göttlichen Gesetzes“ führen soll.

Die Voraussetzung hierfür liegt in der Rückkehr zur Sittlichkeit,

[104] Goethe, Johann Wolfgang von; Wilhelm Meisters Wanderjahre, 1. Buch, S. 155.

in der Hebung des sittlichen Niveaus. Hier besteht für jeden Einsichtigen die Möglichkeit einer selbsttätigen Unterstützung. Sie beginnt mit einer Selbstbesinnung, mit einem Zusichselberfinden, mit dem Entdecken der ureigensten Persönlichkeit.

Wer einmal die Kraft aufgebracht hat, der Fernseh- und Rundfunkberieselung durch einfachen Knopfdruck den Rücken zuzukehren, wer es einmal trotz der Gedanken an Sozialprestige und die „Anderen" geschafft hat, ein „Novum" unbeachtet zu lassen, wer sich durch Reklamerummel und geschwätzige Werbemanager von seiner Meinung nicht hat abbringen lassen, wer im täglichen Leben trotz heftiger Anfeindung und Unannehmlichkeiten seine geistige und sittliche Position unverändert beibehalten hat, wer schließlich nicht als kritikloser Mitläufer der Herde „Masse" folgt, der ist seiner Persönlichkeit bereits erheblich näher gekommen und hat berechtigte Hoffnung auf ihre Verwirklichung.

Ein Weiteres wäre die Forderung nach Selbstzucht, nach Selbstlenkung, die dem allgemeinen moralischen Chaos entgegenzusetzen ist. Diese Selbstbeherrschung und Selbstbeschränkung, die auch vor einem Verzicht nicht zurückschreckt und sich mehr und mehr den lebensnotwendigen Dingen zuwendet — ohne dabei die echte Lebensfreude zu verlieren — ist eine für jeden einzelnen erfüllbare Forderung.

Voraussetzung hierfür ist allerdings eine gewisse Willensstärke, die das soviel bequemere und leichtere Nachgeben gegenüber den ständigen Reizen einer lockenden Umwelt überwindet. Dies gilt insbesondere für die sich häufenden Pogrome einer sexualisierten Umwelt. Was uns hier von den pornographisch aufgemachten Titelseiten der Illustrierten, den Werbesendungen des Fernsehens an sexueller Agitation anekelt, ist wohl mehr als ein Anzeichen für die Zersprengung jahrhundertealter Grundbegriffe von Zucht und Ordnung. So liegt auch gerade in der persönlichen Überwindung und Bekämpfung dieser Umwelterscheinungen ein Prüfstein für den guten Willen des einzelnen. Denn schon ein stillschweigender Verzicht auf diese Dinge ist ein wirkungsvoller Beitrag zu ihrer Bekämpfung.

Es geht somit um die Überprüfung der Denkweisen jedes einzelnen. Wenn erst das eigene Denken und moralische Empfinden positiv aktiviert wird, ist die erste Stufe zur Erneuerung der Kultur geschaffen.

Doch darf bei aller zu fordernden Mithilfe des einzelnen nicht die Tatsache übersehen werden, daß eine ungleich größere Verantwortung und auch Machtkonzentration bei den politischen, wirtschaftlichen und wissenschaftlichen Führern der zivilisierten Welt liegt. Sie tragen nicht nur den weitaus größeren Anteil an „Schuld" für den gegenwärtigen Krisenzustand, sondern besitzen auch die weitreichenderen Mittel zu seiner Behebung. Von ihnen muß — notfalls unter dem Druck der öffentlichen Meinung! — die Initiative zur Verwirklichung der vorliegenden Ergebnisse und Pläne der Ganzheitswissenschaftler ausgehen.

Eine kurze und nicht vollständige Zusammenstellung der vordringlichsten Aufgaben soll auch hier den notwendigen Weg zur positiven Revision unserer technischen Zivilisation aufzeigen.

Da die Erhaltung unseres physischen Daseins, welches letztlich die Voraussetzung zur geistigen Menschwerdung und somit zum Entstehen einer höheren Kulturstufe darstellt, unbedingt von dem Funktionieren der natürlichen Ernährungsgrundlage abhängig ist, müssen erste Maßnahmen der Gesundung der unnatürlichen Umweltzustände gelten.

Hierbei geht es u. a. um die Reinerhaltung der Luft durch Konverter (Filteranlagen) in den großen Industriewerken, die Entgiftung der Motorenabgase und des Schornsteinrauches der Haushaltungen.

Es geht um die durchaus mögliche Verbesserung der Filterung von Industrie- und Kanalisationsabwässern und vor allem um die Hebung der Grundwasserbestände durch biologisch-ganzheitliche Wasserwirtschaftsmaßnahmen. Man müßte statt Sümpfe trockenzulegen, Flüsse zu begradigen oder zu kanalisieren, Sümpfe oder Seen anlegen, wie es seit ca. 30 Jahren in Präriegebieten Kanadas geschieht, um eine Klimaverbesserung zu erreichen, und dem Verschwinden des Grundwassers Einhalt zu gebieten. Ein gelungenes Beispiel hierfür bietet die „Tennessee Valley Authority" in den USA, dem Experiment einer einheitlichen Planung und Entwicklung eines Flußgebietes und seiner Wasser- und Bodenschätze.

Hierzu gehört ebenfalls die Wiederaufforstung der abgeholzten Waldgebiete der Erde, und zwar in einer positiven Relation zum laufenden Kahlschlag. Vor allem muß der Anbau von Monokulturen dem des natürlichen Mischwaldes den Vorrang geben, denn immer wieder führt der Verstoß hiergegen zu einer Massenvermehrung der Schädlinge.

In diesem Zusammenhang muß auf den absoluten Vorrang der biologischen Schädlingsbekämpfung gegenüber der chemischen hingewiesen werden. Daß auch dies möglich ist, mag aus folgendem Beispiel hervorgehen: Als vor der Jahrhundertwende in Australien der gewöhnliche stachelige Kaktus (Opuntia inermis und stricta) eingeführt wurde – er sollte wegen seiner Stacheln als lebendiger Gartenzaun dienen –, vermehrte er sich so schnell, daß allein in Queensland bis 1925 an die 60 Millionen Acres fruchtbaren Landes davon überdeckt wurden und der ganze Kontinent gefährdet schien. Als nun keinerlei Maßnahmen der immer bedrohlicher werdenden Wucherungen Herr werden konnten – die jährliche Ausbreitung betrug etwa 1 Million Acres – erbat man die Hilfe der Botaniker. Diese erkannten nach längerer Beobachtung als Feind der unheimlichen Kaktee einen Schmetterling bzw. dessen Raupe aus Argentinien (Cactoblastis cactorum). Daraufhin wurden die Eier dieses Schmetterlings in Australien eingeführt, und schon 1932 waren 90 Prozent des befallenen Gebietes von den Kakteen befreit.

In diesem Beispiel wird ebenfalls sichtbar, wie die Idee der Ganzheitswissenschaft, das Ineinandergreifen und auf das Ganze ausgerichtete Denken aller wissenschaftlichen Disziplinen zu erfolgreichen Ergebnissen im Sinne eines echten Fortschritts führt.

Weitere Forderungen liegen in der Notwendigkeit der biologischen Düngung, deren Vorteile gegenüber der chemischen Düngung bereits angeführt wurden und deren Verwirklichung durchaus möglich ist, wie es die kleinbäuerliche Bewirtschaftung europäischer Bauernhöfe beweist.

Der Ruf nach Abbau des immer schwerer zu ertragenden Lärms unserer technisierten Umwelt ist eine Forderung, die durch schalldämpfende Einrichtungen (z. B. bei den Baumaschinen etc.) ebenfalls zu erfüllen ist.

Daß die Persönlichkeitsbildung des Großstadtmenschen nicht zuletzt von einer menschenwürdigen Behausung abhängt, wurde bereits mehrfach erwähnt. Hier muß statt Mietskasernen und „Mondsiedlungen" der Eigenheimbau forciert oder, wo dieses wegen des zunehmenden Landmangels nicht möglich ist, die Mietwohnung eine entsprechende Größe und die Intimsphäre wahrende Bauweise erhalten. Trotz Wohnungsnot darf nicht die Schnelligkeit und der Profit, sondern muß der Mensch und seine Gesundheit im Vordergrund der Überlegungen stehen.

Gerade der Begriff der Gesundheit, der nicht nur den Menschen, sondern auch die Tiere und Pflanzen, den Boden und schließlich auch den seelisch-geistigen Bereich umfaßt, muß, wie es u. a. der Ganzheitswissenschaftler Prof. Dr. Karl Kötschau fordert, zu einem ganzheitlichen Begriff erhöht werden. Zur Gesundheits-Vorsorge gehört eben nicht allein die Befreiung von Krankheiten, sondern die Bekämpfung ihrer Ursachen. Und die liegen größtenteils in der Unnatur unserer Umwelt, hervorgerufen durch die unkontrollierte technische Entwicklung. Die „natürliche Lebensweise" muß auch im Dasein des Zivilisationsmenschen wieder Vorrang erhalten.

Bei der Lektüre dieses Buches wird der Leser eine Menge weiterer Forderungen und Überlegungen zu ihrer Beantwortung erfahren haben, darum soll hierzu abschließend der allgemeingültige Grundsatz Reinhard Demolls stehen [105]:

„Immer aber muß der Ingenieur vorgehen wie der Chirurg, der bei jedem Eingriff die Gesundheit des ganzen Körpers zu fördern versucht!"

So ist denn der Techniker, der Naturwissenschaftler, kurzum der Spezialist keineswegs überflüssig, aber er muß sein Fachdenken, seine Spezialkenntnisse und Fähigkeiten im Sinne einer alles umfassenden Lebenseinheit gebrauchen. Er muß die Auswirkungen seines Spezialistentums auf die angrenzenden und übergeordneten Lebensgebiete kennen, sie abwägen und entsprechend berücksichtigen. Goethe sagt [106]:

„Vielseitigkeit bereitet eigentlich nur das Element vor, worin der Einseitige wirken kann, dem eben jetzt genug Raum gegeben ist. In dem einen, was er recht tut, sieht er das Gleichnis von allem, was recht getan wird."

Wo allerdings Dummheit oder Profitgier die ganzheitlichen Überlegungen hintenan stellen, ja sie sogar zu unterdrücken versuchen, wie es nur allzu häufig geschieht, gilt ihre konsequente Aufdekkung und ihre Propagierung; müssen sie durch entschiedenen Einsatz aller einsichtigen Kräfte der Öffentlichkeit nahegebracht werden. Nicht zuletzt dieser Aufgabe sollte die vorliegende Arbeit gerecht werden.

Denn heute bringt uns jeder weitere Irrtum, sei es aus Dummheit oder egoistischer Raffgier, dem Ende jeglicher Kultur näher, und es bedarf nur noch weniger Schritte, um den endgültigen „Untergang des Abendlandes", wie ihn Oswald Spengler voraussagte, herbeizuführen.

Die Lehren Rousseaus, die Goethe seinem Wilhelm Meister zur Erkenntnis werden läßt [107] — *„Der Irrtum könnte nur durch das Irren geheilt werden"* — haben zwar ihren grundsätzlichen Wahrheitsgehalt nicht verloren, sind jedoch in der Krise unserer Gegenwart nicht mehr zu vertreten. Heute kann nur gelten, was Goethe an anderer Stelle ausspricht [108]:

[105] Demoll, Reinhard; a. a. O., S. 64.
[106] Goethe, Johann Wolfgang von; a. a. O., S. 45.
[107] Derselbe; Wilhelm Meisters Lehrjahre, 8. Buch, S. 140.
[108] Derselbe; a. a. O., S. 115.

„Wer nicht im Augenblick hilft, scheint nie zu helfen; wer nicht im Augenblicke Rat gibt, nie zu raten.“

Ich möchte glauben, daß Ansätze und Grundlagen zur Hilfe, zum Beginn eines neuen, hoffnungsvolleren Weges in der nun einmal vorhandenen und nicht wieder rückläufig zu machenden technischen Zivilisation durch dieses Buch für den einzelnen und nicht zuletzt für die Verantwortlichen in allen entscheidenden Lebensgebieten aufgezeigt wurden.

LITERATURVERZEICHNIS

Die hier aufgeführte Literatur erhebt keinen Anspruch auf Vollständigkeit. Sie gibt lediglich die Werke an, aus denen Zitate erfolgten und die dem interessierten Leser eine Vertiefung in die Thematik der vorliegenden Arbeit ermöglichen.

Bäumer, Gertrud; Die seelische Krisis, Verlag F. A. Herbig, 2. Aufl., Berlin 1924.

Blättner, Fritz; Geschichte der Pädagogik, Quelle & Meyer, 8. Aufl., Heidelberg 1961.

Bowry, Cecil, Maurice; Griechenland, in Kindlers Kulturgeschichte, Kindler Verlag, Zürich 1960.

Brezinka, Wolfgang; Erziehung als Lebenshilfe, Ernst Klett Verlag, 3. Aufl., Wien 1963.

Bucklés, Henry Thomas; Geschichte der Civilisation in England, C. F. Winter'sche Verlagsbuchhandlung, 3. Ausgabe, Leipzig und Heidelberg 1868, Bd. I und II.

Conrad, J.; Leitfaden zum Studium der Nationalökonomie, Verlag von Gustav Fischer, 4. Aufl., Jena 1908.

Demoll, Reinhard; Bändigt den Menschen, F. Bruckmann-Verlag, 2. Aufl., München 1954.

Esterhues, Joseph; Didaktik, Verlag Ferdinand Schöningh, 9. Aufl., Bonn 1959.

Eucken, Rudolf; Der Sinn und Wert des Lebens, Verlag von Quelle & Meyer, 3. Aufl., Leipzig 1911.

Fervers, Hans; Der allmächtige Mensch?, Grothe'sche Verlagsbuchhdlg., Hamm 1954.

Freund, Jürgen; Entwicklungswandel der Jugend, Paracelsus Verlag, Stuttgart 1954.

Freyer, Hans; Theorie des gegenwärtigen Zeitalters, Deutsche Verlags-Anstalt, Stuttgart 1961.

Friedrich der Große; Regierungsformen und Herrscherpflichten (1777) erschienen in: Ausgewählte Werke Friedrichs des Großen, Verlag von Reimar Hobbing, Berlin 1917, Bd. 2.

Gehlen, Arnold; Die Seele im technischen Zeitalter, Rowohlt Taschenbuch Verlag, Reinbeck bei Hamburg, 1957.

Gohrer, Geoffrey; Die Amerikaner, Rohwohlt Verlag, 1956, Bd. 9.

Halfeld, Adolf; Amerika und der Amerikanismus, Verlag Eugen Diederichs, 2. Aufl., Jena 1928.

Hass, Ernst; Des Menschen Thron wankt, F. Bruckmann Verlag, München 1955.

Heraklit; Urworte der Philosophie, übersetzt von Georg Burckhardt, Insel-Verlag, Wiesbaden 1957.

Hofstätter, Peter; Herausgeber von „Psychologie", Fischer Bücherei, Frankfurt 1957, Bd. 6.

Huth, Albert; Handbuch psychologischer Eignungsuntersuchungen, Oilger-Verlag, Speyer 1953.

derselbe; Kontrollpunkte im menschlichen Reifen, Verlag Herde KG, 2. Aufl., Freiburg 1963.

Jaspers, Karl; Die geistige Situation der Zeit, Sammlung Göschen, Bd. 1000, Berlin 1960, 5. Aufl.

Jones, Rufus; Vom Sinn und Endzweck des Lebens, Leonhard Friedrich Verlagsbuchhdlg., 2. Aufl., Bad Pyrmont 1947.

Jungk, Robert; Die Zukunft hat schon begonnen, Wien 1957, 14. Aufl., Lizenzausgabe für den Bertelsmann-Lesering.

Kerschensteiner, Georg; Theorie der Bildung, Leipzig, Verlag von B. G. Teubner, Berlin 1926.

Keyserling, Graf Hermann; Das Reisetagebuch eines Philosophen, Otto Reichel Verlag, 5. Aufl., Darmstadt 1921, Bd. 2.

Klages, Ludwig; Grundlagen der Charakterkunde, Lizenzausgabe für den Ph. Bouvier & Co. Verlag, 10. Aufl., Bonn 1948.

derselbe; Handschrift und Charakter, Verlag von Joh. Ambrosius Barth, 3. Aufl., Leipzig 1921.

derselbe; Mensch und Erde, Alfred Kröhner Verlag, Stuttgart 1956, Taschenbuchausgabe, Bd. 242.

Kötschau, Karl; Medizin am Scheideweg, Karl F. Haug-Verlag, Ulm 1960.

Kroh, Oswald; Die Phasen der Jugendentwicklung, Verlag Julius Beltz, 3./4. Aufl., Weinheim 1961.

Kühnel, Johannes; Neubau des Rechenunterrichts, herausgegeben von Dr. Eugen Koller, Turm-Verlag, Steufgen & Sohn, 10. Aufl., Düsseldorf 1959.

Laotse; herausgegeben von Lin Yutang, Fischer Bücherei, Frankfurt 1955, Bd. 89.

Lersch, Philipp; Der Mensch in der Gegenwart, E. Reinhardt-Verlag, 2. Aufl., München 1955.

Linder, Hermann; Biologie, Metzlersche Verlagsbuchhandlung, 8. Aufl., Stuttgart 1957.
Merkel, Friedrich; Außen wie innen, Nymphenburger Verlagsbuchhdlg., 1949.
Morf, Gustav; Einführung in die Psychologie, E. Reinhardt Verlag, Basel 1956.
Mumford, Lewis; Die Verwandlungen des Menschen, Ullstein Bücher, Berlin 1960, Bd. 303.
Otto, Berthold; Mammonismus, Militarismus, Krieg und Frieden, Verlag Die Wende, Berlin 1918.
Ortega y Gasset, Jose; Der Aufstand der Massen, Lizenzausgabe des Bertelsmann Leseringes.
Paulsen, Friedrich; Einleitung in die Philosophie, J. G. Cotta'sche Buchhandlung, 20. und 21. Aufl., Stuttgart und Berlin 1909.
Pestalozzi, Johann Heinrich; Die Abendstunde eines Einsiedlers, Gerhard Stalling Verlag, Oldenburg.
derselbe; Wie Gertrud ihre Kinder lehrt, Verlag Ferd. Schöningh, Paderborn 1961.
Praehauser, Ludwig; Erfassen und Gestalten, Otto Müller Verlag, Salzburg 1958.
Roth, Heinrich; Pädagogische Psychologie des Lehrens und Lernens, Hermann Schroedel Verlag, 5. Aufl., Hannover 1961.
Rousseau, Jean Jacques; Emile, Bd. I, Verlag Philipp Reclam jun., 4. Aufl., Langensalza 1907.
Röpke, Wilhelm; Maß und Mitte, Eugen Rentsch Verlag, Genf 1950.
Schelsky, Helmut; Schule und Erziehung in der industriellen Gesellschaft, Werkbund-Verlag, Würzburg, 2. Aufl., 1959.
Schleiermacher, Friedrich; Ausgewählte pädagogische Schriften, Verlag Ferdinand Schöningh, Paderborn 1959.
Schopenhauer, Arthur, Aphorismen zur Lebensweisheit, herausgeg. von Dr. L. W. Winter, W. Goldmann Verlag, München 1960, Taschenbuch Bd. G 688.
Schwab, Günther; Der Tanz mit dem Teufel, Adolf Sponholtz-Verlag, 6. Aufl., Hannover 1958.
Schweitzer, Albert; Verfall und Wiederaufbau einer Kultur, C. H. Beck'sche Verlagsbuchhdlg., 8. Aufl., München 1923.
derselbe; Von der Ehrfurcht vor dem Leben, erschienen in: Deutscher Geist, R. Voigtländers Verlag, Leipzig 1933.
Sedlmayr, Hans; Verlust der Mitte, Ullstein Verlag, 8. Aufl., West-Berlin 1963, Taschenbuch Nr. 39.
Sorokin, Pitirim A.; Die Krise unserer Zeit, Joachim Henrich Verlag, Frankfurt 1950.
Soule, George; Mehr Zeit zum Leben, Nest-Verlag, Frankfurt 1956.
Spengler, Oswald; Untergang des Abendlandes, C. H. Beck'sche Verlagsbuchhdlg., 3. Aufl., München 1917, Bd. I und II.
Spranger, Eduard; Leben wir in einer Kulturkrisis; erschienen in: Wo stehen wir heute?, C. Bertelsmann Verlag, 6. Aufl., Gütersloh 1962.
Toynbee, Arnold; Studie zur Weltgeschichte, Claasen u. Goverts Verlag, Stuttgart 1949.
von Goethe, Johann Wolfgang; Wilhelm Meisters Lehrjahre, 7/8, Goethes Werke, Bd. 10, Meyers Klassiker, Leipzig u. Wien 1900.
derselbe; Wilhelm Meisters Wanderjahre, Meyers Klassiker, Bd. 11.
von Treitschke, Heinrich; Deutsche Geschichte im 19. Jahrhundert, F. W. Hendel Verlag, Berlin 1894, Bd. 5.
derselbe; Historische und politische Aufsätze, Verlag von S. Hirzel, Leipzig 1886, Bd. 3.
von Koschützki, Rudolf; Die Quelle der Kraft, Karl Robert Langewiesche, Verlag der Blauen Bücher, 1921.
von Aquin, Thomas; Ordnung und Geheimnis, übersetzt von Josef Pieper, Verlag Jakob Hegner, 2. Aufl., München 1946.
von Regel, Constantin; Die Klimaänderung der Gegenwart, A. Francke AG. Verlag Bern, 1957, Dalp-Taschenbücher Bd. 335.
Vogt, William; Die Erde rächt sich, Nest-Verlag, Nürnberg 1950.
von Weizsäcker, Carl Friedrich; Atomenergie und Atomzeitalter, Fischer Bücherei, Frankfurt 1957, Bd. 188.
Wiener, Norbert; Was ist Kybernetik?, erschienen in: Panorama des zeitgenössischen Denkens, herausgegeben von Gaetan Picon, S. Fischer Verlag, Frankfurt 1961, Lizenzausgabe für die Deutsche Buchgemeinschaft.
Wittmann, Johannes; Ganzheitliches Rechnen, I. Teil, Verlag W. Crüwell, 5. Aufl., Dortmund 1959.
Wolf, Friedrich; Die Natur als Arzt und Helfer, Deutsche Verlagsanstalt, Stuttgart 1928.
Zehrer, Hans; Der Mensch in dieser Welt, Rowohlt Verlag, Stuttgart 1948.

ZWISCHENBILANZ
1966 – 1988

SEVESO IST ÜBERALL

Es besteht eine Gefahr der Übersättigung, wenn die Öffentlichkeit ständig mit neuen Horrornachrichten über Umweltkatastrophen überschüttet wird. Es besteht die Gefahr der Verdrängung bzw. Gewöhnung an einen offensichtlich nicht zu ändernden Zustand. Selbst die aufrüttelndsten Appelle stoßen dann auf taube Ohren. Die Masse Mensch verhält sich wie die heiligen drei Affen: Nichts Sehen, nichts Hören, nichts Reden. In der politischen Geschichte des 19. Jahrhunderts bezeichnete man diese Epoche als „Biedermeierzeit.

Doch diese „Zeit der Verdrängung" muß nun endgültig vorbei sein. Was bei Erstauflage dieses Buches bis Ende der siebziger Jahre zu Erschrecken, Beklagen, Registrieren und Prognosen ausreichte, hat heute zu täglich *spürbaren* Verdrängungen unserer Lebensumstände geführt. Das „Zurückschlagen der Natur" ist keine warnende Zukunftsvision mehr, es ist Gegenwart mit all seinen Negativerscheinungen.

Es geht nicht mehr um Katastrophenstimmungen, die Zeit der Katastrophen — nämlich die von den Menschen gemachten — hat unwiderruflich begonnen. Der Höhepunkt steht allerdings noch aus, und es bedarf der Kraft und des Einsatzes jedes einzelnen, um sein Ende abzuwenden und um die Erde den nachfolgenden Generationen zu erhalten.

Einige Höhepunkte dieser Entwicklung machen das Ende dieses Weges sichtbar. Vielleicht dient diese Zusammenstellung der Fakten aber auch einigen Verantwortlichen zur Veränderung ihrer festgefahrenen Denkschemata und gibt positive Anstöße zur besseren Einsicht.

Es war die Katastrophe von Seveso, die im Juli 1976 als Auftakt vieler folgender die Menschen weltweit aufschreckte. Über das italienische Kleinstädtchen Seveso, nördlich von Mailand, waren in Form einer kleinen weißen Staubwolke mehr als zwei Kilogramm *Tetrachloridibenzoparadoxin* (TCDD) niedergegangen. Es handelte sich um *Dioxin*, das giftigste Gift der Welt. Bereits 0,03 Millionstel Gramm pro Kilogramm Körpergewicht rufen Schädigungen des Embryos hervor.

In Vietnam sind die schädlichen Wirkungen dieses Ultragiftes noch heute deutlich sichtbar. Hier hatten die Amerikaner während des Vietnamkrieges ihre C-Waffen ausprobiert. Sie besprühten über zwanzigtausend Quadratkilometer mit dem dioxinhaltigen Kampfgas „Agent Orange". Die Folgen waren völlige Entlaubung der Dschungelgebiete und Hunderte mißgebildeter Neugeborener. Letzteres auch später in den USA, da die US-Soldaten von dem Dioxin-Gift nicht unberührt geblieben waren.

Der Giftstaub in Seveso war aus den Kesseln der Farma Icmesa, eine Dependence des Schweizer Chemieriesen Hoffmann-La Roche entwichen. Schon wenige Tage danach verloren die Bäume ihre Blätter, Vögel fielen tot vom Himmel, und auf den Weiden starb das Vieh. Die Menschen mußten mit schwersten Verbrennungen in die umliegenden Krankenhäuser gebracht werden. Die Ärzte konnten aufgrund eigener Ratlosigkeit nicht helfen. Erst zehn Tage später informierte der Chemiekonzern die Betroffenen über die wahren Zusammenhänge.

Was diesen Fall jedoch so exemplarisch macht, ist seine ursächliche Verknüpfung mit der Aufdeckung eines weiteren, noch höher angesiedelten Umweltskandals. Ein kleiner Teil des Sevesogiftmülls war 1976 in 41 Tonnen gefüllt worden, die fünf Jahre später halb Europa beunruhigten. Die 41 Müllfässer mit ihrem tödlichen Inhalt waren zu Geisterfässern geworden, deren Lagerort plötzlich nicht mehr aufzufinden war. Erst nach fieberhafter Suche konnten sie 8 Monate später in Frankreich wiederentdeckt werden.

Nicht zuletzt dank kritischer Journalisten-Recherchen konnte eine „Müll-Mafia" ausgemacht werden, die im Zusammenspiel mit der Chemieindustrie seit Jahrzehnten hochgiftige Chemieabfälle und Unmengen giftiger Industrieabfälle in den Böden Westdeutschlands verschwinden lassen. Ohne Bedenken vergiften diese „Müllmänner des Todes" Menschen, Tiere und Pflanzen, indem sie tausende Tonnen Giftmüll auf offizielle oder auch inoffizielle Mülldeponien abkippen. Für die Industrie und ihre Helfer allemal ein glänzendes Geschäft, da die Entgiftung bzw. Entsorgung ihrer Abfälle durch Ablagerung auf Müllhalden kompensiert wird. Gewinn für die Geschäftemacher, Tod und Krankheit und die unbezahlbaren Kosten der notwendigen Nachentsorgungen für die Allgemeinheit. Fürwahr eine glänzende Konjunktur für Umweltverbrecher.

Der Fall der amerikanischen Kleinstadt „Love Canal" in der Nähe der Niagara-Fälle ist ein erschreckendes Beispiel für das, was Nachentsorgung für die Allgemeinheit bedeuten kann.

Die Siedlung war auf einer ehemaligen Mülldeponie gebaut worden, in der tausende Tonnen giftiger Chemieabfälle, darunter auch Dioxin, abgelagert worden waren. Erst als sich die Asthma-Anfälle, die Krebsrate und die Anzahl der mißgebildeten Neugeborenen deutlich über den Landesdurchschnitt erhöht hatten, ging man den Ursachen nach. Man stellte die Verseuchung des Grundwassers mit Dioxin fest. Alle Bewohner mußten den Ort verlassen — für immer!

Das gleiche Schicksal ereilte 1983 die Bewohner des Ortes Times Beach in Missouri. Ein Ölhändler hatte 1974 mit dioxinhaltigen Altölen Straßenbefestigungen vorgenommen. Erst nachdem Tiere gestorben und Menschen erkrankt waren, wurde aufgrund einer Überschwemmung die

Bodenverseuchung mit Dioxin entdeckt. Alle 2 400 Einwohner wurden evakuiert.

In der Realität lassen sich diese USA-Zustände auch auf die BRD übertragen, auch wenn es noch keine direkte Evakuierung gegeben hat. Allein in der Weltstadt Hamburg hat der Senat 2000 umweltgefährdende Mülldeponien registriert. Darunter ist die ehemalige Deponie Großwerder, auf der bis 1972 rd. 13 Millionen cbm Hausmüll und Industrieabfälle abgekippt wurden. Durch ein Gutachten wurde im nachhinein festgestellt, daß die „wasserundurchlässige" Tonschicht unter der Kippe undicht ist. Die Giftstoffe der Kippe, darunter auch dioxinhaltige Chemieabfälle des inzwischen zwangsweise geschlossenen Boehringer Chemiewerkes sowie 32 Fässer E 605, können jederzeit in die unter der Tonschicht verlaufenden Grundwasserströme durchsickern. Bei einer gegenwärtigen Sanierung müßte der halbe Stadtteil Wilhelmsburg für Jahre evakuiert werden.

Ähnliche Verhältnisse finden wir in der rheinlandpfälzischen Sondermülldeponie in Gerolsheim. Hier ließen die Hamburger Boehringwerke 4000 Fässer mit Dioxin-Müll ablagern.

Auch ohne Enlagerung des giftigen Produktionsmülls genügt bereits die Nähe eines umweltschädlichen Industriebetriebes zur schleichenden Bodenvernichtung durch ständige Emissionen. In der westfälischen Stadt Hagen wurden bei Bodenproben nahe der Batteriefabrik Varta bis zu 13fache Werte des Erlaubten von dem hochgiftigen Schwermetall Cadmium gefunden.

Das Entstehen und Freiwerden von regelrechten Giftfluten aus den Grundwasserströmen ist vorprogrammiert!

Zwischenzeitlich hat uns die erste Giftwelle bereits erreicht. Auch sie ist ein „Geschenk" der chemischen Industrie, das von den Landwirten und 14 Millionen Hobbygärtnern in Millionen von Tonnen in die Erde verbracht wird. Durch Intensivlandwirtschaft werden alljährlich rd. 1000 Kilogramm Nitrat pro Hektar ausgebracht. Hierzu kommen Hunderte weiterer chemischer Düngemittel, Unkraut- und Schädlingsbekämpfungsmittel.

Bis 1980 stieg in Westdeutschland allein der Nitratverbrauch um das Dreifache, auf 1,5 Millionen Tonnen pro Jahr. Als Folge können nur noch weniger als die Hälfte der westdeutschen Wasserwerke nitratarmes Wasser liefern. Der Grenzwert von 50 Milligramm Nitrat pro Liter Wasser wird vielerorts weit überschritten.

Mehr als 25 % des Trinkwassers in Baden-Württemberg enthält zwischen 25 und 50 Milligramm Nitratgehalt je Liter, während in Rheinland-Pfalz bereits 7,6 Prozent des Trinkwassers mit Werten oberhalb des Grenzwertes von 50 Milligramm belastet ist. Das gilt auch für mehr als die Hälfte der vorwiegend in den ländlichen Gebieten genutzten Privatbrunnen. So mußten allein in Baden-Württemberg 250 private Brunnenanlagen und in Rheinland-Pfalz 84 Wassergewinnungsanlagen wegen Überschreitung der Grenzwerte stillgelegt werden.

Bereits 1984 tranken rd. sechs Millionen Menschen Trinkwasser mit mehr als 50 Mikrogramm Nitratgehalt pro Liter. Bei mehr als einer halben Million Bundesbürger liegen die Nitratwerte sogar bei 90 Mikrogramm in einem Liter Trinkwasser.

Dabei sind die Gesundheitsschäden einer zu hohen Nitratbelastung für den Menschen durchaus bekannt. Die leicht wasserlöslichen Nitrate werden durch den Körperstoffwechsel in Nitrit umgewandelt, ein sehr starkes und akut wirkendes Blutgift. Der Sauerstofftransport im Blut wird blockiert, insbesondere bei Säuglingen erhöht sich dadurch das Risiko der Blausucht, bei der sich die Haut bläulich verfärbt und die Kinder ersticken können. Wenn sich das Nitrat mit Nahrungsmittelstoffen zu Nitrosaminen verbindet, entsteht ein erhöhtes Krebsrisiko.

Schon sind mehrere Fälle von Babysterben bekannt geworden. In Amminghausen-Leteln in Nordrhein-Westfalen mußten wegen überhöhter Nitratwerte im Trinkwasser die örtlichen Wasserwerke abschalten, zwei Babys waren gestorben.

Im westfälischen Lemgo mußte ein nitratverseuchter Trinkwasserbrunnen geschlossen werden, da ein zwölf Monate altes Baby infolge von Blausucht Hirnschäden mit darauffolgenden spastischen Lähmungen erlitt.

Dabei steigen die Nitratgehalte im Trinkwasser jährlich durchschnittlich um ein- bis zwei Milligramm an, da erst ein Bruchteil der Bodenverseuchung in die Grundwasserschichten durchgesickert ist.

Inzwischen sind es 46 chemische Gifte, die im Grundwasser Westdeutschlands nachgewiesen wurden. Das Pflanzengift Atrazin des Schweizer Chemiekonzerns Ciba-Geigy wurde in mehr als 5000 Brunnenanlagen ausgemacht. Entdeckt wurden u. a. die bekannten Insektengifte Lindan und Heptachlor, und im Maisanbaugebiet des Freiburger Wassereinzugsgebietes enthält das Grundwasser die als Metabolite bezeichneten toxischen Abbauprodukte Simmazin und Propazin, letzteres im 65fachen des zulässigen Grenzwertes. Wilhelm Beck von der Freiburger Energie- und Wasserversorgungs GmbH bezeichnet dies als „ein Verbrechen an der kommenden Generation!“

Erschreckend auch die Tatsache, daß von 292 in den Grundwasserströmen angelangten Giftstoffen erst 50 Stoffe analysiert werden konnten. Die Wasserwerker sind — wie die hohe Dunkelziffer zeigt — offensichtlich überfordert.

Etwa 150 km nördlich von Köln liegt die größte Trinkwassergewinnungsanlage der Bundesrepublik Deutschland, der Haltener Stausee. Dieser riesige Wasserspeicher dient Millionen Menschen im Ruhrgebiet und Münsterland zur Trinkwasserversorgung. Er liegt weit ab von verseuchten Flüssen und Industriewerken. Trotzdem wurde im Trinkwasser von 1,5 Millionen Menschen das Herbizid *Atrazin* entdeckt, und zwar in einer *7fachen*, über dem zulässigen Grenzwert liegenden Konzentration!

Die Ursache war bald gefunden. Im Einzugsbereich des Stausees verspritzten die Landwirte fleißig Atrazin.

Nach Bekanntwerden erließ das Nordrhein-Westfälische Umweltministerium sofort ein Anwendungsverbot für Atrazin im Einzugsbereich. Dagegen klagte einer der betroffenen Landwirte. Er gewann den Prozeß, und die Verseuchung des Wassers bzw. der Trinkwasserkonsumenten geht weiter.

Weitere Schreckensmeldungen kommen aus dem Emsland. Hier spritzen Lohnunternehmer im Auftrage der Landwirte Pestizide gegen Würmer über das Land, und zwar 700 Liter Bodengift Dichlorpropen pro Hektar direkt in den Boden. Nach Messungen des Bundesgesundheitsamtes wurden Spitzenwerte von 1,3 Gramm Dichlorpropen in oberflächennahem Grundwasser gefunden. Dieser Wert übersteigt den tolerierten Grenzwert um das 86 000-fache!

Vom Präsidenten der bundesamtlichen Biologischen Versuchsanstalt erfahren wir, daß „es keine Hinweise darauf gibt, daß von ihr zugelassene Pflanzenschutzmittel für die Gesundheit des Menschen gefährlich sein könnten".

Prof. O. Wassermann vom Institut für Hygiene an der Universität Kiel bezeichnet solche Sprüche als: „Grob fahrlässig!"

Insgesamt hat sich die Situation derart verschlechtert, daß fast täglich neue Giftalarme die Regel sind. Wie in den Bombennächten des Zweiten Weltkrieges müssen betroffene Bürger ihr Trinkwasser in Eimern abholen. Und das nicht nur nach der Rheinvergiftung durch die Chemiewerke Sandoz in Basel, wovon u. a. die Bewohner der rechtsrheinischen Gemeinde Unkel betroffen waren.[1]

Auf der Insel Föhr ließ im August 1987 der Bürgermeister Gutscheine für Mineralwasser verteilen, da im Trinkwasser zuviel Nitrat war.

[1]) Im November 1986 waren beim Brand einer Lagerhalle des Baseler Chemiekonzerns Sandoz zusammen mit dem Löschwasser mindestens 34 verschiedene Giftstoffe, darunter auch E605, in den Rhein geflossen. Insgesamt waren es 30 bis 40 Tonnen hochgiftige Substanzen, die von rund 1 200 Tonnen dort lagernder Chemikalien — eine ausreichende Menge, um die Bevölkerung Europas umzubringen — in den Strom gelangt sind. Die vom seinerzeitigen Umweltminister Wallmann daraufhin ins Leben gerufene „Internationale Rheinüberwachungskommission" konstatierte am Rhein die größte Chemieanlagendichte der Welt!

Im unterfränkischen Marktbreit forderten die Ärzte die Mütter auf, zum Anrühren von Babynahrung ausschließlich Mineralwasser zu verwenden, da das Trinkwasser der Stadt wegen zu hohen Nitratgehaltes ungenießbar geworden war.

Das Leitungswasser im schwäbischen Bad Schussenried enthielt im Februar 1984 fast 100 Mikrogramm Nitrat, so daß für alle Säuglinge kostenlos Tafelwasser verteilt wurde.

Auch im hessischen Lollar wurde mit 52 Mikrogramm nitratverseuchtes Trinkwasser festgestellt. Der Bürgermeister empfahl dringend allen Eltern mit Kleinkindern anstelle des gesundheitsgefährdenden Trinkwassers nur noch Mineralwasser zu benutzen.

Oder in Waldershof, Kreis Tirschenreuth, wo die „Gülle" der Landwirte das Grundwasser verseucht hatte. Nur mit Trinkwasser am Tankwagen konnte der tägliche Bedarf gesichert werden.

Im westfälischen Haltern analysierten die Wasserwerker der Gelsenwasser AG im Juli dieses Jahres ein bisher noch nie im Trinkwasser gefundenes Herbizid. Es handelte sich um Chlortoluron, das unter der Handelsbezeichnung Dicuran zur Unkrautbekämpfung auf den Getreidefeldern verwendet wird. Der gefundene Meßwert von 0,8 Mikrogramm pro Liter überschreitet den Grenzwert um das Siebenfache!

Aufgrund einer Untersuchung Gießener Umweltforscher stellte sich 1984 heraus, daß selbst bis dahin als unbedenklich geltende Mineralwasser einen bedenklich hohen Nitratgehalt haben.

Bei sechs verschiedenen in Mittelhessen geförderten Mineralwässern wurden Nitratwerte bis zu 60 Milligramm pro Liter gefunden.

Bei Trinkwasseruntersuchungen der Vereinigung freiberuflicher Chemiker in Baden-Württemberg im Juli 1988 in 200 Gemeinden entdeckten sie in 35 Prozent der Proben Konzentrationen an Pflanzenschutzmitteln, die über den neuen Grenzwerten — gültig ab 1. Oktober 1989 — lagen. So konstatiert der Wasserexperte beim Bund für Umwelt- und Naturschutz, Ingolf Spickschen, „die Wasserversorgung ist vom Zangengriff des Gifteintrages aus industriellen Abwässern einerseits und versickernden Giften aus der Landwirtschaft andererseits erfaßt."

Immerhin stammen 70 Prozent unseres Trinkwassers aus dem Grundwasser! Allen verantwortlichen Wasserfachleuten ist klar, daß grundsätzlich alle wassergefährdenden Substanzen verboten werden müssen. Folgerichtig hat der Umwelt-Ministerrat der Europäischen Gemeinschaft für Trinkwasser eine quasi „Null-Emission" an Giften aller Art, insbesondere Unkraut- und Insektenvertilgungsmittel beschlossen.

Die ab 1. Oktober 1989 für alle EG-Mitgliedsstaaten gültige Verordnung begrenzt die Anzahl aller Rückstände im Wasser — einschließlich

0,1 Mikrogramm (ein zehnmillionstel Gramm) Pestizide pro Liter Trinkwasser — auf 0,5 Mikrogramm.

Dieser Beschluß wurde bereits 1980 gefaßt, als die Chemie-Industrie noch lautstark versicherte, daß ihre Ackergifte sämtlich im Boden abgebaut und schon deshalb niemals ins Grundwasser geraten könnten. Damit sei eine Vergiftung des Trinkwassers ausgeschlossen. Heute stellt sich dies alles ganz gegenteilig dar. Es drohen Milliarden-Einbußen, und schon wird der bekannte Kampfverband der Lobbyisten wieder in Marsch gesetzt.

So tönte im Juli 1988 Landwirtschaftsminister Kiechle, das Trinkwasser der Bundesrepublik enthalte keineswegs Gift und könne unbedenklich getrunken werden!

Der Industrieverband Pflanzenschutz (IPS) bezeichnete die neuen EG-Richtlinien als übervorsichtig und wissenschaftlich ungerechtfertigt, denn Wasser müsse schließlich nicht an jeder beliebigen Stelle der Bundesrepublik trinkbar sein!

Es gab eine noch keine fünfzig Jahre zurückliegende Zeit, in der es das gab. Bereits die Grundbedürfnisse des Menschen müssen niveaumäßig gesenkt werden, damit sich die sinnlose Profitgier von Interessengruppen und ihrer Trommelschläger auf Kosten der Allgemeinheit ungehindert austoben darf. Immer geht es dabei um angebliche Gefährdung oder Vernichtung der Existenzgrundlagen einer Minderheit, wie denn auch der sogenannte Umweltbeauftragte des Deutschen Bauernverbandes, Reiner Latten, verkündete; die vorgesehenen Grenzwerte würden auf der Grundlage politischer Willkür die Existenzfähigkeit der Landwirtschaft in Frage stellen!

Bauernpräsident Constantin Heeremann legte mit einer förmlichen Erpressung noch eins drauf, er müsse bei Restriktionen des ländlichen Gifteinsatzes überdenken, ob die Landwirte auch weiterhin die riesigen Mengen Klärschlamm abnehmen könnten, die sie für die Düngung ihrer Felder und Wiesen den Kläranlagen abnehmen.

Es steht zu befürchten, daß er diese Drohung nicht wahr macht, obwohl gerade ihre Verwirklichung zur Entgiftung der Böden und des Grundwassers beitragen würde.

Kaum zu überbieten an zynischer Menschenverachtung, denn er müßte es besser wissen, behauptet der IPS-Präsident, Gerhard Prante, in einem Positionspapier seines Industrieverbandes, daß die EG-Richtlinien für reines Trinkwasser ohne jegliche Relevanz für die Gesundheit von Mensch und Tier seien!

Alles liegt auf der gleichen Ebene der Volksverdummung durch Beschwichtigen und Abwiegeln, durch Ablenken oder notfalls auch Drohungen. Was soll man davon halten, wenn der vor wenigen Monaten erst gewählte Ministerpräsident von Schleswig-Holstein und als neuer Saubermann gelobte Björn Engholm das Badewasser der Nordsee als „absolut einwandfrei" lobt, während seinem Umweltminister Heydemann die Nordsee ebenfalls zum Baden nicht zu dreckig ist. Und diese Meinungsäußerungen entstanden nach dem großen Robbensterben, von denen mittlerweile 95 Prozent ausgerottet sind. Nachfolgend steht gegenwärtig das „Möwensterben" ins Haus! Waren noch vor wenigen Wochen sogen. „Killeralgen" die Todesursache für das qualvolle Dahinsiechen von mittlerweile 10 000 Seehunden in Nord- und Ostsee, so sind es z. Zt. die angeblich von grönländischen Schlittenhunden übertragenen Staupeviren, die das große Massaker verschuldet haben sollen.

Doch nicht nur für die Seehunde erweist sich die „Nordsee als Mordsee" (n. Spiegel) — für die Ostsee als „schmutzigstes Meer der Welt" gilt das gleiche. Das politische Badeverbot vor den Nordseeinseln Juist und Norderney, sowie den Küstenbadeorten Meßmersiel und Brunsbüttel — natürlich nach Beendigung der Badesaison — ist die erste unerbittliche Konsequenz aus der Verschmutzung der Meere. Als akute Verursacher werden zur Zeit Salmonellen genannt, die angeblich aus den Abfällen der Fährschiffe stammen sollen.

Was immer die Verantwortlichen auch noch als Verursacher künftig entdecken werden, solange die Giftfracht von jährlich *1000* Güterzügen in die Nordsee gekippt wird, ist keine Rettung möglich.

Es ist davon auszugehen, daß auch die voreiligen zungenflinken Staatsvertreter Engholm und Heydemann ein heutiges Bad in Nordseewasser nicht mehr für unbedenklich halten.

Schon Anfang der achtziger Jahre, als das große Waldsterben begann, warnten kritische Stimmen, daß nach den Pflanzen und den Tieren, zwangsläufig die Menschen an der Reihe seien. Wer hätte damals sich vorstellen können, daß im Jahre 1988 das Trinken von Regenwasser als gefährliche Gesundheitsschädigung konstatiert werden müßte. Selbst vor der Benutzung des so beliebten Regentonnenwassers der Hobbygärtner wird gewarnt. Es könnte die Gemüsebeete chemisch vergiften.

In den Niederlanden und der BRD wurden von Dezember 1987 bis April 1988 Regenproben analysiert. In Köln wurden im Regenwasser bis zu 1,03 Mikrogramm Atrazin pro Liter gefunden. Insgesamt wurden 13 schädliche Substanzen im Regenwasser entdeckt. Grund genug für die untersuchenden Ingenieure der Internationalen Arbeitsgemeinschaft der Wasserwerke im Rheineinzugsgebiet vor dem Genuß von Regenwasser zu warnen!

Zwar gibt es inzwischen ein Müllentsorgungsgesetz, ein Luftreinhaltegesetz, ebenso wie Gewässerschutzgesetze. Doch was nutzen solche ohnehin viel zu laschen Gesetze, wenn die Behörden mit Blick auf die Gewerbesteuereinnahmen und Arbeitsplätze einen Deal mit den Umweltzerstörern vorziehen, statt die vorhandenen gesetzlichen Möglichkeiten voll auszuschöpfen.

So lesen wir im § 324 StGB: „Wer unbefugt ein Gewässer verunreinigt oder sonst dessen Eigenschaften nachteilig verändert, wird mit Freiheitsstrafe bis zu fünf Jahren oder mit Geldstrafe bestraft."

Trotzdem wurde dem Chemiekonzern Bayer für sein Zweigwerk in Brunsbüttel in Schleswig-Holstein erlaubt, pro Stunde 75 000 Kubikmeter Abwässer in die Elbe zu pumpen. Schließlich braucht der Chemie-Multi weder Angaben über die Art, Menge und Konzentration seiner Giftbrühe zu machen. Schließlich gilt diese Blankoerlaubnis bis zum Jahre 2024!

Dies ist nicht weiter verwunderlich bei der Tatsache, daß drei Viertel aller Umweltverbrechen nicht bestraft werden. Luftverpester und Trinkwasservergifter können ihr verbrecherisches Tun fast ungestraft weiterführen. Nach einer Untersuchung des Umweltbundesamtes (UBA) werden bereits 75 Prozent aller Verfahren von der Staatsanwaltschaft eingestellt. Von den restlichen Verfahren, die vor dem Richter landen, werden nochmals drei Viertel eingestellt. Von 3025 aktenkundlichen Umweltdelikten im Jahre 1986 kam es 1986 bei nur jedem zweiten zu einer Verurteilung. Der Rest wurde eingestellt (44 %) bzw. endete mit Freispruch (5,37 %).

Geradezu grotesk wirkt die Tatsache, daß die Zahl der Umweltverbrecher bzw. ihre Verurteilung von 1975 bis 1986 von 68 Prozent auf 50,5 Prozent heruntergegangen ist. Bei den 1536 Umweltdelikten, die im Jahre 1986 zur Verurteilung kamen, wurden lediglich 58 Freiheitsstrafen ausgesprochen, wovon noch 52 zur Bewährung ausgesetzt wurden. Fürwahr ein abschreckendes Beispiel, daß die „Konjunktur" der Umweltverbrecher (n. Öko-Test) wohl kaum beeinflussen wird!

Wird dagegen eine Umweltkatastrophe zum Dauerzustand, weil für alle sichtbar, wie z. B. das große Waldsterben, so sucht die Legislative verzweifelt nach einem Schuldigen. Oft findet sie dabei den falschen, manchmal trotz besseren Wissens!

Luftverpestung und saurer Regen gelten mittlerweile als gesicherte Verursachergrößen für das weltweit beobachtete Waldsterben. Als Schuldige der Luftverpestung stehen Industrie, Heizungsanlagen und Fahrzeugabgase fest — in dieser Reihenfolge. Nach den im Schongang für die Industrie verordneten Konverteranlagen, rückt man dem Abgasproblem der Autos — Flugzeuge ausgenommen — seit Anfang dieses Jahrzehnts zu Leibe. Mit geregeltem oder ungeregeltem Katalysator sollen die Abgase der Kraftfahrzeuge entgiftet werden. Bei zweifellos notwendiger und richtiger Zielsetzung stellt sich jedoch allmählich auch für die Verantwortlichen heraus, daß man das falsche Mittel eingesetzt hat. Der Katalysatoreinsatz führt vom Regen in die Traufe.

Nach Expertenmeinung ist es der Stickoxid (NOx)-Anteil der Kraftfahrzeugabgase, der vorrangig die Wälder vernichtet. Nach Berechnungen der „Jülicher Kernforschungsanstalt" 1981 betrug die NOx-Menge für weltweit 400 Millionen Kraftfahrzeuge bei einer durchschnittlichen Jahresfahrleistung von etwa 15 000 Kilometer rund 6,5 Millionen Stickstoff-Oxid. Beim heutigen Kraftfahrzeugbestand von etwa 27 Millionen Fahrzeugen in Westdeutschland müßte hier der NOx-Ausstoß rd. 440 000 Tonnen jährlich betragen.

Die allgemein anerkannten Angaben der Firma Bosch geben auf 100 Liter Kraftstoffverbrauch einen Stickoxidausstoß von 0,3 bis 1,5 Kilogramm an. Bei einem jährlichen Benzinverbrauch in der BRD von 31 Milliarden Litern und unter Zugrundelegung des Maximalwertes, ergibt sich eine NOx-Emission von lediglich 280 000 Tonnen.

Bezeichnend übrigens, daß auf dem Höhepunkt der Tempolimit- und Katalysatordebatte im September 1984 plötzlich NOx-Angaben von 1,7 Millionen Tonnen auftauchten, von denen allein durch Einführung des Tempolimits 270 000 Tonnen NOx reduziert werden würden.

Ohne Zweifel wäre ein Tempolimit der einzige vernünftige Weg, um die Zahl der Verkehrsopfer zu mindern. Doch hier stehen die Interessen unserer deutschen Autoindustrie mit ihren mächtigen Lobbyistenverbänden vor. Schließlich ist das Sterben auf deutschen Autobahnen ein individueller Vorgang, während das Waldsterben inzwischen Allgemeinwirkung zeigt.

Auch ist die Anzahl einiger tausend Verkehrstoter und Zehntausender Verletzter im Jahr kein gravierender Verlust für die Industrie, schließlich nehmen sich die Pharma-Industrie und ihre weißen Helfer gerne dieser stetigen „Konsumentensteigerungen" an.

Zurück zum Katalysator. Abgesehen von den technischen Mängeln — bereits eine einzige Fehlzündung, unrunder Motorlauf, Leistungsabfall oder Abschleppen des Kraftfahrzeuges können den Katalysator zerstören (laut mot. Heft 10/86) — sind die Umwelt- und Gesundheitsschädigungen durch den Katalysator viel gravierender.

Benzinbetriebene Kraftfahrzeuge mit Platin-Katalysator (geregelter 3-Wege-Katalysator mit Lambdasonde) müssen bestimmte Temperaturen erreichen, damit der Kat funktionsfähig wird. Da der Kat im kalten Zustand nicht bzw. nur unzureichend arbeitet, kann der regionale Berufsverkehr in kalten Wintermonaten die Luft besonders stark belasten. Andererseits tritt eine schnelle Erhitzung des Kat ein, weil außer den heißen Auspuffgasen auch unverbranntes Benzin in ihn eintritt. Aus diesem Grunde weisen verschiedene Autofirmen darauf hin, daß Autos mit Kat nicht in trockenem Gras, in der Heide oder auf Waldboden geparkt werden sollen! In den USA sind solchermaßen bereits mehrere Flur- und Flächenbrände entstanden. Bereits Ende 1986 hat der Polizeichef von Phoenix, im US-Staat Arizona, nach mehreren Brand- und Explosionskatastrophen durch Katalysator-Autos Zweifel am Sinn von Kat-Autos geäußert.

Auch der ADAC warnt vor dem unverbrannten Benzin im Katalysator mit gravierenden Folgen. Bei schlechtem Anspringen des Motors sollen weitere Startversuche unterlassen werden, man solle lieber eine Starthilfe benutzen. (HAZ, 2. 12. 87)

Eine weitere Gefahr liegt in der Tatsache, daß die Katalysatorleistung vieler Automobile bei Geschwindigkeiten über 110 Stundenkilometern zusammenbricht. Der Katalysator wird dann zur regelrechten Dreckschleuder. Um die Gefahr des Zusetzens des Kat zu vermeiden, müssen die Gasdurchlässe große Querschnitte haben. Bei der dadurch möglichen hohen Durchtrittsgeschwindigkeit der giftigen Autoabgase erhalten nicht alle Gasmoleküle die Gelegenheit, durch Kontakt mit den Platinoberflächen des Katalysators am Vorgang der Katalyse (Entgiften der Schadgase) teilzuhaben. Es tritt letztlich die Wirkungslosigkeit des Katalysators ein. Nicht umsonst liegt die Höchstgeschwindigkeit in den USA bei 55 Meilen pro Stunde.

Und auch die mittlerweile public gewordene „Mogelschaltung", bei der sich der Katalysator bei Vollgas automatisch abschaltet, hat hier die Ursache. Schließlich hat die Autoindustrie als erste die nachteiligen Folgen des Kat erkannt, und mit zunächst geheimgehaltenen Gegenmaßnahmen Entlastungsversuche unternommen.

In jedem Falle jedoch erfordert der Katalysator die Anwendung von bleifreiem Benzin, da bereits der geringste Bleiausstoß in den Abgasen die Platinflächen inaktiviert. Andererseits muß zum Erhalt der Klopffestigkeit das bleifreie Benzin mit sogenannten Aromaten (Ringverbindungen) wie Benzol und Toluol (Methylbenzol) verschnitten werden, wobei Toluol teilweise (0,3 %) in Benzol umgewandelt wird.

Beide Stoffe sind gesundheitsschädlich. Insbesondere Benzol erzeugt Leukämien (Blutkrebs) und, in bereits sehr geringen Konzentrationen, bösartige, unheilbare Myelome und Plasmozytome.

Ende 1986 vom Bundesumweltamt Berlin durchgeführte Proben an bleifreiem Benzin ergaben Durchschnittswerte von 3,7 % Benzol und 20,2 % Toluol! Die DIN-Norm schreibt für unverbleite Kraftstoffe maximal 5 % Benzolgehalt vor. Nach Feststellungen der Krebsspezialisten nutzt Shell sogar die vollen 5 % aus, während bei der italienischen Petrofirma AGIP Benzolhöchstwerte von 20 % gemessen wurden!

Dabei bedeuten bereits 1 % eine ernsthafte Gefahr für die menschliche

Gesundheit, zumal das hochgiftige Benzol durch die Haut wie auch durch die Atemluft aufgenommen wird.

Bereits in den dreißiger Jahren machte BV-ARAL den „Benzol-Verschnitt“ des Benzins als Alternative zur damals einsetzenden Zusetzung von Benzin mit Blei-Tetraäthyl. In der Folge erkrankten und verstarben von den Tankstellenwärtern an den Reichsautobahnen in den Jahren 1936—1939 dreißig Prozent an Nasentumoren und anderen Krebsarten. In den USA müssen daher beim Tanken die Benzindämpfe abgesaugt und in einem Filter abgeschieden werden. Obwohl dort im Gegensatz zu den in Europa erlaubten 5 % Benzolgehalt nur 1 % als Höchstbeimengung im Benzin erlaubt ist! In Deutschland gibt es erste Tankstellen mit Abdichtungsstutzen zur Vermeidung des Verdampfens von Benzol.

Eine andere und bis heute von offizieller Seite ebenfalls totgeschwiegene Gesundheitsgefährdung besonderer Art ist mit Einführung des Katalysators aufgetaucht.

Bereits 1985 ging aus entsprechender Untersuchungsliteratur des Deutschen Krebsforschungszentrum in Heidelberg hervor, daß es in Südkalifornien, in japanischen Ballungszentren und insbesondere in Taiwan nach Einführung von Autos mit Platin-Katalysatoren zu einem drastischen Anstieg von sogenannten Adeno-Lungenkrebsen, und zwar zusätzlich zu den bestehenden Krebshäufigkeiten, gekommen ist. Prof. Niepmann weist in seinen Untersuchungen darauf hin, daß es bei den nichtrauchenden japanischen Frauen von 1977 (Nullrate) bis heute zu einem geradezu dramatischen Anstieg von Adeno-Lungenkrebsen gekommen ist.

Der Leiter des Instituts für Spektrochemie und angewandte Spektroskopie in Dortmund äußerte sich 1988 über bei der Tumortherapie eingesetzte Platinverbindungen, daß sie die Synthese der Erbsubstanz DN 5 hemmen. Dabei berichtete er von dem Platinasthma bei Industriearbeitern, die mit größeren Mengen Platin in Berührung kommen. Auch könne das Platin in den Abgasen wegen seiner feinen Verteilung leicht vom Organismus aufgenommen werden und dort biologisch sehr reaktiv sein.

Inzwischen haben neueste amerikanische Untersuchungen bestätigt, daß an stark befahrenen Straßen die Platinkonzentration in Boden und Pflanzen stark zugenommen haben und zwar über die Abgase der mit Katalysatoren ausgerüsteten Autos. Durch Einsatz des Platin-Kats hat sich in den USA der Platinverbrauch verdoppelt.

Im Deutschen Ärzteblatt vom 3. 9. 87 teilte Prof. Dr. med. Forst aus München mit, daß 20 % des ausgestoßenen Platin „Lungen-Bläschen-gängig“ seien.

Auf einem Kongreß des Medizinischen Instituts für Umwelthygiene der Universität Düsseldorf im Dezember 1986 wurde insbesondere auf die stark allergenen Wirkungen und gleichzeitig auch krebserzeugenden Wirkungen extrem geringer Mengen von Platin und Platin-Salzen hingewiesen.

Zwar werden durch den Katalysator ein Großteil der Abgasgifte wie CO, Kohlenwasserstoffe und NOx abgebaut. Gewissermaßen im Gegenzug produziert er jedoch andere Umweltgifte, organische und anorganische Säuren, darunter auch die hochgiftige Blausäure!

Durch das Fraunhofer-Institut Hannover wurde im Auftrag des Volkswagenwerkes eine umfassende Dokumentation über Probleme und Gefahren des Platin-Katalysators zusammengestellt. Insgesamt verweigert das Fraunhofer-Institut dem Volkswagenwerk die Unbedenklichkeitsbescheinigung für den Einsatz von Platin-Katalysatoren.

Dafür gibt es im VW-Werk seit Februar 1987 eine neue Schutzbestimmung. Alle Arbeiter wie auch prüfende und konsultierende Ingenieure müssen bei Montagearbeiten an Abgassystemen Handschuhe tragen! Gleichzeitig wurde in einer Informationsschrift auf die Gefahren des Einsatzes von Platin-Kats im Automobilbau und Betrieb hingewiesen.

Einen weiteren unerfreulichen Nebeneffekt der Abgaskatalyse — den sogenannten Stinkdrüseneffekt — haben bereits Millionen Autofahrer kennengelernt, oft ohne den tatsächlichen Hintergrund zu wissen. Der plötzlich auftretende penetrante Gestank nach faulen Eiern im Wageninnern hat nicht nur zu peinlichen Verdächtigungen argloser Mitreisender geführt, bei nicht wenigen Autofahrern ruft er sogar akuten Brechreiz hervor.

Der Grund liegt in einer weiteren technischen Unzulänglichkeit des Katalysators. Der im Kraftstoff enthaltene Schwefel lagert sich insbesondere bei Langsamfahrten wie im Stadtverkehr als Schwefel-Sauerstoffverbindung in den Katalysatorenwaben ab. Wird nun bei schnellerer Fahrweise die Abgastemperatur im Katalysator erhöht, entweichen die Schwefelablagerungen als Schwefelwasserstoff ins Freie und führen zu den unangenehmen Geruchsbelästigungen.

Von den amerikanischen Autofahrern stammt der Trick, den Gestank durch Tanken mit Bleibenzin zu unterbinden. Denn bereits eine Tankfüllung mit bleihaltigem Sprit führt zur Zerstörung des Abgasreinigers. Den Herstellern der stinkenden Katalysatoren ist bisher noch kein Gegenmittel eingefallen.

Aufgrund der vorgenannten Fakten und Zusammenhänge entsteht die zwingende Frage nach dem Grund und Sinn dieser „sinnlosen" Umweltschutzmaßnahme. Denn wo sollte ein vernünftiger Grund zu finden sein, wenn die umweltschützende Katalysator-Einführung andererseits durch noch schädlichere Nebenwirkungen diesen Schutz ad absurdum führt! Fragen wir auch hier nach dem „Cui bono — Wem nützt es?!" Eine einleuchtende Antwort finden wir in dem Buch von Bert Brendel: Katalysator & Co. — Es stinkt zum Himmel.

Er bezeichnet den Begriff Katalysator als „Synonym für gutes Geschäft". Seine nachprüfbaren Berechnungen gehen von einem Volumen zwischen hundert bis einhundertfünfzig Milliarden DM aus, die sich die Hersteller von Einspritzanlagen, Regeleinrichtungen, Lambdasonden und natürlich Katalysatoren teilen. Auch der TÜV (ASU = Abgassonderuntersuchung) und die vielen Werkstätten sind am Geschäft beteiligt. Von den Platinproduzenten der Großkonzerne ganz zu schweigen! Der Ansatz von 4 000 DM pro Auto bei 27 Millionen Automobilen allein in der BRD läßt die Summe bereits die 100-Milliardengrenze überschreiten. Fürwahr ein teures Experiment, dessen Schadfolgen und ihre Bekämpfung noch gar nicht berücksichtigt sind.

Die ganze Unsinnigkeit der Kat-Einführungsmaßnahme wird noch effizienter, wenn nach amtlichen Angaben eine Summe von etwa 30—50 Milliarden DM ausreichen würden, um sämtliche Kraftwerke der BRD zu entsticken und zu entschwefeln!

So wundert es kaum noch, wenn der führende schwedische Motorjournalist Lennart Öjesten bereits im November 1984 in der größten schwedischen Wochenzeitung Expressen die in der BRD und in der Schweiz so überharte und ohne jeden technischen und wirtschaftlichen Sachverstand durchgepeitschte Katalysatoreneinführung kritisiert. Diese könne nur durch aktive Einflußnahme der interessierten Industrie, wobei der Name der deutschen Metallgesellschaft DEGUSSA genannt wurde, auf die deutschen Regierungsstellen zu erklären sein.

Hier begegnen wir wieder einmal mehr unserem Innenminister Zimmermann, lt. Spiegel auch als „Old Schwurhand" bekannt, in dessen Fach-Ministerium die Entscheidungen getroffen wurden. Autor Brendel bemerkte in dem Zusammenhang, daß Minister Zimmermann nachweislich die Katalysator-Technik als Maßnahme einer sinnvollen Umweltentlastung als völlig abwegig und unbrauchbar erklärt hatte. Schon kurze Zeit später zeigte er nach einer internen Parteisitzung in Kreuth einen drastischen Sinneswandel. Alle gegen die nun von ihm geforderte Einführung des Katalysators vorgebrachten Argumente wurden, ohne darauf einzugehen, hinweggefegt.

Angesichts der Gegenargumente sowohl im Hinblick auf ihre technische wie Umwelt- und Gesundheitsschutz einbeziehende Prägnanz bleibt hier nur die abschließende Frage nach dem WARUM?!

DAS GESCHÄFT MIT DER KRANKHEIT – VERBRECHER IM WEISSEN KITTEL

Viele kennen das geflügelte Wort: „Gesundheit ist nicht *alles,* aber *alles* ist ohne Gesundheit *nichts.*" Dem ist nichts hinzuzufügen bis auf die Möglichkeiten zur Selbsthilfe.

Dem Wissen um die Gefahren muß auch die Möglichkeit zu ihrer Abwehr entsprechen. Das „Herrschaftswissen" weniger — Wissen ist Macht — muß möglichst vielen Menschen zugänglich gemacht werden. Einige Beispiele sollen dies verdeutlichen.

Wem ist schon bekannt, daß es im sogenannten Nord-Süd-Gefälle der Bundesrepublik Deutschland nicht nur in Zahlen der Arbeitslosigkeit, sondern auch im Gesundheitswesen ein Gefälle zwischen ärmeren und reicheren Gebieten gibt?!

In Baden-Württemberg und Südbayern ist die Lebenserwartung durchschnittlich um drei Jahre höher als bei den Menschen im Saarland, in Oberfranken oder in Berlin.

Die Säuglingssterblichkeit ist in Hagen und Hof dreimal höher als in Tübingen und Berchtesgaden. Im Industriegebiet zwischen Rhein und Ruhr sowie in der Eifel und im Hundsrück ist die Todesrate bei Lungenkrebs erheblich höher als im übrigen Bundesgebiet. In einigen Gebieten Bayerns erkranken und sterben doppelt soviel Menschen an Magenkrebs wie im Bundesdurchschnitt.

Diese Fakten mögen genügen, um deutlich zu machen, welchen Wert ein entsprechendes Wissen um diese Zusammenhänge zur Gefahrenabwehr besitzen kann.

Ebenso wichtig ist aber auch ein Durchschauen der Zusammenhänge, besser des Zusammenspiels zwischen all denen, die das Geschäft mit der Gesundheit bzw. Krankheit betreiben.

Dabei geht es — immer die Einführungsworte eines Joseph Pulitzers vor Augen — weniger um Namen und Personen, sie sind ohnehin der allgemeinen Verachtung anheim gefallen.

Vielmehr ermöglicht der „richtige Durchblick", die Frage nach dem „Cui bono — wem nutzt es?!", einen Selbstschutz vor den „Segnungen" einer teilweise lebensbedrohenden Pharma-Medizin-Industrie.

Dafür ein Beispiel unter vielen.

Nur zufällig wurden 1985 im Banksafe des ehemaligen FDP-Landesvorsitzenden und später als Juwelenräuber verurteilten Rechtsanwaltes Hans-Otto Scholl Notizen und Spendenlisten gefunden. Aus den Unterlagen des langjährigen Hauptgeschäftsführers des Bundesverbandes der Pharmazeutischen Industrie erstand das Bild eines neuen Schmiergeldskandals, das dem so eben erst überwundenen Flick-Steuer- und Bestechungsskandal kaum nachstand. Wieder ging es um viel Geld und erneut waren die bereits bekannten „Mitspieler" beteiligt.

Erst nach der Contergan-Affaire 1961 wurde in der Bundesrepublik Deutschland ein für die Pharmaindustrie relativ unschädliches Arzneimittelgesetz geschaffen. Zum ersten Mal wurden die damals rund 70 000 Medikamente zwar nicht amtlich zugelassen, immerhin jedoch amtlich registriert. Die neue SPD-Regierung wollte dann 1973 das Gesetz im Sinne der betroffenen Bürger verbessern.

So sollte die Kopie von bereits auf dem Markt befindlichen Medikamenten unter anderem Namen durch Kenntlichmachung erschwert werden.

Auch sollte eine amtliche Zulassung zunächst auf fünf Jahre begrenzt sein. Eine zentrale Überwachung der Medikamente auf ihre Nebenwirkungen etc. durch das Bundesgesundheitsamt sollte Gesetz werden. Jede Arzneimittelpackung sollte ein Verfalldatum erhalten. Und schließlich sollten Arzneimittel mit zu befürchtenden schädlichen Nebenwirkungen verboten werden.

Durch dieses Gesetz hätten die Krankenkassen und mit ihnen die Versicherten die seinerzeitigen jährlichen Arzneimittelkosten von acht Milliarden DM auf die Hälfte reduziert. Dieser Kostendämpfungsanteil von 50 % würde bei den heutigen Arzneimittelkosten von über siebzehn Milliarden DM rund 8,5 Milliarden ausmachen.

Zusätzlich wären im Interesse unser aller Gesundheit ein Drittel der konkurrierenden, jedoch wirkstoffgleichen Medikamente als „Raubkopien" vom Markt verschwunden bzw. ihre Verkaufspreise wären vielfach um die Hälfte niedriger, wie es beispielsweise in der Schweiz der Fall ist.

Gegen diesen drohenden Milliardenverlust setzte die Pharmaindustrie über den Hauptgeschäftsführer Scholl ihren gesamten Kampfverband — die Lobbyisten — in Marsch. Mehr als fünf Millionen DM wurden im Laufe von zwei Jahren an alte und neugeworbene „Pharmafreunde" in Form von Parteispenden und mancherlei anderer Gefälligkeiten ausgeschüttet. Immer ging es um die Erleichterung des Pillengeschäfts, und immer hatten und haben die Empfänger den nötigen politischen Einfluß.

In den bei Scholl gefundenen vertraulichen Listen waren aufgeführt und empfohlen als Geldempfänger die Namen von Bundeskanzler Helmut Kohl, Prof. Biedenkopf, des CDU-Schatzmeisters Walter Leisler-Kiep, des CDU/CSU-Fraktionsvorsitzenden Alfred Dregger, des 1981 ermordeten ehemaligen FDP-Schatzmeisters Heinz Herbert Carry, des heutigen Wirtschaftsministers Dr. Bangemann, des Bundestagsabgeordneten Kurt Jung, der parlamentarischen Staatssekretäre Martin Grüner (FDP) und Hans-Georg (SPD), des Ministerpräsidenten Vogel von Rheinland-Pfalz (CDU).

Weitere Hilfstruppen fanden sich in dem früheren MdB Hugo Hammans aus Kempen, der Zahnärztin Hanna Neumeister (CDU) aus Hildesheim, dem Frankfurter Internisten Karl Becker (CDU), in dem RA und Ministerialrat a. D. Fritz Wittmann (CSU) sowie dem CDU-Abgeordneten Eberhard Pollmann. Mit 10 000 DM stand auf der Zahlungsliste der Landwirt und parlamentarische Staatssekretär im Bonner Agrarministerium, Georg Gallus, der seit 1976 Mitglied des Bundestages ist.

Wie von der Flick-Affaire her bekannt, liefen auch hier die Schmiergeldzahlungen über sogenannte Geldwaschanlagen; wie z. B. für die CDU über das „Seminar für Sozial- und Staatspolitische Bildungsarbeit der Christlichen Arbeiterschaft in NRW e. V. in Köln oder die FDP-Geldwaschanlage „Deutsche Gruppe der Liberalen Internationale". Aber auch das eigene Wahlkampfkonto wurde gerne vorrangig als Spendenannahmestelle empfohlen, wie z. B. von der bereits erwähnten CDU-Abgeordneten Hanna Neumeister, die gleichzeitig Präsidentin der „Bundesvereinigung für Gesundheitserziehung" und der „Deutschen Rheumaliga" ist.

Besonders hervorgetan bei der Abwehr des drohenden neuen Gesetzes hat sich der heutige Präsident des Deutschen Roten Kreuzes, Prinz zu Sayn-Wittgenstein-Hohenstein, der bis 1980 als CDU-Bundestagsabgeordneter gleichzeitig stellvertretender Vorsitzender des Bonner Gesundheitsausschusses sowie Vorsitzender des Unterausschusses „Arzneimittelrecht" war. Ihm wurden sogar die Spesen in Höhe von 3 451,67 DM für die Reisebegleitung einer Assistentin auf einer Überseereise in vorgenannter Funktion durch den Pharma-Verband erstattet.

Eindrucksvoll und entlarvend auch das Zusammenspiel des SPD-Abgeordneten Udo Fiebig, von Beruf Pfarrer und seit 1970 Mitglied im Gesundheitsausschuß, der u. a. sogar mit seiner privaten Konto-Nummer beim Pharma-Verband registriert war!

Doch nicht nur die politische Einflußschiene, auch die Standesoberen der Ärzteverbände standen auf der „Zuwendungsliste" der Pharmaindustrie. Sind die einzelnen Ärzte als Verteiler der Pharmaprodukte — der Vergleich mit den Dealern im Drogenhandel würde hier zu weit gehen — unentbehrlich, geben die Ärztekammern — der Vergleich mit den Syndikaten der Drogenmaffia würde hier zu weit führen — die Direktiven für die Verschreibungspraxis.

So finden wir aufgeführt den langjährigen Hauptgeschäftsführer der Bundesärztekammer, Prof. J. F. Deneke, den Hauptgeschäftsführer der Kassenärztlichen Bundesvereinigung, Eckart Fiedler; auch fehlt nicht der

Chef des Ärzteverbandes „Hartmannbund", Prof. Horst Bourmer, ebenso wenig wie Karl Heinz Kimbel, der Geschäftsführer der „Arzneimittelkommission der Deutschen Ärzteschaft".

Also ist es nicht verwunderlich, daß bei diesem geballten Einsatz von Schmiergeldern und Lobbyisten das vorgesehene neue Pharmagesetz innerhalb von zwei Jahren zu Fall gebracht bzw. entschärft wurde.

Es gibt in dem schließlich 1975 verabschiedeten Gesetz keine „gefährlichen" sondern nur noch „bedenkliche" Medikamente. Die Nachweispflicht obliegt dem Bundesgesundheitsamt in Berlin.

Besonders gravierend ist der Fortfall des Wirksamkeitsnachweises eines Medikamentes. Das Bundesgesundheitsamt kann nur dann ein Arzneimittel zurückweisen, wenn sich damit nachweisbar keine therapeutischen Erfolge erzielen lassen. Insofern wäre bereits ein Schluck Wasser als Arzneimittel zu akzeptieren, da es für den Verdurstenden einen therapeutischen Nutzen bedeutet.

Mit dieser Methode ist die Effizienz des neuen Arzneimittelgesetzes „ad absurdum" geführt!

Wie wirksam bzw. erfolgreich dagegen die Lobbyisten der Pharmaindustrie in ihrer „Arbeit" waren, zeigen weitere Beispiele.

Sollten ursprünglich alle Medikamente ein Verfalldatum aufweisen, so ist diese Regelung nun begrenzt auf nicht länger als drei Jahre haltbare Arzneimittel. Für alle bereits vor 1978 im Handel befindlichen Medikamente entfällt jegliche Zulassungspflicht.

Man muß noch einmal herausstellen, daß allein die Arzneimittelkosten von 4,2 Milliarden DM im Jahre 1970 bis heute auf 19 Milliarden DM angestiegen sind, damit das Geschäft mit der Gesundheit seine ganze Dimension aufzeigt.

So wird auch verständlich, daß der „unfreiwillige Enthüller" Scholl nach seinem Ausscheiden aus der Pharmaindustrie durch persönliche Vermittlung seines Nachbarn in Ludwigshafen-Oggersheim, Bundeskanzler Helmut Kohl, am 1. November 1983 einen Beratervertrag „zwecks Wahrnehmung rechtlicher Aufgaben" mit der Deutschen Lufthansa abschließen konnte, der mit 15 000 DM Monatssalär einschließlich 5 000 DM Aufwandsentschädigung honoriert wurde. Hinzu kommen noch die 5 696 DM Monatspension, die der ehemalige Bundesverbandsgeschäftsführer und so erfolgreiche Lobbyist auf Lebenszeit vom Pharmaverband erhält.

Die vordergründige Verantwortung der politischen Mandatsträger, insbesondere in ihrer Funktion als „Lobbyist", ist deutlich sichtbar geworden. Doch sind diese es nicht allein, deren Habgier die ungesunden Zustände im Gesundheitswesen verschulden. Mit auf die Anklagebank gehören die Vertreter der weißen Zunft mit den „heilenden Händen".

Ein Großteil dieser im weißen Reinheitsgewand auftretenden „Umsatzmacher" darf sich mit Recht als Handlanger der Pharmaindustrie bezeichnen. Sie gehören als Ärzte oder Apotheker zu den Werbeträgern einer immer brutaleren Pharmaindustrie, die allzuoft ihre hilflosen Patienten als ahnungslose Versuchskaninchen mißbraucht.

In der Bundesrepublik Deutschland sind gegenwärtig mehr als 100 000 Medikamente im Handel. Damit ist die BRD absoluter Spitzenreiter trotz Arzneimittelgesetz. Der Pro-Kopf-Verbrauch an Arzneimitteln hat sich seit der Jahrhundertwende verfünfzehnfacht!

Täglich werden mehr als 70 Millionen Pillen geschluckt — ein Bombengeschäft! Die großen Pharmakonzerne der Bundesrepublik bestreiten 25 % des Weltexports an Arzneimitteln. Es ist daher verständlich, daß die drei westdeutschen Großbanken durch entsprechenden Aktienanteilbesitz die Konzernstrategien entscheidend mitbeeinflussen. Dieser Zusammenhang macht einmal mehr deutlich, welche Machtkonzentration das „Geschäft mit der Krankheit" bewegt.

Die Opfer sind in jedem Fall die Patienten, wie die lange Reihe der Pharmaskandale beweist.

Einer dieser neueren Fälle betrifft die Oxychinolinpräparate *Entero-Vioform* und *Mexaform* von Ciba-Geigy, das unter dem Namen *Oletron* von Bayer (Oletron wurde 1979 von der Firma Bayer stillschweigend aus dem Verkehr gezogen) und von Sandoz mit der Bezeichnung *Intestopan* vertrieben wird. Es sind Mittel gegen Darmstörungen, insbesondere gegen Durchfall.

Der schwedische Arzt Olle Hansson deckte mit seinem 1978 erschienenen Buch „Arzneimittel-Multis und der SMON-Skandal" die Zusammenhänge auf. SMON steht als Abkürzung für subakute myelooptische Neuropathie, was als Bezeichnung für Schädigungen des Rückenmarks, der Sehnerven und der peripheren Nerven gilt.

Bereits bis 1968 waren bei Tausenden von Patienten nach Einnahme dieser Durchfallmittel Störungen der Sehnerven bis zur Blindheit und schwerste Lähmungserscheinungen aufgetreten. In der medizinischen Fachliteratur erschienen die ersten Berichte über Schädigungen durch Oxychinolinpräparate. Der Firma Ciba-Geigy in der Schweiz als größtem Produzenten von Durchfallmitteln wurden entsprechende Mitteilungen gemacht. Eine Reaktion erfolgte nicht.

Erst als allein in Japan 10 000 Menschen an SMON erkrankt waren, wurden die Durchfallmittel 1970 dort verboten. Danach traten keine neuen Fälle des SMON-Syndroms mehr auf!

Eine Prozeßserie der oftmals an den Rollstuhl gefesselten Opfer zwang die Oxychinolin-Hersteller im September 1969 zur Bestätigung, daß zwischen den Durchfallmitteln und SMON ein Kausalzusammenhang besteht. Bis dahin hatten die Multis die These von einem unbekannten Virus vertreten.

Dies alles veranlaßte die Firmen keineswegs zur generellen Zurücknahme ihrer „Killerdrogen". Eine Studie über Oxychinolinpräparate in 40 Ländern stellte unter anderem fest, daß die Herstellerangaben über die Dosierung bis zu *fünfhundert* Prozent variieren, ebenso wie die Angaben über Nebenwirkungen starke Unterscheidungen aufweisen.

So wird z. B. das Durchfallpräparat *Entero-Vioform* von Ciba-Geigy auf den Bahamas, Belize und in Neuseeland in der Totaldosierung von 3 Gramm empfohlen, während es u. a. in Tansania mit der Totaldosierung von 15 Gramm vorgeschrieben wird.

Selbst ein Boykott der gesamten Ciba-Geigy-Produkte durch schwedische Ärzte konnte die drei Pharma-Konzerne nicht zur weltweiten Zurücknahme ihrer Oxychinolinpräparate bewegen.

In der Bundesrepublik Deutschland, in Frankreich und der Schweiz wurden weder die Ärzte oder wie in Frankreich nicht einmal die Gesundheitsbehörden informiert.

„Pecunia non olet — Geld stinkt nicht!"

Wie sehr dieser schon den Römern geläufige Satz in der heutigen Medizinindustrie zur vordergründigen Richtschnur jeglichen Handelns geworden ist, belegt aus neuester Zeit der *Rheuma-Skandal* 1986.

Der zwei Millionen an schwerem Rheuma erkrankten Westdeutschen und etwa 20 Millionen ebenfalls von Erkrankungen des Bewegungsapparates Betroffenen hat sich die Pharmaindustrie mit einem Angebot von über *fünfhundert* Anti-Rheumamitteln angenommen.

Immerhin stellt dieses Verbraucherpotenzial an chronisch Erkrankten eine besonders umsatzsichere Zielgruppe dar. Da fast jeder dritte Patient beim Arzt über rheumatische Beschwerden klagt, liegen allein diese Behandlungskosten bei über vier Milliarden DM. Hinzu kommen gute 14 Milliarden für Klinik- und Kuraufenthalte, Medikamente und andere Hilfsmittel. Rechnet man die sekundären Folgekosten für Rehabilitationsmaßnahmen,. krankheitsbedingte Lohnfortzahlung, Produktionsausfall und Frühinvalidität hinzu, so addiert sich die Rheumaschadensrechnung jährlich auf rd. 45 Milliarden DM und damit zur teuersten der Bundesrepublik Deutschland.

Hierzu als Kontrast die Verdienstspanne der Pharmaproduzenten und ihrer Helfer. Der Rheumamittelgrundstoff Phenylbutazon kostet beim italienischen Hersteller pro kg 36 DM. Der deutsche Apotheker verkauft den Stoff in Form kleiner Dragees zu je 0,2 Gramm zum umgerechneten Kilopreis von 2 435 DM an die Rheumakranken.

Noch mehr Profit liegt in Herstellung und Verkauf der Indometacin-Präparate. Bei einem Einkaufspreis von 96 DM pro Kilogramm ergibt sich ein umgerechneter Apothekenabgabepreis von 23 373 DM. Welch' eine Verlockung für die Profitgier der vereinten weißen Zunft!

Folgerichtig hat sich die einschlägige Arzneimittelproduktion allein in den letzten zehn Jahren mehr als verdoppelt, ihr Preis sogar verdreifacht, während die Zahl der Rheumakranken unverändert blieb.

Allerdings hat sich die Zahl der Nebenwirkungen und lebensgefährlichen Komplikationen vervielfacht, was natürlich für weiteren Patientennachschub und neue Arzneimittelkonsumenten sorgt. Je fleißiger produziert und appliziert wird, desto besser laufen die Geschäfte.

Man spricht hier im wahrsten Sinne von einer Volkskrankheit! Dies gilt insbesondere für eine Krankheit, deren Ursache den Medizinern noch völlig unbekannt ist. Die Doktoren tappen im dunkeln, und sogar die bereits erwähnte Präsidentin der „Deutschen Rheumaliga", Hanna Neumeister, beklagt den Mangel an Grundlagenforschung und den so weit entfernten Erfolg, auf den Millionen von Kranken hoffen. Ein alter Spottvers beschreibt den Zustand so: „Hab 'n Manches gelernt durch vieles Studirn. Und können Alles, nur nit Kurir'n."

Desto mehr Erfolg im kommerziellen Bereich erfreut die ganze Medizinbranche. Die alte Volksweisheit: „An Rheuma stirbt man nicht", ist inzwischen ins Gegenteil verkehrt, da an der Behandlung ihres Rheumatismus bereits Zehntausende gestorben sind und zwar durch tödliche Medikamentenwirkung. Da nach Schätzungen von Pharmakritikern vermutlich nur jeder hundertste Todesfall aufgrund einer Medikamentenvergiftung korrekt registriert wird, differiert die Dunkelziffer um den Faktor hundert.

Trotz der aggressiven volksverdummenden Werbung für ihre Produkte, trotz des üblichen Nicht-zur-Kenntnisnehmens, Bestreitens oder Abwiegelns von lebensgefährlichen Nebenwirkungen, hat die zunehmende Häufigkeit weltweiter Schreckensmeldungen inzwischen Wirkung gezeigt.

So mußten die vorher hochgepriesenen Rheumamittel *Tanderil* (ausgezeichnete Verträglichkeit) — Werbespruch „Rheuma vergessen durch *Tanderil!*" —, *Coxigon* und *Osmogit* sowie *Butazolidin* vom Markt genommen werden. Die Arzneimittel des Schweizer Pharmariesen Ciba-Geigy hatten 1984 nachweislich Tausende das Leben gekostet und weitere Tausende von Patienten zu Opfern mit Dauerschäden gemacht. Eine geheim gehaltene firmeninterne Studie von Geigy offenbarte bereits 1984 die Zahl von 1 182 tödlichen Zwischenfällen allein durch *Butazolidin*-Werbespruch „Mit *Butazolidin* verschreiben sie zugleich Forschung und Erfahrung von Geigy!".

Das Rheumamittel *Osmogit* der MSD-Frosst Pharma — weltweit 51 registrierte Osmogit-Tote — fiel durch seine Magen- und Darmschädigungen bereits nach sechs Monaten so eklatant auf, daß es schleunigst wieder vom Markt verschwand.

Schließlich wurde auch das Bundesgesundheitsamt in Berlin aktiv. Es besann sich auf das 1976 verkündete neue Arzneimittelgesetz und verbot 65 Rheumamittel. Weiterhin erging an die Pharmaproduzenten die Aufforderung „Alle national und international bekanntgewordenenen Berichte über unerwünschte Nebenwirkungen“ sowie auch die bisher in Eigenverantwortung durchgeführten vorgesehenen Maßnahmen zur Risikoverminderung“ mitzuteilen.

Die entlarvende und menschenverachtende Antwort des Bundesverbandes der Pharmazie bestand in der Verlautbarung, daß solches Verlangen des Bundesgesundheitsamtes die Rheumakranken stark verunsichern müsse. Auch bestehe kein Grund zur Panik, und schließlich sei die Einnahme dieser Medikamente ungleich risikoärmer als etwa die Teilnahme am Straßenverkehr. Hier erübrigt sich jeder weitere Kommentar!

Die lukrative Therapie mit der Angst

Der Gedanke an Drogenmafia und die von ihr geschaffenen Süchtigen, von deren Suchtabhängigkeit wiederum die Branche lebt, erzeugt Wut und Ekel. Mancher zitiert dann jenes Stendhal-Wort: „Wer die Menschen kennt, der liebt die Tiere“, um damit seiner frustrierenden Hilflosigkeit Ausdruck zu verleihen.

Jede Diskussion um dieses Thema beginnt mit dem Erschrecken über die potenzierenden Auswirkungen der Sucht und über die immer weiter hinterherhinkende Bekämpfung der Ursachen. Die Zahl der Süchtigen steigt unaufhaltsam, das Geschäft läuft immer besser.

Wen wird es da wundern, wenn die Pharmabranche und gewissenlose Handlanger in Weiß nicht auch an diesem Elend noch mitverdienen! Selbstverständlich verteilen die Doktoren keine verbotenen Drogen, und auch die Pharmaproduzenten sind keine Drogengangster.

Trotzdem gehen 500 000 bis 800 000 süchtige Medikamentenabhängige auf ihr Konto. Was mit dem Beruhigungsmittel Valium begann, hat heute rund 40 medikamentöse Nachfolger. Sie sind als sogenannte „Glückspillen“ — die Engländer nennen sie „Mutters kleine Helfer“ — für ein Heer von Süchtigen unentbehrlich geworden.

Ärzte haben dieses Heer geschaffen, und Ärzte leben von diesen Unglücklichen.

Die Frage nach dem Vorsatz ihres ärztlichen Tuns bleibt angesichts dieses Ergebnisses eine rein rhetorische.

Nur die Zahl der Alkoholsüchtigen rangiert vor den Tablettensüchtigen, während die Anzahl der Drogenabhängigen „nur" etwa 10 % der Medikamentenabhängigen ausmacht. Jährlich werden rund eine Milliarde dieser als *Tranquilizer* bezeichneten Beruhigungs- oder Schlaftabletten verkauft.

Dabei sind den verschreibenden Ärzten die Gefahren dieser Psychopillen durchaus bekannt. Nach der ersten Beruhigungsphase, den ersten Glücksgefühlen, tritt bei den Patienten bereits innerhalb von drei bis sechs Wochen nach regelmäßigem Konsum die Gefahr der Gewöhnungsphase ein. Die Hemmungs- und Steuerungsfähigkeit nimmt ab, die ursprüngliche Angst vor der Angst wird größer, und die körperliche Abhängigkeit setzt ein. Die Sterblichkeitsrate steigt auf das 2,5fache, und die psychische Abhängigkeit von dem Stoff, der die Träume macht, unterscheidet sich durch nichts von der quälenden, selbstzerstörerischen Gier der Heroin- oder anderen Drogensüchtigen.

Vor dreißig Jahren wurden die süchtigmachenden Beruhigungsmittel aus der chemischen Familie der *Benzodiazepine* vom Baseler Pharmakonzern Hoffmann-La-Roche entwickelt. Heute nehmen die Produktions- und Verkaufszahlen der Benzodiazepinpillen in der BRD unter den ersten hundert meistverschriebenen Medikamenten den Rang von Spitzenrennern ein. Ganz vorne liegen die Psychopillen Lexotanil, Adumbran, Rohypnol, Valium, Dalmadorm und Tavor.

Besonders dieses letztere Benzomittel unter der Verkaufswerbung „wenn die Angst als unlösbares Problem erscheint. Tavor", hat als sogenannte „Barschelpille" traurige Berühmtheit erlangt. Fast acht Jahre lang haben Mediziner den 1987 umgekommenen früheren Ministerpräsidenten Schleswig-Holsteins mit Tavor zur Sucht getrieben. Sein letzter Tagesbedarf von 10 Milligramm Tavor wird laut medizinischem Gutachten nur in seltenen Fällen als Begleitmedikation bei „psychisch schwerkranken" Patienten benötigt.

So ist denn auch die Feststellung richtig, daß für die meisten Tablettenabhängigen ihre Sucht in einer Arztpraxis begonnen hat. Bereits 1983 gehörten sieben Benzodiazepinpräparate zu den von der Arzneimittelkommission der deutschen Ärzteschaft am häufigsten registrierten Medikamenten, die zu Mißbrauch und Abhängigkeit führten.

Es ist daher schier unbegreiflich, wenn immer noch fast 40 % der Patienten von Allgemeinärzten und Internisten die in ihrer Gefährlichkeit längst bekannten Tranquilizer verschrieben bekommen.

Dabei ist das Beispiel der USA, wo zu Beginn der siebziger Jahre ca. zwei Millionen Menschen valiumsüchtig waren, besonders abschreckend. Erst nach zehn Jahren gelang den Amerikanern der Ausstieg aus der „tranquilisierten Gesellschaft".

Das alles hindert deutsche Ärzte nicht, bereits Kindern unter 12 Jahren die süchtigmachenden Pillen zu verschreiben. In der BRD wird bereits jedes achte Kind dieser Altersgruppe mit Benzodiazepinen ärztlich versorgt; 1983 waren es rd. 400 000 Kinder unter 12 Jahren.

Selbst die Neugeborenen bleiben von den Folgen dieser ärztlichen Verschreibungskunst nicht verschont. Im Juni 1988 warnte das Bundesgesundheitsamt vor der „ohne zwingende Indikation" erfolgenden Verordnung von Tranquilizern an Schwangere. Die Neugeborenen nehmen über den Mutterkuchen oder die Muttermilch die Benzodiazepine auf, und es kommt zu regelrechten Entzugserscheinungen, die mit oft tödlichem Ausgang zum sogenannten Floppy Infant Syndrom (Säuglingsschlappheit) führen.

Was für die von der Sucht betroffenen Patienten Qualen und Siechtum bedeutet, bringt den Herstellern und ihren Handlangern in Weiß allemal volle Kassen. Die Initiatoren der „stillen Seuche" verdienen immer dabei. Es ist wie im Märchen beim Goldeselchen; man füttert den ahnungslosen Patienten mit Antidepressionsmitteln, und er bleibt als Süchtiggewordener viele Jahre lang dem Herrn Doktor als treuer, zahlender Patient erhalten.

Bereits 1984 warnte der Ulmer Neurologieprofessor Kornhuber im Blick auf das Leid der Patienten und nicht zuletzt unter Hinweis auf den hippokratischen Eid: „Sobald man einem Patienten Benzodiazepin in Form von Tabletten zum Selbsteinnehmen verschreibt, drängt man ihn in Gefahr, abhängig zu werden". (Deutsches Ärzteblatt 1984) Worum es denn tatsächlich geht, beurteilt der Sachverständige und Chefarzt der Karl-Bonhoeffer-Nervenklinik in Berlin-Reinickendorf. „Nur jede zehnte Beruhigungspille werde wirklich zum Wohle des Patienten eingesetzt, bei epileptischen Anfällen etwa, in den Tagen und Wochen nach dem Herzinfarkt, bei beginnenden Psychosen, vor Operationen oder bei künstlicher Beatmung in der Intensivstation. Der Rest, so das Urteil des Berliner Mediziners, sei „Verdummung, Geschäftemacherei!" (Der Spiegel, Nr. 35, 1988)

Trotz dieser deutlichen Worte fallen die heimtückischen Benzodiazepine in der BRD nicht unter die strengen Vorschriften des Betäubungsmittelrechts, und zwar im Gegensatz zu den seit 1984 geltenden Bestimmungen der Weltgesundheitsorganisation (WHO). Im Einvernehmen mit dem Bundesgesundheitsamt beschränken sich die Arzneimittelhersteller auf einige kleingedruckte Warnungen auf den Medikamenten-Beizeitteln. Auch hier konnte das große Geschäft der Pharmy-Lobby — Jahresumsätze von 500 Millionen DM stehen auf dem Spiel — nicht gestoppt werden.

Welche Beweggründe mögen wohl den Würzburger Psychiatrie-Professor Helmut Beckmann geleitet haben bei seiner 1984 in Regensburg aufgestellten Behauptung, daß es keine eindeutigen Beweise für ein Suchtverhalten von Benzodiazepin-Konsumenten bisher gebe. Auch solle der Begriff „Benzodiazepin-Sucht" vermieden werden! Man kann den Stellenwert und die leicht durchschaubaren Motive solcher „Beurteilungen" noch besser würdigen in Kenntnis der Tatsache, daß 1984 an der Psychiatrischen Uni-Klinik München jeder fünfte wegen Medikamentensucht behandelte Patient ausschießlich von Benzodiazepinen abhängig war. In einer weiteren 1984 veröffentlichten Studie stellten sich bei 157 untersuchten Drogenabhängigen heraus, daß jeder dritte der Benzodiazepin-Sucht verfallen war. Man kann sicher davon ausgehen, daß diese Untersuchungen auch den Pharmy-Lobbyisten bekannt waren.

Neben den reinen Benzodiazepin-Präparaten läuft das Geschäft mit den Kombinationsmitteln, die in versteckter Form ebenfalls Benzodiazepine enthalten. Zu ihnen gehören u.a. das Herzmittel Persumbran, das Schmerzmittel Silentan, das muskelentspannende Musaril, das Schlafmittel Halcion, das Koronarmittel Adalat oder auch das Antidepressovum Limbatril.

Auch diese Mischpräparate können zu schwerer Abhängigkeit und Sucht auf Lebenszeit führen. Neben den Frauen sind die älteren Menschen bei den Ärzten beliebte Verschreibungsopfer. Nach Schätzungen des Arzneimittelkritikers Peter S. Schönhöfer nehmen 25 % der über 65jährigen Westdeutschen täglich ihre Beruhigungspillen. Mit geradezu menschenverachtender Werbung werden die alten Leute „vorgeführt", wenn z. B. die Biberacher Pharma-Firma Thomae für ihr Ruhigstellungsmittel Adumbran vor dem Bild einer schwarzgekleideten trauernden alten Dame am frisch aufgeworfenen Grab wirbt mit den Worten: „Jetzt bin ich von allen verlassen. Doch mit Adumbran sterben die wahren Freunde nie aus."

In Wirklichkeit ist den Ärzten genau bekannt, daß die gefährlichen Nebenwirkungen der Psychopillen gerade die alten Menschen besonders stark belasten, da ihre Körperfunktionen reduziert arbeiten und z. B. die Stoffwechselprodukte der Benzopräparate im Körper der Älteren die bis zu vierfache Zeit für ihren Abbau benötigen und so regelrechte Benzollager entstehen. Diese gewinnbringende „ärztliche Hilfe" für die älteren Mitbürger kommentiert der Düsseldorfer Arzneimittel-Epidemologe Gerd Glaesge, daß die Anpassungs- und Dämpfungsmedizin sehr wohl als Gewalt gegen alte Menschen aufgefaßt werden könne, als eine Form der Entwertung von Persönlichkeiten, denen nicht mehr zugetraut oder zugemutet wird, eigene Lebens- und damit Bewältigungsformen zu finden. Auch die ärztliche Berufsordnung sagt in ihrem Paragraph 24, Absatz 3, daß der Arzt „einer mißbräuchlichen Anwendung seiner Verschreibungen keinen Vorschub leisten" darf.

Da die meisten Patienten über die Suchtgefahren in keinster Weise aufgeklärt sind, ist der Arzt noch vor Ausstellung des ersten Rezeptes zur Aufklärung über das drohende Risiko der Süchtigmachung seiner Psychopillen rechtlich verpflichtet. Auch der Hinweis auf den Beipackzettel ersetzt nicht die vollständige ärztliche Aufklärung!

Bereits das Weiterverschreiben von Tranquilizern an Tablettensüchtige kann den Tatbestand der Körperverletzung erfüllen, wie es aus einem Oberlandesgerichtsurteil vom August 1987 bestätigt wird.

Und der Bundesrichter Erich Stoffen vom Bundesgerichtshof in Karlsruhe kommentiert den ärztlichen Verschreibungsmißbrauch: „Auch seelisches Leid, wie zum Beispiel die Belastung des Entzuges, ist einklagbar. Es fehlt offenbar nur an Öffentlichkeit." (Der Spiegel, Nr. 35, 1988)

Diese Öffentlichkeit gilt es herzustellen. Ein Appellieren an ärztliche Ethik unter Berufung auf den hippokratischen Eid hat bisher die Pharmaindustrie und ihre ärztlichen Helfershelfer wenig beeindruckt. Auch die Suche nach einem der früher noch aus „Berufung" und mit ärztlichem Verantwortungsbewußtsein arbeitenden Ärzte erweist sich als zunehmend schwieriger. Das Herrschaftswissen der Äskulapjünger wird vorrangig in den „Tanz ums goldene Kalb" eingebracht. Die hilflosen Patienten sind die Verlierer.

Das Ungleichgewicht aufgrund ihres Nichtwissens muß durch massive Aufklärung beseitigt werden. Die Hilflosigkeit und das Ausgeliefertsein der Patienten muß durch ihr Wissen um ihre rechtlichen Möglichkeiten kompensiert werden. Erst die rechtlich einklagbare Zahlungsmoral bei ärztlich überhandnehmenden Geschäftspraktiken führt die Geschäftsmediziner auf den Weg zu den moralischen Grundsätzen einer ärztlichen Berufsausübung zum Wohle der Patienten zurück.

Wenn es noch eines weiteren Beweises der Existenz bzw. des Vorgehens der Pharma-Medizin-Connection bedarf, so soll abschließend der Bericht über das „Sündenregister des ärztlichen Kassenbetruges" stehen.

Mit geradezu krimineller Energie haben sich nicht wenige der „Äskulapjünger" nach der Devise „je mehr er hat, je mehr er will ..." nach Möglichkeiten der Umsatzsteigerungen umgesehen. Der Weg über Abrechungsmanipulationen mit den Krankenkassen erwies sich als äußerst lukrativ.

Eine ganze Litanei einschlägiger Delikte haben die ermittelnden Staatsanwälte aufgestellt. Dazu gehören: Honorarabrechnungen für nicht erbrachte ärztliche Leistungen — Honorarabrechnungen für Beratungen für vor- bzw. rückdatierte Rezepte, also für Tage ohne Patientenkontakt

— Honorarabrechnung bei bloßer Krankenscheinabgabe am Quartalsanfang ohne ärztliche Leistung — Honorarabrechnung. bei blanco unterschriebenen Rezepten und Überweisungen durch Arztpersonal ohne Einschaltung des Arztes — Honorarabrechung bei Telefonauskünften und Terminvereinbarung durch Arztpersonal ohne Arzt — Honorarabrechung für eingehende Untersuchung bei Abgabe des Krankenscheins ohne ärztliche Leistung — Honorarabrechnung für eingehende Untersuchung vor Abrechung des Krankenscheines ohne Untersuchung — Honorarabrechnung für eingehende Untersuchungen bei Heimbewohnern ohne Patientenkontakt (z. B. Rezeptausstellung nach Wunschzettel) — Honorarabrechnung für Besuche der jeweils vollen Gebühr bei Heimbewohnern, obwohl diese nur beim ersten Patienten berechtigt ist und für alle weiteren nur zur Hälfte — Honorarabrechnung für Spritzen, obwohl diese der Patient nicht erhalten hat — Honroarabrechnung für Nachtbesuche, die nicht erbracht wurden — Honorarabrechung für nicht erbrachte Urin- und andere medizinische Untersuchungen — weiterhin lassen sich Ärzte regelmäßig Patientenüberweisungen auf direktem Wege zukommen, ohne daß die Patienten tatsächlich den anderen Arzt aufsuchen. Der Austausch dieser Überweisungen macht es möglich, daß jeder der überweisenden Ärzte auf den Überweisungsscheinen beliebig viele Leistungen für einen Patienten abrechnen kann, den er tatsächlich nie gesehen hat.

Daraus resultierten bis Sommer 1986 einige tausend staatsanwaltliche Ermittlungsverfahren, einige Hundert Betrugsverfahren und rechtskräftige Bußgeldbescheide gegen Ärzte, Zahnärzte und Apotheker. Bundesweit geht es um 5 465 Kassenärztliche Betrugsdelikte.

Im Bezirk Hamm wurden bereits hundert Kassenärzte verurteilt, die im Einzelfall bis 1,2 Millionen DM betrogen haben.

In Köln und Baden-Württemberg laufen Ermittlungen gegen 87 Ärzte und 30 Apotheken bzw. gegen 106 Kassenärzte.

In Hamburg sollen 85 Zahnärzte und mehrere Dentallabors einen Betrag von ca. 4,1 Millionen DM erschwindelt haben.

In Rheinland-Pfalz sitzen von 30 des Betruges verdächtigen Kassenärzten drei in Untersuchungshaft. Ihnen wird ein Schaden von rund 2 Millionen DM angelastet.

Diese vom Bundesminister Blüm ermittelten Zahlen wurden auch den Standesvereinigungen der Mediziner vorgehalten. Prompt beschwerte sich der Vorsitzende des Hartmannbundes, Horst Bourmer, bei Bundespräsident v. Weizsäcker und Bundeskanzler Kohl und sprach von einer „ungeheuerlichen Diffamierung und Empörung der deutschen Ärzteschaft!" In die gleiche Bresche schlug der Vorsitzende der Kassenärztlichen Vereinigung, Siegfried Häußler, der Blüm gegenüber den Staatsanwaltschaften grundsätzlich das Recht absprach, die Verletzung kassenärztlicher Pflichten durch die Ärzte, Apotheker etc. zu befinden. Das falle ausschließlich in die Kompetenz der Kassenärztlichen Selbstverwaltung. Im übrigen handele es sich keineswegs um Betrug, sondern lediglich um Auslegungen von Abrechungsfragen.

Der Hauptgeschäftsführer, Eckard Fiedler, der Kassenärztlichen Bundesvereinigung schloß sich umgehend an, indem er die betrügerischen Abrechnungsmanipulationen als „kleine Unkorrektheiten, Irrtümer und Auslegungsschwierigkeiten" abwiegelte.

Selbst die Krankenkassen als direkt Betroffene des ärztlichen Millionenbetruges schlossen sich nach einem „Spitzengespräch auf Bundesebene" dieser Sprachregelung an. Es wurde der allgemeine Konsenz erreicht, daß bei der Auslegung kassenärztlicher Vorschriften die „fachliche Kompetenz" der Partner den staatsanwaltschaftlichen Ermittlungen „aus der Natur der Sache heraus" Vorrang gebühre.

Dies diene insbesondere auch der „Sicherung des Vertrauensverhältnisses zwischen Patient und Arzt"!!

Auch Bundesminister Blüm wollte da nicht zurückstehen, lobte die Einigkeit der Verbandsspitzen und beschloß gemeinsam mit den geladenen „Lobbyisten" die Bildung von Arbeitsgruppen zwecks Beseitigung der „Systemimmanenten Mängel".

Damit ist zumindest vorläufig wieder einmal ein Skandal auf Eis gelegt, während die Geschäfte in gewohnter Weise weitergehen.

Abtreibung oder König Herodes in Deutschland

Es gibt noch andere lohnende Geschäfte, bei denen die „heilenden Hände" der Weißkittel ihren geschworenen Eid des Hippokrates mit „Leben" erfüllen.

Gemeint sind die ärztlichen Kratzer und Schaber, die als Abtreibungsgehilfen dem unerwünschten Nachwuchs den Schritt ins Leben unmöglich machen.

Bei rund 300 000 offiziell registrierten Schwangerschaftsabbrüchen im Jahr — die Dunkelziffer liegt erheblich darüber — haben diese „Embryonenkiller" ständige Hochkunjunktur.

Man muß sich in Erinnerung rufen, daß noch vor zwanzig Jahren Abtreibung strafbar war und daß der damals propagierte Ruf nach der „Pille" aus ethischen Gründen umstritten war. Welche Bewußtseinsänderung hat seit dieser Zeit in der Bevölkerung stattgefunden und welche Interessenverbände haben dies manipuliert?!

Noch 1975 legte das Bundesverfassungsgericht in Karlsruhe in seinem Urteil zur Fristenlösung fest: „In der Rechtsordnung muß die Mißbilligung des Schwangerschaftsabbruches klar zum Ausdruck kommen. Der Staat darf sich seiner Verantwortung auch nicht entziehen, indem er sich der Wertung enthält und diese der eigenverantwortlichen Entscheidung des einzelnen überläßt."

Damit sollte der Schutz des Ungeborenen vom Staat grundsätzlich garantiert werden. Diese Grundhaltung entspricht auch dem Auftrag des Grundgesetzes, wonach jeder das Recht auf Schutz des Lebens und körperliche Unversehrheit hat.

Dies hinderte die politischen Verantwortlichen nicht an der Schaffung des Paragraphen 218, der in bestimmten Fällen einen legalen Schwangerschaftsabbruch vorsieht.

Dieser beschränkt sich ausschließlich auf eine „Notlagenindikation", die in letzter Instanz der beurteilende Arzt eigenverantwortlich entscheidet. Unumstritten und von jeher praktiziert sind Schwangerschaftsabbrüche aus medizinischen, ethischen oder eugenischen Gründen. Deren Anzahl ist jedoch äußerst gering im Verhältnis zu den Abtreibungen aus „sozialen Gründen", worunter die überwiegende Mehrheit fällt.

Erst die Zulassung eines Schwangerschaftsabbruches aus sogenannter „sozialer Indikation" (§ 218 a) hat zur Massenvernichtung der ungeborenen Leben geführt, zu einem „Kinder-Holocaust", wie es der Fuldaer Bischof Johannes *Dyba* anprangert.

Mit diesem Gummiparagraphen, dessen Auslegung letztlich Ergebnis der „ärztlichen Erkenntnis" ist, ist der Schutz des ungeborenen Lebens vollends manipulierbar geworden. Er ist zum Kriterium merkantiler Interessen einer bestimmten Berufsgruppe geworden, der man immer weniger ethische Motive bei ihrem Tun unterstellen kann.

Die Profitgier läßt die Grenzen verschwimmen, wie das jüngste Beispiel des Memminger Abtreibungs- und Arztskandals zeigt. Hier hat der Memminger Gynäkologe Horst Theissen von 1981 bis 1986 ohne die gesetzlich vorgeschriebene soziale Indikation, also Feststellung der Notlage der betroffenen Frauen, 156 Abtreibungen vorgenommen. Entlarvend ist dabei die Tatsache, daß der „hilfsbereite" Arzt diese Abtreibungen für jeweils vierhundert DM gegen Barzahlung durchgeführt hat. Offensichtlich hat er sich dann nach „ärztlicher Erkenntnis" eigenverantwortlich eine persönliche „soziale Notlage" bestätigt und folgerichtig die Nebeneinkünfte dem Finanzamt unterschlagen. Wegen Steuerhinterziehung wurde er bereits 1987 zu 15 Monaten Freiheitsstrafe auf Bewährung verurteilt.

Sicher war es nicht die Absicht der Gesetzgeber, den „Bock zum Gärtner" zu machen, wie es dieser Fall deutlich macht. Doch muß man die Entscheidung der Verantwortlichen am Ergebnis messen können. Was aus der „sozialen Indikation" letztendlich resultiert, kann aus den Worten der Friedensnobelpreisträgerin Mutter *Teresa* entnommen werden. Diese weltweit bewunderte und geachtete Vertreterin tätiger — nicht rhetorischer! — Nächstenliebe sagt: „Abtreibung ist doppeltes Töten. Ein Töten des Kindes und ein Töten des Bewußtseins der Mutter." Gleichzeitig kritisiert sie die Angst der Leute in den reichen Ländern vor einem zusätzlichen Kind, weil dies ihr Streben nach einem zusätzlichen Fernsehapparat und Auto gefährden könnte! Mit diesen deutlichen Worten hat die Friedensnobelpreisträgerin den Begriff der sogenannten „Sozialen Notlage" treffend umschrieben.

Gelegentlich kommt der Bocksfuß des § 218 a auch in anderer Weise ans Licht. Mit dem neuen Gesetz wurden auch die überaus geschäftstüchtigen und mit Millionen öffentlicher Gelder finanzierten Abtreibungsberatungsstellen *Pro Familia* geschaffen. Im März 1986 bekundete die damalige Bundesvorsitzende Melitta Walter: „Ich will die ersatzlose Streichung des § 218. Die Frauen sollen die Möglichkeit haben, morgens in eine Arztpraxis zu gehen, den Abbruch durchführen zu lassen und zwei Stunden danach nach Hause zu gehen. Erschwerungen bei der Abtreibung seien eine ‚Strafe für gelebte Sexualität.' Dagegen wehren wir uns." (Tageszeitung 12. 3. 1986)

Folgerichtig bekundete im April 1988 die neue Bundesvorsitzende von „Pro Familia", das Kind im Mutterleib sei ein „wachsender Keimling". (Bayernkurier 30. 4. 1988)

Die grüne Bundestagsabgeordnete Jutta Oesterle-Schwerin fordert in einem Positonspapier 1988 zum § 218: „Man soll nicht mehr von ‚ungeborenem Leben', sondern von ‚unerwünschtem Zellgewebe' im Körper der Frau sprechen." Und steigert sich dahin: „Es tut mir leid: aber das Abholzen von 50 Jahren alten Kastanien tut mir wirklich viel mehr weh als das Absaugen von ‚Zellgewebe', das eine Frau in ihrem Körper nicht haben will." Das Embryo sei in den ersten Wochen „Urschleim".

Eine besonders perfide Sprachregelung hat man in den Niederlanden gefunden. Dort wird im offiziellen Sprachgebrauch die Frühabtreibung als „Menstruationsregulierung" deklariert!

Noch deutlicher als in diesen Aussagen kann der realpolitische und gesellschaftliche Aspekt der „Sozialindikation" nicht mehr definiert werden. Es geht mehr um das uneingeschränkte Ausleben der Sexualität, um Lustgewinn unterhalb der Gürtellinie, ohne für eventuelle Folgen seines Handelns einstehen zu müssen. Fürwahr eine grandiose Weiterentwicklung des Homo sapiens, wenn er animalische Bedürfnisse den ethischen und geistigen Zielsetzungen seines Seins überordnet.

Die Folgen finden wir unter anderem wieder in Fällen des Memminger Abtreibungsskandals, wo verheiratete Frauen bis zu drei Schwangerschaftsabbrüche innerhalb 15 Monaten vornehmen ließen. Eine unauffällige, aber nicht ungewöhnliche Art von Familienplanung.

Daß dieser offensichtliche Mißbrauch der „sozialen Indikation" auch noch von den Krankenkassen auf Kosten der Allgemeinheit bezahlt werden muß, macht auch die Unbeteiligten zu Komplizen der „sozialen Hinrichtung ungeborener Kinder", wie es der Arzt und Abtreibungsgegner, Theo Mayers, der „Europäischen Ärzteaktion" ausdrückt.

Davon unberührt erklärt die ehemalige christ-demokratische Familienministerin Rita Süßmuth: „Schwangerschaftsabbrüche sollen weiterhin von den Krankenkassen bezahlt werden."

Lustgewinn durch Machtgewinn schaltet bei den Betroffenen bestimmte partielle Empfindungen im geistig-moralischen Bereich aus. Doch scheint es angebracht, an dieser Stelle insbesondere den sogenannten christlichen Mandatsträgern ein Bibelwort vorzuhalten. So heißt es im Psalm 127, Vers 3: Siehe, Kinder sind eine Gabe des Herrn, und Leibesfrucht ist ein Geschenk.

Und im Psalm 139, Vers 16 heißt es: Deine Augen sahen mich, da ich noch unbereitet war, und alle Tage waren auf dein Buch geschrieben, die noch werden sollten, als derselben keiner war.

Wer diese eindeutigen Aussagen der Bibel nur symbolisch deuten kann, muß sich adäquat mit den Ergebnissen der medizinischen Wissenschaft konfrontieren lassen. Der ehemalige Chef der größten Abtreibungsklinik in den USA, Dr. Bernard *Natanson,* hat die Tötung eines zwölf Wochen alten Ungeborenen — bis zu diesem Zeitpunkt ist die Abtreibung in der BRD nach § 218 erlaubt — mit allen technischen Hilfsmitteln — zum Beispiel Ultraschall — gefilmt. Der Film zeigt ein wehrloses Menschenleben, das mit allen physiologischen Anzeichen äußerster Angst und zuletzt mit einem zum lautlosen Schrei weit geöffneten Mund vergeblich versucht, dem gewaltsamen Tod durch die grausame Zerstückelungsmaschine zu entfliehen.

Unter dem Eindruck seines eigenen Films beschloß Dr. Natanson, nie wieder eine Abtreibung vorzunehmen. Dafür nutzte er seine ärztliche Tätigkeit fortan zur entscheidenden Verteidigung des ungeborenen Lebens.

Bei öffentlichen Aufführungen Natansons Film unter dem Titel „Der stumme Schrei" kam es in der BRD zu Überfällen militanter Feministinnen.

Eine Fernsehausstrahlung des Films durch den Fernsehmoderator Günther von Lojewski wurde im öffentlich-rechtlichen Fernsehen verhindert mit dem Argument, der Film sei zu grausam!

PERSPEKTIVEN UND ALTERNATIVEN

Immerhin sind die Alarmsignale aus aller Welt auch bei den politischen Mandatsträgern nicht ohne Wirkung geblieben — bei den einen mehr, bei den anderen weniger, je nach Interessenlage. Eines scheinen jedoch alle begriffen zu haben, daß nämlich der Sprung von der bequemen Prominentenloge in einen sicheren Betonbunker auch nur ein sehr begrenztes Überleben bedeutet.

So soll denn endlich der Umweltschutz auch im Grundgesetz der BRD seinen Platz finden. Das noch unter Kanzler Schmidt zum Modethema verkommene Wort „Umweltschutz" könnte so zur Nagelprobe für den durch nichts zu ersetzenden Machterhalt der Herrschenden werden. Was jeder Hauptschüler bereits im 5. Schuljahr in Gemeinschaftskunde lernt — „Gemeinnutz geht vor Eigennutz" — könnte durch die geplante Grundgesetzerweiterung doch noch die Lobbyistenriege unserer sogenannten Volksvertreter auf den „rechten Weg" führen.

Doch ist das Ziel den Politikern aller Parteien durchaus klar, so sehr streiten sie um den richtigen Weg dorthin. Einzig die Ökopartei der „Grünen" sieht die Problematik einfach aber richtig, indem sie in ihrem Entwurf das Grundrecht für jeden Menschen fordert, nämlich seinen „Anspruch auf gesunde Umwelt und den Erhalt seiner natürlichen Lebensgrundlagen!"

Doch schon melden sich spitzfindige Advokaten und warnen vor „unerfüllbaren Erwartungen und Fluten von Verfassungsbeschwerden." Die SPD und FDP möchten denn auch lieber nur dem Grundgesetzartikel 20 ein Anhängsel 20 a festschreiben:

„Die natürlichen Lebensgrundlagen stehen unter dem besonderen Schutz des Staates".

Dies geht CDU und CSU noch zu weit. Wieder einmal fürchten sie, daß Vollbeschäftigung und die Steigerung des Bruttosozialprodukts unter dem evtl. Primat des neuen Staatszieles Umweltschutz Einbußen erleiden könnten. Und Bayerns Regierende ängstigte bereits der Gedanke, der neue Umweltartikel könne Grundlage einer Gerichtsentscheidung sein, die den Bau des neuen Münchener Großflughafens verhindert hätte.

Trotzdem ist etwas Positives in Gang gekommen, ist die Zeit des Totschweigens, der Ignoranz vorbei. Ist immerhin der Wille des Gesetzgebers nach einem „ökologischen Minimum" der sichtbare Ausdruck zu einer Trendwende. Und wer weiß, vielleicht wird das Ende des Katastrophenjahres 1988 den Verantwortlichen einen nachhaltigeren Eindruck hinterlassen haben als es Wirtschaftswachstum u. a. können. Die äußeren

Zwänge erzielen erfahrungsgemäß nachhaltigere Erfolge als bloßes „Gut Zureden".

Diese Hoffnung auf aktive und positive Umweltpolitik ist sicher ein Silberstreif am Horizont. Doch weder das Beschreiben von Umweltkatastrophen noch die Vorstellung von Heilserwartungen taugen zu einer Soforthilfe. Die Aufklärung über alternative Möglichkeiten, das Angebot praktischer Lebenshilfe muß dem ersten Schritt folgen. Hierin liegt der Sinn dieses Buches und seiner Neuauflage.

Unabhängig und unbeeinflußt von den ökologischen und gesellschaftlichen Zwängen unserer Zeit kann kein Mensch mehr existieren. Selbst der letzte noch unentdeckt lebende Urwaldindianer ist dem Giftregen und der radioaktiven Luftverpestung hilflos ausgeliefert — das gilt auch für die Verursacher! Wer also gesünder leben möchte, wer mangels einer nicht mehr vorhandenen Rettungsinsel trotzdem der fortschleichenden Selbstvernichtung entgehen oder auch nur Widerstand zum Zwecke der Selbsterhaltung entgegensetzen will, denkt zuerst an seine Gesundheit.

Da die meisten und gefährlichsten Umweltgifte mit der Nahrung aufgenommen werden, steht die Ernährung an erster Stelle. Gegen radioaktiv verseuchte Grundnahrungsmittel wie nach Tschernobyl — lediglich 400 Gramm radioaktive Partikel gingen über Deutschland nieder — hilft nur allgemeiner Verzicht und vorübergehendes Ausweichen auf Konserven oder Treibhausware. Ein teurer, wenngleich schwacher Rat, der jedoch dem „allgemeinen Widerstand" gegen den Atomstaat entspricht. Der Schock nach „Tschernobyl" war nur kurzfristig. Seine geistige und psychologische Verdrängung unter nachhaltiger Mithilfe der politisch Verantwortlichen — an der Spitze wieder unser Bundesinnenminister Zimmermann — entspricht der Schnellebigkeit unserer Zeit.

Diese Art Gegenwartsbewältigung ist jedoch nach den jüngsten sich häufenden Skandalen um das Frostschutzmittel Glykol im Wein, die Würmer im Nordseefisch und die Hormone im Kalbfleisch schwieriger geworden. Die Kulminierung der lebensbedrohenden Attacken auf unsere Gesundheit zieht den Wölfen im Gesundheits- und Nahrungsmittelgeschäft die Maske Stück um Stück herunter. Der chemische Pharma-Cocktail in den Futtertrögen oder Dopingspritzen trifft Rinder und Schweine ebenso wie das liebe Federvieh.

Mit Wachstumsmedikamenten und anschließenden Beruhigungsmitteln geht ein Großteil der Tierarzneimittelproduktion in die „Qualitätsprodukte aus deutschen Landen" — und findet sich im Körper der Verbraucher mit all seinen schädlichen Gesundheitsfolgen wieder. Erst der Totalboykott der Giftware durch die verschreckten Konsumenten bringt die Hersteller und Vertreiber zur Räson. Nicht der Staatsanwalt oder gar moralische Erwägungen können die Geldgeier im Nadelstreifenanzug bremsen. Nur der Umsatzverlust kann ihre menschenverachtende „Geschäftstätigkeit" stoppen, und erst die Hoffnung auf umsatzsteigernde Gewinne wird die Umkehr in menschenfreundliche Produktionen und Investitionen lenken.

Natürlich könnten die politischen Gesetzgeber gegen den Widerstand der Lobbyisten in ihren eigenen Reihen das Ihre dazu beitragen, indem sie neben dem Betrugsparagraphen 263 des StGB den „Giftmischerparagraphen" 319 StGB zum Schutz der Verbraucher Vorrang einräumten. Er bedroht die früher als Brunnenvergifter bekannten Verbrecher mit bis zu lebenslanger Haftstrafe. Für die von zivilisationsgeschädigten Menschen unserer Zeit ist der Vergleich von Fleischvergiftern, Wasser- und Luftvergiftern und den Giftmischern früherer Zeiten ohne weiteres nachzuvollziehen.

Im Augenblick hilft dem Verbraucher nur der Griff zur Ratgeberfibel mit ihren praktischen Lösungsvorschlägen. Gegen phosphat- und cadmiumverseuchte Böden und ihre Produkte, gegen nitratverseuchtes Wasser, gegen formaldehydvergiftete Wohnungseinrichtungen, gegen Giftmedizin und pfuschende Doktoren sowie gegen fast alle bekannten umwelt- und gesundheitsschädigenden Produkte und Verfahren sind in den letzten zwanzig Jahren Alternativmöglichkeiten entwickelt und zur praktischen Anwendung freigegeben worden.

Das immer größer werdende „Öko-Angebot" ist deutlicher Hinweis, daß die technische und wirtschaftliche Zukunft in umwelt- und damit menschenfreundlichen Produktionsgütern liegt. Nicht nur im rohstoffschonenden Recycling-Verfahren hergestelltes Klopapier und im Wiederauftauchen der alten Pfandflasche wird der Umkehrtrend sichtbar.

Neueste technische Erfindungen aus Japan bieten waschmittelfreie Spül- und Waschmaschinen an. Anstelle der umweltschädlichen Weiß- und Weichspüler reinigen diese Maschinen mit Ultraschall, der die Wassermoleküle in schnelle Bewegungen versetzt und damit die feinsten Fasern durchdringt und die Wäsche sauber reibt, sogar sauberer als chemische Wasch- und Reinigungsmittel es können. Nur mit klarem Wasser ohne alle Zusätze arbeiten die neuen Maschinen leiser und verbrauchen weniger Strom. Dabei wurde die Technik der Ultraschallreinigung von Uhrmachern und Optikern schon seit Jahren angewandt. Erstmals hat umweltfreundliche Technik das neue Waschmittelgesetz überholt bevor es zum Tragen kommt!

Neben dem biologischen Landanbau und Biokost ist der erste Schritt ins „solare Wasserstoffzeitalter", die technisch und wirtschaftlich machbare Ausnutzung der Sonnenenergie, ein entscheidender Schritt zum Stopp der Selbstvernichtung. Nicht nur das Ozonloch, sondern insbesondere die Aufheizung der Erdatmosphäre durch Verbrennen der fossilen

Energiestoffe hat die Erde mit einem dichten Gasschleier aus Kohlendioxid überzogen, der zum globalen Wärmestau, zum sogenannten Treibhauseffekt führt. Was u. a. den amerikanischen Getreidefarmern im Mittleren Westen der USA als Jahrhundertdürre im Sommer 1988 die Getreideernte vernichtete, ist erstmals im Oktober dieses Jahres auch von einer staatlichen USA-Kommission als Beginn kommender menschheitsbedrohender Klimakatastrophen registriert worden, die Überwärmung der Erde durch Versandung und Überflutung der Küstengebiete im Gefolge des Abschmelzens der Pole.

Welche Folgen der hausgemachten Klimaveränderungen die Menschheit erwarten, beinhaltet die Nachricht, daß der Weizengürtel der USA bereits im kommenden Jahr nicht mehr zur Getreideversorgung der nordamerikanischen Bevölkerung ausreicht.

Die Zeit drängt zur Umstellung auf Nutzung der Sonnenenergie, die theoretisch 15 000 mal den menschlichen Bedarf an Primärenergie decken könnte. Die mit Hilfe der Solarzellen gewonnene Energie „Elektrizität" wird mittels der Elektrolyse im Wasserstoff gespeichert (solare Wasserstofftechnik), der als sekundärer gasförmiger Energieträger überall einsatzfähig ist. Bei seiner Verbrennung bleibt nur Wasser übrig.

Umweltfreundlicher geht es nicht mehr, zumal die Solarzellen aus Silizium (Sand) bestehen und ebenso wie Wasserstoff praktisch unbegrenzt zur Verfügung stehen. Der Ausstieg aus der nicht beherrschbaren Atomindustrie und der umweltzerstörenden Kohle- und Erdölenergieproduktion durch den Einstieg in das solare Wasserstoffenergiezeitalter ist auch aus wirtschaftlichen Gründen das Gebot der Stunde. Nur vordergründig ist die jetzige Energieerzeugung noch billiger. Rechnet man zum betriebswirtschaftlichen Energiepreis — was zumindest aus staatspolitischer Sicht selbstverständlich sein müßte! — die volkswirtschaftlichen Kosten für die Schäden aus Waldsterben, Wasser-, Luft- und Bodenvergiftung sowie den Zivilisationskrankheiten hinzu, so ist die Wasserstoffenergie bereits heute erheblich preisgünstiger.

Der Stromkonzern Bayernwerk, der seinen Jahresumsatz von 5,6 Milliarden DM immerhin mit Atomstrom verdient, hat mit seiner „Solar-Wasserstoff-Bayern-GmbH" in der Nähe von Wackersdorf bereits Einbzw. Weitsicht gezeigt. Unter Führung des Industriellen Ludwig Bölkow werden hier bereits Untersuchungen und Erfahrungen in der Gewinnung und Anwendung der speicher- und transportfähigen solaren Wasserstoffenergie gemacht.

Unter dem Eindruck des Atomgaus von Tschernobyl entstand der „Bundesverband Solarenegie", in dem unter Führung des RWE-Vorsitzenden Dr. Bernd Stoy Weltkonzerne wie Siemens, Bosch, AEG, Hoechst, Phillips, MAN, Dornier oder Buderus u. a. zwecks industrieller

Nutzung regenerativer Energieträger vereinigt sind. Im Gegensatz zu Forschungsminister Riesenhuber, der weiterhin als Freund der Atom-Lobby gilt, hat diesen Industrieführern das Höllenfeuer von Tschernobyl die Erleuchtung gebracht, daß die ganze vier Prozent Energieerzeugung von 394 weltweit arbeitenden Atomkraftwerken das Globalrisiko eines noch ausstehenden Supergaus nicht lohnen!

So entsteht in der Nähe von Los Angeles ein Photovoltaik-Kraftwerk der Firma Chronar Corporation in Princeton, New Jersey, das 50 Megawatt Solarstrom liefern soll. Damit kann eine Kleinstadt ausreichend versorgt werden.

Selbst die Firma Daimler-Benz läßt bereits seit mehreren Jahren zehn Autos mit Wasserstoffmotoren auf Deutschlands Straßen testen. Aus dem Auspuff kommen nur noch Wasserdampf und NOx, das den NOx-Ausstoß eines Katalysatorautos nicht überschreitet. Diese Erforschung der Anwendungsmöglichkeiten von Solarzellen im Automobil und bei der Entwicklung eines Wasserstoff-Energie-Konzeptes führten bisher zu positiven Ergebnissen.

Abschließend darf man feststellen: die Industrie kann (fast) alles, die Menschen müssen es nur wollen!

ORIENTIERUNGSHILFEN UND RATGEBER

Gesunde Ernährung:

1) Dies ist möglich durch Verwendung von Lebensmitteln aus alternativer, biologisch kontrolllierter Landwirtschaft. Diese verzichtet auf Kunstdünger und Massentierhaltung. Diese ökologisch erzeugten Lebensmittel enthalten nur geringe Rückstände an Umweltschadstoffen.

Schließlich wird durch den Kauf von Biokost die umweltfreundliche Landwirtschaft und Lebensmittelverarbeitung gefördert, da sie den Boden und die Rohstoff-Ressourcen schont.

Der Begriff „BIOKOST" ist jedoch rechtlich nicht geschützt. Gegenwärtig gibt es in der BRD nur fünf Anbauorganisationen, die nach den strengen Richtlinien und den Kontrollen der „Stiftung Ökologischer Landbau" arbeiten. (siehe *Abbildung 230/231*)

Weitere wichtige Ratgeber finden Sie in den folgenden Literaturangaben:

1. Kapfelsberger, Eva und Pollmer, Udo:
   „Iß und Stirb — Chemie in unserer Nahrung"
   Deutscher Taschenbuch Verlag, 2. Aufl., München 1986
2. Grosch, Peter und Schuster, Gerd:
   „Der Biokost-Report"
   Biederstein Verlag, München 1985
3. Busdorf-Hirsch:
   „Gesunde Ernährung für mein Kind"
   Falken Verlag, Niedernhausen 1985, 96 S., 9,80 DM
4. Kurz, M.:
   „Vollwertkost, die Kindern schmeckt"
   Gräfe u. Unze Verlag, München 1985, 102 S., 16,80 DM
5. Lambinet, G.:
   „Kleinkindkost vom eigenen Herd"
   Fischer Taschenbuchverlag, Frankfurt 1986, 94 S., 6,80 DM
6. „Was ist los mit dem Fleisch"
   herausgegeb. von Verbraucher Zentrale Hamburg, Große Bleiche 23, 2000 Hamburg 36
7. Liste von Vermarktern von Bio-Fleisch
   bei „Ökologische Verbraucherberatung e. V."
   Anrather Str. 300, 4150 Krefeld

ARBEITSGEMEINSCHAFT ÖKOLOGISCHER LANDBAU

Anerkannte Verbände des ökologischen Landbaus (Stand: 31. 12. 1988)

Die genannten sechs Verbände und die Stiftung Ökologischer Landbau haben sich 1988 in der AGÖL zusammengeschlossen (Koordinationsstelle, Baumschulenweg 11, D-6100 Darmstadt). Die AGÖL-Mitglieder bewirtschaften zusammen 42 393 ha = 0,35 % der landwirtschaftlichen Nutzfläche nach den Richtlinien des ökologischen Landbaus (SÖL-Sonderausgabe Nr. 17).

	biologisch-dynamisch	organisch-biologisch	Biokreis Ostbayern	Naturland	ANOG	BÖW
Gründungsjahr	1924	1971	1979	1982	1962	1985
Warenname und Schutzzeichen	demeter	Bioland	BIO KREIS e.V. OSTBAYERN	Naturland	ANOG Kontrollierte biologische Produkte	Bundesverband Ökologischer Weinbau e.V.
Bei Umstellungsware	Biodyn	„Bioland-Erzeugnisse aus dem Umstellungsbetrieb“	aus dem Umstellungsbetrieb	aus dem Umstellungsbetrieb	aus dem Umstellungsbetrieb	aus dem Umstellungsbetrieb
Anbaufläche (ha)	17 146	ca. 20 000	1 282	2 720	825	420
Zahl der Betriebe	887	1 060	93	152	73	65
Zeitschrift	„Lebendige Erde“, mit „Gartenrundbrief“, „Demeterblätter“	„Bioland“	„Bio-Nachrichten“	„Naturland-Informationen“	„ANOG-Informationen“	Mitteilungen in „Ökologie und Landbau“
Adresse	Forschungsring für Biologisch-Dynamische Wirtschaftsweise e. V., Baumschulenweg 11 6100 Darmstadt	Bioland – Verband für organisch-biologischen Landbau e. V., Barbarossastraße 14 7336 Uhingen	Biokreis Ostbayern e. V., Rosensteig 13 8390 Passau	Naturland Verband für naturgemäßen Landbau e. V., Kleinhaderner Weg 1 8032 Gräfelfing	ANOG – AG für naturnahen Obst-, Gemüse- u. Feldfruchtanbau e. V. Anton-Reuter-Str. 18 5400 Koblenz	Bundesverband Ökologischer Weinbau e. V., Obergasse 9 6719 Ottersheim/Pfalz

Aus: „Bio-Bauern. Adressen von AGÖL-Direktvermarktern“ (Stiftung Ökologischer Landbau, Postfach 3048, D-6750 Kaiserlautern); siehe auch S. 244 u.
Als A2-Plakat für DM 1,– pro Stück (+ 2,– Porto) bei der Stiftung Ökologischer Landbau erhältlich

8. Zeischrift:
Verbraucherzeitung „Mahlzeit“
Herausgeber „Ökologische Verbraucherberatung e. V.“
Anrather Str. 300, 4150 Krefeld
9. Olkowski, H. u. W.:
„Selbstversorgung in der Stadt“
Pala Verlag 1983
10. Hylton, H. William:
„Alles zum Selbermachen“
Verlag Zweitausendeins, Frankfurt 1984, 933 S., 38 DM
11. Rainer Grießhammer und Siegfried de Witt;
„Der Öko-Koch“
Verlag Rowohlt, Reinbek bei Hamburg, 304 S.

Zur Kontrolle und gegebenenfalls zum Verzicht auf diese Lebensmittel dient die abgebildete folgende E-Liste, die alle 36 nach geltendem Lebensmittelrecht erlaubten mit E-Nummern verschlüsselten Konservierungsstoffe in unseren Lebensmitteln ausweist. (siehe *Abbildung*)

Dazu kommen noch *Antioxidantien,* die durch Verhinderung von Sauerstoffreaktionen vor dem Verderb schüzten sollen, sowie künstliche Aroma- und Farbstoffe, Geschmacksverstärker, Verdickungs- und Geliermittel zur Verbesserung der Konsistenz und Emulgatoren, die Fett- und Wassermischungen stabilisieren.

Zahlreiche dieser Zusatzstoffe lösen Asthma, Nesselsucht und eine Reihe anderre Allergien aus. Besonders gefährlich ist der gelbe Farbstoff *Tartrazin* (E 120) und *Benzoe*säure (E 210), die zur Konservierung von Mayonnaise und Konserven dienen.

Nach Angaben des wissenschaftlichen Lebensmittelausschusses der EG reagieren rd. 13 000 Westdeutsche täglich mit Nesselsuchterkrankungen auf die chemischen Lebensmittelzustände, während sogar über 30 000 Bundesbürger mit Asthmaanfällen auf Benzoesäure und deren Salze reagieren.

Auch ist die sogenannte Unschädlichkeit der erlaubten E-Stoffe immer nur auf ihre spezifischen Reaktionen abgestellt. Ihre Wechselwirkungen in Verbindung mit anderen chemischen Stoffen bleiben unberücksichtigt.

So stellte sich nach neuesten Untersuchungen plötzlich heraus, daß zum Beispiel der zugelassene rote Farbstoff bei bestimmten Menschen zu Hautreizungen führt, wenn ihre Haut dem Licht ausgesetzt ist. Dies gilt insbesondere für *Erythrosin* (E 127), das in Erdbeer-, Kirsch- und Himbeerkonserven für Farbauffrischung Sorge trägt. Dieser E-Stoff soll zusätzlich zu Beeinträchtigungen von Nerven und Gehirn beitragen.

Vom Antischimmelzusatzstoff *Propion*säure (E 280) — in den meisten

Schnittbroten und Backwaren enthalten — wurde erst 1985 bekannt, daß er bei Ratten Magenkrebs hervorruft.

Alternativ dagegen bieten sich natürliche Konservierungsmethoden an, wie z. B. die „milchsaure Gärung", mit deren Hilfe schon vor 6 000 Jahren die Chinesen den verderblichen Kohl in Sauerkraut verwandelten.

Folgende praktische Ratgeber sind empfehlenswert:

12. Herausgegeben von der Katalyse Umweltgruppe
„Was wir alles schlucken" Zusatzstoffe in Lebensmitteln
Mit Tips für den Verbraucher
Rowohlt Verlag, Reinbek bei Hamburg
13. Zeitschrift: „Sonderheft NATUR" 1/87
Konservieren durch Natur

Hier die Liste der Lebensmittelfarben und Zusätze, die vom Krankenhauszentrum nach Information des Villejuifer Krankenhaus Forschungszentrum, Frankreich, veröffentlicht wurden, um die Verbraucher auf die Wirkungen dieser Zusätze aufmerksam zu machen:

E 1: Farbstoffe, E 2: Konservierungsmittel, E 3: Antioxidantin (wird nicht ranzig), E 4: Dickungsmittel

E100 harmlos
E101 harmolos
E102 verboten
E103 verboten
E104 verdächtig
E105 verboten
E110 gefährlich
E111 verboten
E120 gefährlich
E121 verboten
E122 verdächtig
E123 krebserregend*
E124 gefährlich
E125 verboten
E126 verboten
E127 gefährlich
E130 verboten
E131 krebserregend
E132 harmlos
E140 harmlos
E141 verdächtig
E142 krebserregend
E150 verdächtig
E151 verdächtig
E152 verboten
E160 harmlos
E161 harmlos
E163 harmlos
E170 harmlos
E171 verdächtig
E174 harmlos
E175 harmlos
E180 verdächtig
E181 verboten

* E123 — sehr gefährlich, verboten in UdSSR und USA

E200 harmlos
E201 harmlos
E203 harmlos
E210 krebserregend
E211 krebserregend
E212 krebserregend
E213 krebserregend
E214 krebserregend
E217 krebserregend
E220 Zerstörung von Vit. B12
E221 Darmstörungen
E221 Darmstörungen
E222 Darmstörungen
E223 Darmstörungen
E224 Darmstörungen
E226 Darmstörungen
E230 Hautstörungen
E231 Hautstörungen
E232 Hautstörungen
E233 Hautstörungen
E236 harmlos
E237 harmlos
E238 harmlos
E239 krebserregend
E240 verdächtig
E241 verdächtig
E250 Blutdruck
E251 Blutdruck
E252 Blutdruck
E260 harmlos
E261 harmlos
E262 harmlos
E263 harmlos
E270 harmlos
E280 harmlos
E281 harmlos
E282 harmlos

E300 harmlos
E301 harmlos
E302 harmlos
E303 harmlos
E304 harmlos
E305 harmlos
E306 harmlos
E307 harmlos
E308 harmlos
E309 harmlos
E311 Hautausschläge
E312 Hautausschläge
E320 Cholesterin
E321 Cholesterin
E322 harmlos
E325 harmlos
E326 harmlos
E327 harmlos
E330 krebserregend
E331 harmlos
E332 harmlos
E333 harmlos
E334 harmlos
E335 harmlos
E336 harmlos
E337 harmlos
E338 Verdauungsstörungen
E339 Verdauungsstörungen
E340 Verdauungsstörungen
E341 Verdauungsstörungen

E400 harmlos
E401 harmlos
E402 harmlos
E403 harmlos
E404 harmlos
E405 harmlos
E407 Verdauung
E408 harmlos
E410 harmlos
E411 harmlos
E413 harmlos
E414 harmlos
E420 harmlos
E421 harmlos

E422 harmlos
E450 Verdauung
E461 Verdauung
E462 Verdauung
E463 Verdauung
E465 Verdauung
E466 Verdauung
E471 harmlos
E472 harmlos
E473 harmlos
E474 harmlos
E475 harmlos
E477 verdächtig
E480 harmlos

Zusätze in Lebensmitteln

1. Unschädliche Zusätze
E 100, 101, 103, 104, 105, 111, 121, 122, 126, 130, 132, 140, 151, 152,
E 160, 161, 162, 163 170, 174, 175, 180, 181, 200, 201, 202, 203, 236,
E 237, 238, 260, 261, 262, 263, 270, 280, 281, 282, 290, 300, 301, 303,
E 335, 336, 337, 382, 400, 401, 402, 403, 404, 405, 406, 408, 410, 411
E 413, 414, 420, 421, 422, 440, 471, 472, 473, 474, 475, 480.

2. Verdächtige Zusätze
E 125, 141, 150, 153, 171, 172, 173, 240, 241, 477.

Störungen
— Darmstörungen: E 220, 221, 222, 223, 224.
— Verdauungsstörungen: E 338, 339, 340, 341, 461, 463, 465, 466, E 450
(Eiscreme: E 407)
— Hauterkrankungen: E 230, 231, 232, 233.
— Zerstörung von Vitamin B 12: E 200.
— Gefäßerkrankungen: E 250, 251, 252 (in Wurstwaren)
— Cholesterol: E 320, 321.

3. Gefährliche Zusätze
E 102, 110, 120, 124.

Störungen
— Empfindlichkeit der Nerven: E 311, 312.
— Mundfäule: E 330 ist am gefährlichsten! (krebserregend)
enthalten z. B. in Schweppes Zitrone, Aromasenf, Mezzo-Mix, Krabbenfleisch, Bonbel-Käse, Pilz in Dosen.

4. Krebserregende Zusätze
E 131, 142, 213, 214, 215, 216, 217, E 210, 211, 239.
E 123 sehr krebserregend, in den USA und UdSSR verboten!

E 123: Gummibärchen, Haribo-Weingummi, Treets, Smarties, Mamba, Schokolinsen.
E 102/E 124: Zott Sahne Pudding
E 450 a: Iglo Fischstäbchen
E 330: Kraft Dorahm mit Creme fraîche
E 450: Kraft Salami-Streichkäse
E 102/E 110: Vanille Pudding
Fertigsoßen aller Art

Verhindern Sie die Anwendung dieser Zusätze, indem Sie die Erzeugnisse genau auswählen, die Sie kaufen!

Der Käufer bestimmt letztendlich die Zusammensetzung des Fabrikats.

Denken Sie an die Gesundheit Ihrer Kinder; kopieren Sie diese Aufstellung und verteilen Sie sie unter Ihren Freunden und Bekannten!

Aufhängen und Benützen — es geht um Ihre Gesundheit!

14. I. und A. Früchtel:
 „Natürliche Vorratshaltung in der Vollwertküche"
 Gräfe und Unzer Verlag, München 1986, 104 S., 16,80 DM
15. P. Schorndorfer, S. Schöning:
 „Konservierung — natürlich und gesund"
 Pala-Verlag, Schaafheim 1982, 122 S., 14,80 DM
16. A. Schöneck:
 „Milchsäuregärung — zuhause." Eine praktische Anleitung zur gesünderen Ernährung mit vielen Rezepten
 Verlag G. E. Harsch, Karlsruhe 1981, 48 S., 7,80 DM
17. M. Lingenfelder:
 „Die Milchsäuregärung" Das hauswirtschaftliche Einsäuern von Gemüse.
 Waerland Verlag, München 1985, 32 S., 7,90 DM
18. M. Müller, C. Stauch:
 „Das Trockenbuch" Lebensmittel konservieren durch Trocknen
 Oase Verlag, Badenweiler 1984, 146 S., 19,00 DM
19. M. Bustorf-Hirsch:
 „Haltbar machen durch Trocknen und Dörren"
 Falkenverlag, Niedernhausen 1984, 32 S., 7,80 DM

Aufklärung und Orientierungshilfen über ein weiteres wesentliches Grundnahrungsmittel soll nicht fehlen — unsere Milch und ihre Nebenprodukte.

Hier versucht die mächtige Molkerei-Lobby mit unsinnigen Hygienevorschriften ihr Monopol eisern zu verteidigen. So darf in einem Zehntel Milliliter Milch kein einziger der sogenannten „coliformen Keime“ enthalten sein, obwohl diese im schlimmsten Fall lediglich Durchfall verursachen können. Dagegen bleiben die eigentlichen Gefahren durch die Pestizidrückstände unbeachtet. Mit dem Importfutter aus Entwicklungsländern kommen die bei uns inzwischen verbotenen Pflanzenschutzmittel zu uns zurück. Der Milchskandal von 1984 um die weit überschrittene Höchstmenge an *Hexachloreychlohexan* (HCH) wurde dann durch Vermischung mit unbelasteter Milch „bereinigt-“. Die gleiche Methode wie bei der Trinkwasserbereinigung.

Um das Verkaufs- und Preismonopol der Molkereien nicht zu gefährden, darf dagegen mit Hilfe der Hygiene-Vorschriften kein freier Milchverkauf direkt vom Bauern stattfinden. Im Gegensatz zur Milch ist jedoch der Verkauf z. B. eines Camembert mit 10 000 Coliformen pro Gramm durchaus erlaubt.

Gegenwärtig gibt es folgende legale Möglichkeit, unbehandelte „Rohmilch“ zu erhalten. Als Mitglied einer Milch-Abholgemeinschaft erwirbt man theoretischen Anteil an einer Kuh und wird gewissermaßen Selbsterzeuger und damit Selbstverbraucher. Adressen von Landwirten, die „Kuhanteile“ verkaufen, sind in den meisten Biokost-Läden oder bei den entsprechenden Öko-Verbänden zu erhalten. (siehe *Abbildung*)

Milch ist ein ganz besonderer Saft

Kleine Warenkunde für Wissensdurstige

Warum ist Milch so gesund? Sie ist reich an Vitaminen, Mineralstoffen und Spurenelementen. Ein besonderes Kohlenhydrat, der Milchzucker, trägt ausdrücklich ihren Namen. Wertvoll sind ferner ihre Proteine und Fette.

Milcheiweiß

Das Kuheuter ist die preiswerteste Quelle für tierisches Eiweiß. Schon ein halber Liter Vollmilch versorgt den Menschen mit fast allen essentiellen Aminosäuren. Darin ist sie sogar dem Fleisch überlegen. Ein weiterer Vorteil: Milcheiweiß enthält weniger Purine als Fleisch — Stoffe, die die Entstehung von Gicht begünstigen. Milcheiweiß ist zudem leicht verdaulich, stärkt im Darm die Widerstandsfähigkeit gegen Infektionen und beugt einer Übersäuerung des Magens vor.

Milchzucker (Lactose)

Milchzucker wird von den Bakterien des Darms in Milchsäure umgewandelt. Diese unterdrückt das Wachstum der Fäulnisbakterien und verbessert die Aufnahme von einigen Mineralstoffen und Spurenelementen, darunter Magnesium, Kalzium und Phosphor.

Milchfett

Milchfett setzt sich aus mehr als 200 interessanten Fettsäuren zusammen — ein Spektrum, das sonst in keinem anderen Lebensmittel zu finden ist und dessen weitere Erforschung noch für Überraschungen sorgen könnte. Da Milchfett leichter verdaulich ist als alle anderen Fette, ist Butter bei Erkrankungen des Magen- und Darmtraktes, der Niere, der Galle und bei Fettverdauungsstörungen nicht verboten, sondern auf Diätplänen sogar erwünscht.

Mit essentiellen Fettsäuren kann Milchfett allerdings keinen Staat machen. Ein weiterer Mangel schlägt dagegen positiv zu Buche: Verglichen mit anderen Lebensmitteln tierischer Herkunft ist in Milchfett wenig Cholesterin.

Schon ein halber Liter Milch deckt einen beachtlichen Prozentsatz des täglich empfohlenen Nährstoffbedarfs. Unsere Grafik zeigt einige Beispiele. Die Werte gelten für einen durchschnittlichen Erwachsenen mit einem Energieverbrauch von etwa 2400 Kilokalorien (zehn Megajoule).

Mineralstoffe

Milch liefert in ausgewogenem Verhältnis Kalzium und Phosphor, beide wichtig für den Aufbau von Knochensubstanz und für zahlreiche Stoffwechselvorgänge. Während die Bundesbürger mit Phosphor eher reichlich versorgt sind, ist die Kalzium-Aufnahme an seiner kritischen Untergrenze angelangt — laut Ernährungsbericht eine Folge des niedrigen Milchverbrauchs. Denn für Kalzium ist Milch der wichtigste Lieferant.

Vitamine

Auch Vitamin B_2 kommt in unserer Ernährung normalerweise zu kurz. Milch schafft da Abhilfe. Vitamin B_{12}, das sich vor allem in Lebensmitteln tierischer Herkunft findet, können Vegetarier aus Milch und Milchprodukten beziehen. An das Milchfett ist überdies reichlich Vitamin A gekoppelt.

Milch ist also wertvoll. Doch Milch ist nicht gleich Milch. Hier in Stichworten, was der Verbraucher wissen muß:

Rohmilch: Unbehandelte Milch, direkt ab Hof.

Vorzugsmilch: Unbehandelte Rohmilch im Handel, die direkt ab Bauernhof abgefüllt wird; die Höfe haben strenge Hygiene-Auflagen zu erfüllen. Die Milch hält drei bis vier Tage.

Pasteurisierte Milch: Milch, die in der Regel kurzzeitig auf 71 bis 74 Grad Celsius erhitzt wird; ist fünf bis sechs Tage haltbar.

Ultrahocherhitzte Milch (H-Milch): Wurde für wenige Sekunden auf Temperaturen zwischen 135 und 150 Grad Celsius erhitzt; ist ungekühlt und ungeöffnet mindestens sechs Wochen haltbar.

Sterilisierte Milch: Wird zehn bis 30 Minuten bei 110 bis 140 Grad Celsius gekocht; ist ungeöffnet ein halbes bis ein Jahr haltbar.

Kondensmilch: Im Unterdruck eingedickte und anschließend sterilisierte Milch; ein Jahr haltbar, enthält Phosphate und andere Zusatzstoffe, um das Nachdicken zu verhindern.

Trockenmilch: Pulverförmige Milchkonserve, verliert bei der Trocknung Vitamine, vor allem Vitamin C; je nach Herstellungsverfahren sechs Monate bis drei Jahre haltbar.

Vollmilch: Enthält 3,5 Prozent Fett.

Fettarme Milch: Hat einen Fettgehalt von 1,5 bis 1,8 Prozent.

Magermilch: 0,3 Prozent Fettgehalt, mit dem Fett wird auch Vitamin A entzogen; sinnvoll nur bei speziellen Diäten.

Homogenisierte Milch: Milch wird mit großem Druck durch Düsen gepreßt, um die Fettkügelchen fein zu verteilen; sie rahmt dann nicht mehr auf und soll cremiger schmecken; ernährungsphysiologisch betrachtet ist diese Prozedur überflüssig, wird aber bei nahezu allen handelsüblichen Milchsorten angewendet. Daß homogenisierte Trinkmilch *für den Menschen* schädlich sei, wie neuerdings aus Amerika zu hören, ist nicht beweisbar. Bewiesen aber ist, daß die Verarbeitung *der Milch* schadet. Erhitzen zerstört empfindliche Vitamine der B-Gruppe und Vitamin C. Beim *Pasteurisieren* liegen die Verluste zwischen fünf und 15 Prozent; beim *Ultrahocherhitzen* (H-Milch) zwischen zehn und 20 Prozent. *Abkochen* der Rohmilch führt zu noch höheren Vitamin-Einbußen.

Durch Die Wärmebehandlung in der Molkerei wird ferner die chemische Struktur des Milcheiweißes verändert (denaturiert). Deshalb haben H-Milch und Sterilmilch einen unangenehmen Kochgeschmack. Der ernährungsphysiologische Wert des Eiweißes wird nach heutigen wissenschaftlichen Erkenntnissen weder beim Pasteurisieren noch beim Ultrahocherhitzen in Mitleidenschaft gezogen. Anders bei der sterilisierten Milch. Das Eiweiß büßt an Wert ein; die Vitaminverluste sind erheblich.

Fazit: Unbehandelte Roh- und Vorzugsmilch enthalten die meisten Nährstoffe. Und sie schmecken auch am besten. Leider ist Vorzugsmilch teuer, und welcher Stadtmensch hat schon die Möglichkeit, sich direkt beim Bauern zu versorgen? Pasteurisierte Milch ist ein akzeptabler Kompromiß zwischen Haltbarkeit, ernährungsphysiologischem Gehalt und Geschmack. Dagegen nützt der hohe H-Milch-Konsum vor allem den Herstellern. Ultrahocherhitzte Milch ist einfach zu lagern und stellt geringe Anvorderungen an Kühlung und Transport.

Wichtige Ratgeber im Aufzeigen der Gefahren und ihrer Abwehr durch alternative ökologisch sinnvolle Methoden für die Themen Haushalt, Haus und Garten geben Hinweise auf umweltfreundliche Produkte, ihre optimal-sparsame Dosierung und auch auf *nicht wirksame* Industrieprodukte. Im Vordergrund stehen Gesundheits- und Umweltverträglichkeit!

1. Chemie im Haushalt
   Herausgegeben von:
   Öko-Institut Freiburg, Katalyse Umweltgruppe, Bund für Umwelt und Naturschutz, Bremer Verein für Umwelt- und Arbeitsschutz
   Rowohlt Verlag Reinbek bei Hamburg, 384 S.
2. Chemie im Kinderzimmer
   Hannelore Friege, Frank Claus, Marigret S. Haese
   Rowohlt Verlag Reinbek bei Hamburg, 256 S.
3. Das ökologische Heimwerkerbuch
   Herausgegeben von der Katalyse Umweltgruppe und der

Gruppe für ökologische Bau- und Umweltplanung
Rowohlt Verlag Reinbek bei Hamburg, 400 S.

4. Das Öko-Gartenbuch
von Brigitte Klotz
Rowohlt Verlag Reinbek bei Hamburg, 256 S.
5. Zeitschrift „Lebendige Erde" mit Gartenrundbrief
Demeter-Bund e. V., Wellingstr. 24, 7000 Stuttgart 75
6. B. Mollison; D. Holmgren:
„Permakultur — Landwirtschaft in Harmonie mit der Natur"
Pala Verlag Schaafheim 1983, Rowohlt Verlag 1985
7. B. Mollison:
Permakultur II — Praktische Anwendung
Pala Verlag Schaafheim 1983, Rowohlt Verlag 1985
8. „Gift-Grün" Chemie in der Landwirtschaft und die Folgen.
Kiepenheuer u. Witsch, Köln 1986
9. Kennedy, D. u. M.:
Permakultur oder: Die Wiederaufforstung des Gartens Eden.
in: Arch, Mai 1982
10. Rose, Wulf-Dietrich:
„Wohngifte" Baubiologisches Handbuch zur kritischen Auswahl der Materialien für gesundes Bauen und Einrichten.
Chemie in Haus und Wohnung
edition Wandlungen, Oldenburg 1984

Eine kleinere Auswahl medizinischer Ratgeber, die eine Auseinandersetzung mit der eigenen Krankheit, den Therapiemöglichkeiten — auch den alternativen —, gefährlichen und ungefährlichen Arzneimitteln ermöglichen.

1. Koch, E. R., Klopfleisch, R., Maywald, A.:
„Die Gesundheit der Nation", Kiepenheuer u. Witsch, Köln 1986
Eine Bestandsaufnahme — Karten, Analysen, Empfehlungen.
Mit zahlreichen farbigen Karten und Graphiken
2. Langbein, Kurt, Martin, Hans-Peter, Weiss, Hans:
„Bittere Pillen" Nutzen und Risiken der Arzneimittel.
Ein kritischer Ratgeber
Kiepenheuer u. Witsch, 7. Aufl., Köln 1986/87
3. Normann, Reinhard von:
„Handbuch der rezeptfreien Medikamente"
Anleitung zum richtigen Gebrauch bei der Selberbehandlung
Franz Ehrenwirth Verlag, München 1983

4. Zandanel, Irene u. a.:
„Die besseren Pillen“ Gesundheit durch natürliche Medikamente und Heilmethoden. Mit 1900 empfehlenswerten Naturheilmitteln und Naturkosmetik zum Selbermachen
5. Lippert, Herbert Prof. Dr.:
„Von Kopf bis Fuß“ Nutzen und Risiken von Operationen – ein kritischer Ratgeber
Kiepenheuer u. Witsch, Köln 1986
6. Federspiel, Krista:
„Zahn um Zahn“ Vom Umgang mit Zahlproblemen und Zahnärzten
Kiepenheuer u. Witsch, Köln 1986
7. Langbein, Lisa, Trappl, Erika:
„Kopfweh – Was tun bei Kopfschmerzen und Migräne“
Kiepenheuer u. Witsch, Köln 1986
8. Kurt Langbein
„Schlaflos“ Vom Umgang mit Schlafproblemen
Kiepenheuer u. Witsch, Köln 1986
9. Hans Weiss
„Mit Hochdruck leben“ Was tun bei Bluthochdruck? Ein Ratgeber
Kiepenheuer u. Witsch, Köln 1986
10. Köhnlechner, Manfred
„Vermeidbare Operationen“
Droemer Knaur Verlag, München 1975
11. Schmidtsberger, Peter:
„Der kritische Patient“ Plädoyer für ein gesundes Mißtrauen
Südwest Verlag München, München 1977

Öko-Test-Bücher und Öko-Zeitschriften

1. Der Öko-Test
Jahrbuch 1986, Bd. I, Rowohlt Verlag, Reinbek bei Hamburg
Testergebnisse vom Autoreifen bis zum Müsli
2. Der Öko-Test
Jahrbuch 1987, Bd. II, Rowohlt Verlag, Reinbek bei Hamburg
Testergebnisse von Appretur bis Zahnbürste
3. Umwelt-Lexikon
Ein Ratgeber
Kiepenheuer u. Witsch, Köln 1985
Herausgeber: Katalyse Umweltgruppe

4. Das Alternative Branchenbuch
   Nachweis von 5500 Bezugsquellen (von Abfallrecycling bis Ziegenprodukte) sowie Verbandsanschriften und dergl. mehr bei AL-TOP, Dreimühlenstr. 7, 8000 München 4, Tel. 0 89/7 25 62 46
5. Zeitschrift: Öko-Test Magazin
   Schwanthalerstr. 59, 6000 Frankfurt 70
   Monatszeitschrift, Preis 4,— DM
6. Zeitschrift: NATUR Das Umweltmagazin
   Ringier Verlag GmbH, Ortlerstr. 8, 8000 München 70
7. Zeitschrift: Stiftung Warentest, Sonderheft Umweltschutz, Okt. 1987,
   Sonderheft Energie Sparen, Jan. 1988

Umweltschutzorganisationen und Verbände, die auf Anfrage weitergehende spezielle Informationen und Entscheidungshilfen geben können:

Arbeitsgemeinschaft der Verbraucher e. V. (AgV)
Heilsbachstr. 20
5300 Bonn 1
Tel. 02 28-64 10 11

Bremer Umwelt-Institut für die Analyse und
Bewertung von Schadstoffen e. V.
Wielandstr. 25
2800 Bremen
Tel. 04 21-7 60 78

Bund für Umwelt und Naturschutz Deutschland e. V. (BUND)
In der Raste 2
5300 Bonn 1
Tel. 02 28-23 30 99

Bundesverband Naturkost e. V.
Friedrichstr. 2
6233 Kelkheim
Tel. 0 61 95-7 40 74

Greenpeace e. V.
Hohe Brücke 1
2000 Hamburg 11
Tel. 0 40-3 61 20 80

Institut für Umwelt-Analyse e. V. (IFUA)
Eckendorfer Str. 10
4800 Bielefeld 1
Tel. 05 21-32 12 41

Interessengemeinschaft der Formaldeyd-Geschädigten (IFG)
Holzham 25
8201 Neubeuern
Tel. 0 80 35-20 39

Interessengemeinschaft der Holzschutzmittel-Geschädigten (IHG)
Unterstaat 14
5250 Engelskirchen
Tel. 0 22 03-37 86

Katalyse-Institut für angewandte Umweltforschung
Engelbertstr. 41
5000 Köln 1
Tel. 02 21-23 29 23

Öko-Institut
Hindenburgstr. 20
7800 Freiburg
Tel. 07 61-3 64 39

Wartig Chemieberatung GmbH
Ketzerbach 27
3551 Lahntal-Sterzhausen
Tel. 0 64 20-5 50

Robin Wood — Gewaltfreie Aktionsgemeinschaft
für Natur und Umwelt e. V.
Schildstr. 27
2800 Bremen 1
Tel. 04 21-7 86 80

E.-P. Schumacher Gesellschaft für politische Ökologie e. V.
Görreesstr. 33
8000 München 40
Tel. 0 89-52 97 70

Stiftung Ökologischer Landbau
Eisenbahnstr. 28—30
6750 Kaiserslautern · Tel. 06 31-6 42 65
Herausgeber des Heftes
„Bio-Bauern — Adressen von AGÖL-Direktvermarktern"
(Arbeitsgemeinschaft Ökologischer Landbau,
demeter, Bioland, Biokreis Ostbayern, Naturland,
Anog, Bundesverband Ökologischer Weinbau e. V.),
80 Seiten; kann hier für 4,— DM + 2,— DM Porto in Briefmarken angefordert werden! (siehe Seite 231)!
Das auf Seite 231 abgebildete Plakat kann ebenfalls hier für DM 1,— pro Stück (+ 2,— Porto) angefordert werden.

Umweltbundesamt
Bismarckplatz 1
1000 Berlin 33
Tel. 0 30-8 90 31

Verbraucher Initiative
Kölnstr. 138
5300 Bonn 1
Tel. 02 28-65 30 44

Weitergehende Literatur für die Neuauflage dieses Buches:

1. Arnim Bechmann
„Leben wollen" Anleitungen für eine neue Umweltpolitik
Kiepenheuer u. Witsch
2. Köhnlechner, Manfred:
„Die machbaren Wunder"
Kindler Verlag, München 1974
3. Lahmann, Heinrich:
„Die diätetische Blutentmischung als Grundursache der Krankheiten" 15. Aufl.
Otto Reichl Verlag, Buschhoven 1987
4. Langbein Kurt, Martin, Hans-Peter, Weiss, Hans, Werner, Roland:
„Gesunde Geschäfte" Die Praktiken der Pharmaindustrie
Kiepenheuer u. Witsch, Köln 1983
5. Bachmann, Christian:
„Die Krebsmafia" Intrigen und Millionengeschäfte mit einer Krankheit
edition Tomek 1981

6. Hansson, Olle:
„Arzneimittel-Multis und der SMON-Skandal
Berlin 1978
7. Weidenbach Thomas, Kerner, Imre, Radek, Dagny:
„Dioxin — die chemische Zeitbombe“
Bestandsaufnahme und Auswege
Kiepenheuer u. Witsch, Köln 1984
8. Rifkin, Jeremy:
„Genesis zwei“ Biotechnik — Schöpfung nach Maß
Rowohlt Verlag 1986
9. Tirala, Lothar Gottlieb:
„Massenpsychosen in der Wissenschaft“
Grabert Verlag, Tübingen 1969
10. Robin Wood:
„Und vor uns sterben die Wälder“
herausgegeben von Volker Lange u. Erdmann Wingert
Rowohlt Verlag 1986
11. Carl Jochen Winter, Joachim Nitsch:
„Wasserstoff als Energieträger — Technik, Systeme, Wirtschaft“
Springer Verlag, Berlin, Heidelberg, Tokio, New York
372 S., 138,— DM
12. Brendel, Walter:
„Katalysator u. Co“ Es stinkt zum Himmel
Verlag Harri Deutsch, Frankfurt 1987

Zeitschriften:

High Tech
Das Deutsche Technologie Magazin

raum und zeit
Die neue Dimension der Wissenschaft
Ehlers Verlag, Dietramszell

PERSONENREGISTER

SACHREGISTER

Rudolf Pastan

ABSCHIED OHNE WIEDERKEHR

REICHL VERLAG DER LEUCHTER ST. GOAR